黑龍江大學出版社
HEILONGJIANG UNIVERSITY PRESS

本丛书获得以下基金项目资助：

国家出版基金项目
国家哲学社会科学基金重点项目《东欧新马克思主义理论研究》，10AKS005
黑龙江省社科重大委托项目《东欧新马克思主义研究》，08A-002

本书还获得以下基金项目资助：

黑龙江省社科基金重点项目，13H005

衣俊卿◆主编

人道主义的视野与批判的内省

——南斯拉夫实践派的实践哲学

Perspective of Humanism and Introspection of Criticism
—The Praxis Philosophy of Praxis Group in Yugoslavia

姜海波◇著

黑龍江大學出版社
HEILONGJIANG UNIVERSITY PRESS

图书在版编目（CIP）数据

人道主义的视野与批判的内省 ： 南斯拉夫实践派的实践哲学 / 姜海波著． -- 哈尔滨 ： 黑龙江大学出版社， 2016.7（2021.7 重印）
（东欧新马克思主义理论研究 / 衣俊卿主编）
ISBN 978-7-81129-990-8

Ⅰ．①人… Ⅱ．①姜… Ⅲ．①新马克思主义—研究—南斯拉夫 Ⅳ．①D089

中国版本图书馆 CIP 数据核字（2016）第 058650 号

人道主义的视野与批判的内省——南斯拉夫实践派的实践哲学
RENDAOZHUYI DE SHIYE YU PIPAN DE NEIXING——NANSILAFU SHIJIANPAI DE SHIJIAN ZHEXUE
姜海波　著

责任编辑　侯天姣
出版发行　黑龙江大学出版社
地　　址　哈尔滨市南岗区学府三道街 36 号
印　　刷　三河市春园印刷有限公司
开　　本　720 毫米 ×1000 毫米　1/16
印　　张　17.75
字　　数　260 千
版　　次　2016 年 7 月第 1 版
印　　次　2021 年 7 月第 2 次印刷
书　　号　ISBN 978-7-81129-990-8
定　　价　49.80 元

目　录

>>> 总序

全面开启国外马克思主义研究的一个新领域

衣俊卿

经过较长时间的准备，黑龙江大学出版社从2010年起陆续推出"东欧新马克思主义译丛"和"东欧新马克思主义理论研究"丛书。作为主编，我从一开始就赋予这两套丛书以重要的学术使命：在我国学术界全面开启国外马克思主义研究的一个新领域，即东欧新马克思主义研究。

我自知，由于自身学术水平和研究能力的限制，以及所组织的翻译队伍和研究队伍等方面的原因，我们对这两套丛书不能抱过高的学术期待。实际上，我对这两套丛书的定位不是"结果"而是"开端"：自觉地、系统地"开启"对东欧新马克思主义的全面研究。

策划这两部关于东欧新马克思主义的大部头丛书，并非我一时心血来潮。可以说，系统地研究东欧新马克思主义是我过去二十多年一直无法释怀的，甚至是最大的学术夙愿。这里还要说的一点是，之所以如此强调开展东欧新马克思主义研究的重要性，并非我个人的某种学术偏好，而是东欧新马克思主义自身的理论地位使然。在某种意义上可以说，全面系统地开展东欧新马克思主义研究，应当是新世纪中国学术界不容忽视的重大学术任务。基于此，我想为这两套丛书写一个较长的总序，为的是给读者和研究者提供某些参考。

一、丛书的由来

我对东欧新马克思主义的兴趣和研究始于20世纪80年代初，也即在北京大学哲学系就读期间。那时的我虽对南斯拉夫实践派产生了很大的兴趣，但苦于语言与资料的障碍，无法深入探讨。之后，适逢有机会去南斯拉夫贝尔格莱德大学哲学系进修并攻读博士学位，这样就为了却自己的这桩心愿创造了条件。1984年至1986年间，在导师穆尼什奇（Zdravko Munišić）教授的指导下，我直接接触了十几位实践派代表人物以及其他哲学家，从第一手资料到观点方面得到了他们热情而真挚的帮助和指导，用塞尔维亚文完成了博士论文《第二次世界大战后南斯拉夫哲学家建立人道主义马克思主义的尝试》。在此期间，我同时开始了对东欧新马克思主义其他代表人物的初步研究。回国后，我又断断续续地进行东欧新马克思主义研究，并有幸同移居纽约的赫勒教授建立了通信关系，在她真诚的帮助与指导下，翻译出版了她的《日常生活》一书。此外，我还陆续发表了一些关于东欧新马克思主义的研究成果，但主要是进行初步评介的工作。①

纵观国内学界，特别是国外马克思主义研究界，虽然除了本人以外，还有一些学者较早地涉及东欧新马克思主义的某几个代表人物，发表了一些研究成果，并把东欧新马克思主义一些代表人物

① 如衣俊卿：《实践派的探索与实践哲学的述评》，（台湾）森大图书有限公司1990年版；衣俊卿：《东欧的新马克思主义》，（台湾）唐山出版社1993年版；衣俊卿：《人道主义批判理论——东欧新马克思主义述评》，中国人民大学出版社2005年版；衣俊卿、陈树林主编：《当代学者视野中的马克思主义哲学·东欧和苏联学者卷》（上、下），北京师范大学出版社2008年版，以及关于科西克、赫勒、南斯拉夫实践派等的系列论文。

的部分著作陆续翻译成中文①,但是,总体上看,这些研究成果只涉及几位东欧新马克思主义代表人物,并没有建构起一个相对独立的研究领域,人们常常把关于赫勒、科西克等人的研究作为关于某一理论家的个案研究,并没有把他们置于东欧新马克思主义的历史背景和理论视野中加以把握。可以说,东欧新马克思主义研究在我国尚处于起步阶段和自发研究阶段。

我认为,目前我国的东欧新马克思主义研究状况与东欧新马克思主义在20世纪哲学社会科学,特别是在马克思主义发展中所具有的重要地位和影响力是不相称的;同时,关于东欧新马克思主义研究的缺位对于我们在全球化背景下发展具有中国特色和世界眼光的马克思主义的理论战略,也是不利的。应当说,过去30年,特别是新世纪开始的头十年,国外马克思主义研究在我国学术界已经成为最重要、最受关注的研究领域之一,不仅这一领域本身的学科建设和理论建设取得了长足的进步,而且在一定程度上还引起了哲学社会科学研究范式的改变。正是由于国外马克思主义的研究进展,使得哲学的不同分支学科之间、社会科学的不同学科之间,乃至世界问题和中国问题、世界视野和中国视野之间,开始出现相互融合和相互渗透的趋势。但是,我们必须看到,国外马克思主义研究还处于初始阶段,无论在广度上还是深度上都有很大的拓展空间。

我一直认为,在20世纪世界马克思主义研究的总体格局中,从对马克思思想的当代阐发和对当代社会的全方位批判两个方面衡量,真正能够称之为"新马克思主义"的主要有三个领域:一是我

① 例如,沙夫:《人的哲学》,林波等译,三联书店1963年版;沙夫:《论共产主义运动的若干问题》,奚戚等译,人民出版社1983年版;赫勒:《日常生活》,衣俊卿译,重庆出版社1990年版;赫勒:《现代性理论》,李瑞华译,商务印书馆2005年版;马尔科维奇、彼德洛维奇编:《南斯拉夫"实践派"的历史和理论》,郑一明、曲跃厚译,重庆出版社1994年版;柯拉柯夫斯基:《形而上学的恐怖》,唐少杰等译,三联书店1999年版;柯拉柯夫斯基:《宗教:如果没有上帝……》,杨德友译,三联书店1997年版等,以及黄继锋:《东欧新马克思主义》,中央编译出版社2002年版;张一兵、刘怀玉、傅其林、潘宇鹏等关于科西克、赫勒等人的研究文章。

们通常所说的西方马克思主义，主要包括以卢卡奇、科尔施、葛兰西、布洛赫为代表的早期西方马克思主义，以霍克海默、阿多诺、马尔库塞、弗洛姆、哈贝马斯等为代表的法兰克福学派，以及萨特的存在主义马克思主义、阿尔都塞的结构主义马克思主义等；二是20世纪70年代之后的新马克思主义流派，主要包括分析的马克思主义、生态学马克思主义、女权主义马克思主义、文化的马克思主义、发展理论的马克思主义、后马克思主义等；三是以南斯拉夫实践派、匈牙利布达佩斯学派、波兰和捷克斯洛伐克等国的新马克思主义者为代表的东欧新马克思主义。就这一基本格局而言，由于学术视野和其他因素的局限，我国的国外马克思主义研究呈现出发展不平衡的状态：大多数研究集中于对卢卡奇、科尔施和葛兰西等人开创的西方马克思主义流派和以生态学马克思主义、女权主义马克思主义等为代表的20世纪70、80年代之后的欧美新马克思主义流派的研究，而对于同样具有重要地位的东欧新马克思主义以及其他一些国外新马克思主义流派则较少关注。由此，东欧新马克思主义研究已经成为我国学术界关于世界马克思主义研究中的一个比较严重的"短板"。有鉴于此，我以黑龙江大学文化哲学研究中心、马克思主义哲学专业和国外马克思主义研究专业的研究人员为主，广泛吸纳国内相关领域的专家学者，组织了一个翻译、研究东欧新马克思主义的学术团队，以期在东欧新马克思主义的译介、研究方面做一些开创性的工作，填补国内学界的这一空白。2010—2015年，"译丛"预计出版40种，"理论研究"丛书预计出版20种，整个翻译和研究工程将历时多年。

以下，我根据多年来的学习、研究，就东欧新马克思主义的界定、历史沿革、理论建树、学术影响等作一简单介绍，以便丛书读者能对东欧新马克思主义有一个整体的了解。

二、东欧新马克思主义的界定

对东欧新马克思主义的范围和主要代表人物作一个基本划

界，并非轻而易举的事情。与其他一些在某一国度形成的具体的哲学社会科学理论流派相比，东欧新马克思主义要显得更为复杂，范围更为广泛。西方学术界的一些研究者或理论家从20世纪60年代后期就已经开始关注东欧新马克思主义的一些流派或理论家，并陆续对“实践派”、“布达佩斯学派”，以及其他东欧新马克思主义代表人物作了不同的研究，分别出版了其中的某一流派、某一理论家的论文集或对他们进行专题研究。但是，在对东欧新马克思主义的总体梳理和划界上，西方学术界也没有形成公认的观点，而且在对东欧新马克思主义及其代表人物的界定上存在不少差异，在称谓上也各有不同，例如，“东欧的新马克思主义”、“人道主义马克思主义”、“改革主义者”、“异端理论家”、“左翼理论家”等。

近年来，我在使用“东欧新马克思主义”范畴时，特别强调其特定的内涵和规定性。我认为，不能用“东欧新马克思主义”来泛指第二次世界大战后东欧的各种马克思主义研究，我们在划定东欧新马克思主义的范围时，必须严格选取那些从基本理论取向到具体学术活动都基本符合20世纪“新马克思主义”范畴的流派和理论家。具体说来，我认为，最具代表性的东欧新马克思主义理论家应当是：南斯拉夫实践派的彼得洛维奇（Gajo Petrović，1927—1993）、马尔科维奇（Mihailo Marković，1923—2010）、弗兰尼茨基（Predrag Vranickić，1922—2002）、坎格尔加（Milan Kangrga，1923—2008）和斯托扬诺维奇（Svetozar Stojanović，1931—2010）等；匈牙利布达佩斯学派的赫勒（Agnes Heller，1929—　）、费赫尔（Ferenc Feher，1933—1994）、马尔库什（György Markus，1934—　）和瓦伊达（Mihaly Vajda，1935—　）等；波兰的新马克思主义代表人物沙夫（Adam Schaff，1913—2006）、科拉科夫斯基（Leszak Kolakowski，1927—2009）等；捷克斯洛伐克的科西克（Karel Kosik，1926—2003）、斯维塔克（Ivan Svitak，1925—1994）等。应当说，我们可以通过上述理论家的主要理论建树，大体上建立起东欧新马克思主义的研究领域。

除了上述十几位理论家构成了东欧新马克思主义的中坚力量外，还有许多理论家也为东欧新马克思主义的发展作出了重要贡献。例如，南斯拉夫实践派的考拉奇（Veljko Korać，1914—1991）、日沃基奇（Miladin Životić，1930—1997）、哥鲁波维奇（Zagorka Golubović，1930— ）、达迪奇（Ljubomir Tadić，1925—2013）、波什尼雅克（Branko Bošnjak，1923—1996）、苏佩克（Rudi Supek，1913—1993）、格尔里奇（Danko Grlić，1923—1984）、苏特里奇（Vanja Sutlić，1925—1989）、达米尼扬诺维奇（Milan Damnjanović，1924—1994）等，匈牙利布达佩斯学派的女社会学家马尔库什（Maria Markus，1936— ）、赫格居什（András Hegedüs，1922—1999）、吉什（Janos Kis，1943— ）、塞勒尼（Ivan Szelenyi，1938— ）、康拉德（Ceorg Konrad，1933— ）、作家哈拉兹蒂（Miklós Haraszti，1945— ）等，以及捷克斯洛伐克的人道主义马克思主义理论家马霍韦茨（Milan Machovec，1925—2003）等。考虑到其理论活跃度、国际学术影响力和参与度等因素，也考虑到目前关于东欧新马克思主义研究力量的限度，我们一般没有把他们列入东欧新马克思主义的主要研究对象。

这些哲学家分属不同的国度，各有不同的研究领域，但是，共同的历史背景、共同的理论渊源、共同的文化境遇以及共同的学术活动形成了他们共同的学术追求和理论定位，使他们形成了一个以人道主义批判理论为基本特征的新马克思主义学术群体。

首先，东欧新马克思主义产生于第二次世界大战后东欧各国的社会主义改革进程中，他们在某种意义上都是改革的理论家和积极支持者。众所周知，第二次世界大战后，东欧各国普遍经历了“斯大林化”进程，普遍确立了以高度的计划经济和中央集权体制为特征的苏联社会主义模式或斯大林的社会主义模式，而20世纪五六十年代东欧一些国家的社会主义改革从根本上都是要冲破苏联社会主义模式的束缚，强调社会主义的人道主义和民主的特征，以及工人自治的要求。在这种意义上，东欧新马克思主义主要产生于南斯拉夫、匈牙利、波兰和捷克斯洛伐克四国，就不是偶然的事情了。因为，1948 年至 1968 年的 20 年间，标志着东欧社会主义改革艰巨历程的苏南冲突、波兹南事件、匈牙利事件、“布拉格之春”几个重大的世界性历史事件刚好在这四个国家中发生，上述东欧新马克思主义者都是这一改革进程中的重要理论家，他们从青年马克思的人道主义实践哲学立场出发，反思和批判苏联高度集权的社会主义模式，强调社会主义改革的必要性。

其次，东欧新马克思主义都具有比较深厚的马克思思想理论传统和开阔的现时代的批判视野。通常我们在使用“东欧新马克思主义”的范畴时是有严格限定条件的，只有那些既具有马克思的思想理论传统，在新的历史条件下对马克思关于人和世界的理论进行新的解释和拓展，同时又具有马克思理论的实践本性和批判维度，对当代社会进程进行深刻反思和批判的理论流派或学说，才能冠之以“新马克思主义”。可以肯定地说，我们上述开列的南斯拉夫、匈牙利、波兰和捷克斯洛伐克四国的十几位著名理论家符合这两个方面的要件。一方面，这些理论家都具有深厚的马克思主义思想传统，特别是青年马克思的实践哲学或者批判的人本主义思想对他们影响很大，例如，实践派的兴起与马克思《1844 年经济学哲学手稿》的塞尔维亚文版 1953 年在南斯拉夫出版有直接的关系。另一方面，绝大多数东欧新马克思主义理论家都直接或间接地受卢卡奇、布洛赫、列菲伏尔、马尔库塞、弗洛姆、哥德曼等人带有人道主义特征的马克思主义理解的影响，其中，布达佩斯学派的主要成员就是由卢卡奇的学生组成的。东欧新马克思主义代表人物像西方马克思主义代表人物一样，高度关注技术理性批判、意识形态批判、大众文化批判、现代性批判等当代重大理论问题和实践问题。

再次，东欧新马克思主义主要代表人物曾经组织了一系列国际性学术活动，这些由东欧新马克思主义代表人物、西方马克思主义代表人物，以及其他一些马克思主义者参加的活动进一步形成了东欧新马克思主义的共同的人道主义理论定向，提升了他们的国际影响力。上述我们划定的十几位理论家分属四个国度，而且所面临的具体处境和社会问题也不尽相同，但是，他们并非彼此孤立、各自独立活动的专家学者。实际上，他们不仅具有相同的或相近的理论立场，而且在相当一段时间内或者在很多场合内共同发起、组织和参与了20世纪六七十年代一些重要的世界性马克思主义研究活动。这里特别要提到的是南斯拉夫实践派在组织东欧新马克思主义和西方马克思主义交流和对话中的独特作用。从20世纪60年代中期到70年代中期，南斯拉夫实践派哲学家创办了著名的《实践》杂志（PRAXIS，1964—1974）和科尔丘拉夏令学园（Korčulavska ljetnja Škola，1963—1973）。10年间他们举办了10次国际讨论会，围绕着国家、政党、官僚制、分工、商品生产、技术理性、文化、当代世界的异化、社会主义的民主与自治等一系列重大的现实问题进行深入探讨，百余名东欧新马克思主义者、西方马克思主义理论家和其他东西方马克思主义研究者参加了讨论。特别要提到的是，布洛赫、列菲伏尔、马尔库塞、弗洛姆、哥德曼、马勒、哈贝马斯等西方著名马克思主义者和赫勒、马尔库什、科拉科夫斯基、科西克、实践派哲学家以及其他东欧新马克思主义者成为《实践》杂志国际编委会成员和科尔丘拉夏令学园的国际学术讨论会的积极参加者。卢卡奇未能参加讨论会，但他生前也曾担任《实践》杂志国际编委会成员。20世纪后期，由于各种原因东欧新马克思主义的主要代表人物或是直接移居西方或是辗转进入国际学术或教学领域，即使在这种情况下，东欧新马克思主义主要流派依旧进行许多合作性的学术活动或学术研究。例如，在《实践》杂志被迫停刊的情况下，以马尔科维奇为代表的一部分实践派代表人物于1981年在英国牛津创办了《实践（国际）》（PRAXIS INTERNATIONAL）杂志，布达佩斯学派的主要成员则多次合作推出一些共同的研究成果。[①] 相近的理论立场和共同活动的开展，使东欧新马克思主义成为一种有机的、类型化的新马克思主义。

三、东欧新马克思主义的历史沿革

我们可以粗略地以20世纪70年代中期为时间点，将东欧新马克思主义的发展历程划分为两大阶段：第一个阶段是东欧新马克思主义主要流派和主要代表人物在东欧各国从事理论活动的时期，第二个阶段是许多东欧新马克思主义者在西欧和英美直接参加国际学术活动的时期。具体情况如下：

20世纪50年代到70年代中期，是东欧新马克思主义主要流派和主要代表人物在东欧各国从事理论活动的时期，也是他们比较集中、比较自觉地建构人道主义的马克思主义的时期。可以说，这一时期的成果相应地构成了东欧新马克思主义的典型的或代表性的理论观点。这一时期的突出特点是东欧新马克思主义主要代表人物的理论活动直接同东欧的社会主义实践交织在一起。他们批判自然辩证法、反映论和经济决定论等观点，打破在社会主义国家中占统治地位的斯大林主义的理论模式，同时，也批判现存的官僚社会主义或国家社会主义关系，以及封闭的和落后的文化，力图在现存社会主义条件下，努力发展自由的创造性的个体，建立民主的、人道的、自治的社会主义。以此为基础，东欧新马克思主义积极发展和弘扬革命的和批判的人道主义马克思主义，他们一方面以独特的方式确立了人本主义马克思主义的立场，如实践派的“实践哲学”或“革命思想”、科西克的“具体的辩证法”、布达佩斯学派

① 例如，Agnes Heller, *Lukács Revalued*, Oxford: Basil Blackwell Publisher, 1983; Ferenc Feher, Agnes Heller and György Markus, *Dictatorship over Needs*, New York: St. Martin's Press, 1983; Agnes Heller and Ferenc Feher, *Reconstructing Aesthetics – Writings of the Budapest School*, New York: Blackwell, 1986; J. Grumley, P. Crittenden and P Johnson eds., *Culture and Enlightenment: Essays for György Markus*, Hampshire: Ashgate Publishing Limited, 2002 等。

的需要革命理论等等；另一方面以异化理论为依据，密切关注人类的普遍困境，像西方人本主义思想家一样，对于官僚政治、意识形态、技术理性、大众文化等异化的社会力量进行了深刻的批判。这一时期，东欧新马克思主义代表人物展示出比较强的理论创造力，推出了一批有影响的理论著作，例如，科西克的《具体的辩证法》、沙夫的《人的哲学》和《马克思主义与人类个体》、科拉科夫斯基的《走向马克思主义的人道主义》、赫勒的《日常生活》和《马克思的需要理论》、马尔库什的《马克思主义与人类学》、彼得洛维奇的《哲学与马克思主义》和《哲学与革命》、马尔科维奇的《人道主义和辩证法》、弗兰尼茨基的《马克思主义和社会主义》等。

20 世纪 70 年代中后期以来，东欧新马克思主义的基本特点是不再作为自觉的学术流派围绕共同的话题而开展学术研究，而是逐步超出东欧的范围，通过移民或学术交流的方式分散在英美、澳大利亚、德国等地，汇入到西方各种新马克思主义流派或左翼激进主义思潮之中，他们作为个体，在不同的国家和地区分别参与国际范围内的学术研究和社会批判，并直接以英文、德文、法文等发表学术著作。大体说来，这一时期，东欧新马克思主义的主要代表人物的理论热点，主要体现在两个大的方面：从一个方面来看，马克思主义和社会主义依旧是东欧新马克思主义理论家关注的重要主题之一。他们在新的语境中继续研究和反思传统马克思主义和苏联模式的社会主义实践，并且陆续出版了一些有影响的学术著作，例如，科拉科夫斯基的三卷本《马克思主义的主要流派》、沙夫的《处在十字路口的共产主义运动》①、斯托扬诺维奇的《南斯拉夫的垮台：为什么共产主义会失败》、马尔科维奇的《民主社会主义：理论与实践》、瓦伊达的《国家和社会主义：政治学论文集》、马尔库什的《困难的过渡：中欧和东欧的社会民主》、费赫尔的《东欧的危机

① 参见该书的中文译本——沙夫：《论共产主义运动的若干问题》，奚戚等译，人民出版社 1983 年版。

和改革》等。但是,从另一方面看,东欧新马克思主义理论家,特别是以赫勒为代表的布达佩斯学派成员,以及沙夫和科拉科夫斯基等人,把主要注意力越来越多地投向20世纪70年代以来西方其他新马克思主义流派和左翼激进思想家所关注的文化批判和社会批判主题,特别是政治哲学的主题,例如,启蒙与现代性批判、后现代政治状况、生态问题、文化批判、激进哲学等。他们的一些著作具有重要的学术影响,例如,沙夫作为罗马俱乐部成员同他人一起主编的《微电子学与社会》和《全球人道主义》、科拉科夫斯基的《经受无穷拷问的现代性》等。这里特别要突出强调的是布达佩斯学派的主要成员,他们的研究已经构成了过去几十年西方左翼激进主义批判理论思潮的重要组成部分,例如,赫勒独自撰写或与他人合写的《现代性理论》、《激进哲学》、《后现代政治状况》、《现代性能够幸存吗?》等,费赫尔主编或撰写的《法国大革命与现代性的诞生》、《生态政治学:公共政策和社会福利》等,马尔库什的《语言与生产:范式批判》等。

四、东欧新马克思主义的理论建树

通过上述历史沿革的描述,我们可以发现一个很有趣的现象:东欧新马克思主义发展的第一个阶段大体上是与典型的西方马克思主义处在同一个时期;而第二个阶段又是与20世纪70年代以后的各种新马克思主义相互交织的时期。这样,东欧新马克思主义就同另外两种主要的新马克思主义构成奇特的交互关系,形成了相互影响的关系。关于东欧新马克思主义的学术建树和理论贡献,不同的研究者有不同的评价,其中有些偶尔从某一个侧面涉猎东欧新马克思主义的研究者,由于无法了解东欧新马克思主义的全貌和理论独特性,片面地断言:东欧新马克思主义不过是以卢卡奇等人为代表的西方马克思主义的一个简单的附属物、衍生产品或边缘性、枝节性的延伸,没有什么独特的理论创造和理论地位。

这显然是一种表面化的理论误解，需要加以澄清。

在这里，我想把东欧新马克思主义置于20世纪的新马克思主义的大格局中加以比较研究，主要是将其与西方马克思主义和20世纪70年代之后的新马克思主义流派加以比较，以把握其独特的理论贡献和理论特色。从总体上看，东欧新马克思主义的理论旨趣和实践关怀与其他新马克思主义在基本方向上大体一致，然而，东欧新马克思主义具有东欧社会主义进程和世界历史进程的双重背景，这种历史体验的独特性使他们在理论层面上既有比较坚实的马克思思想传统，又有对当今世界和人的生存的现实思考，在实践层面上，既有对社会主义建立及其改革进程的亲历，又有对现代性语境中的社会文化问题的批判分析。基于这种定位，我认为，研究东欧新马克思主义，在总体上要特别关注其三个理论特色。

其一，对马克思思想独特的、深刻的阐述。虽然所有新马克思主义都不可否认具有马克思的思想传统，但是，如果我们细分析，就会发现，除了卢卡奇的主客体统一的辩证法、葛兰西的实践哲学等，大多数西方马克思主义者并没有对马克思的思想、更不要说20世纪70年代以后的新马克思主义流派作出集中的、系统的和独特的阐述。他们的主要兴奋点是结合当今世界的问题和人的生存困境去补充、修正或重新解释马克思的某些论点。相比之下，东欧新马克思主义理论家对马克思思想的阐述最为系统和集中，这一方面得益于这些理论家的马克思主义理论基础，包括早期的传统马克思主义的知识积累和20世纪50年代之后对青年马克思思想的系统研究，另一方面得益于东欧理论家和思想家特有的理论思维能力和悟性。关于东欧新马克思主义理论家在马克思思想及马克思主义理论方面的功底和功力，我们可以提及两套尽管引起很大争议，但是产生了很大影响的研究马克思主义历史的著作，一是弗兰尼茨基的三卷本《马克思主义史》[①]，二是科拉科夫斯基的三卷本《马克思主义的主要流派》[②]。甚至当科拉科夫斯基在晚年宣布"放弃了马克思"后，我们依旧不难在他的理论中看到马克思思想的深刻影响。

在这一点上，可以说，差不多大多数东欧新马克思主义理论家都曾集中精力对马克思的思想作系统的研究和新的阐释。其中特别要提到的应当是如下几种关于马克思思想的独特阐述：一是科西克在《具体的辩证法》中对马克思实践哲学的独特解读和理论建构，其理论深度和哲学视野在20世纪关于实践哲学的各种理论建构中毫无疑问应当占有重要的地位；二是沙夫在《人的哲学》、《马克思主义与人类个体》和《作为社会现象的异化》几部著作中通过对异化、物化和对象化问题的细致分析，建立起一种以人的问题为核心的人道主义马克思主义理解；三是南斯拉夫实践派关于马克思实践哲学的阐述，尤其是彼得洛维奇的《哲学与马克思主义》、《哲学与革命》和《革命思想》，马尔科维奇的《人道主义和辩证法》，坎格尔加的《卡尔·马克思著作中的伦理学问题》等著作从不同侧面提供了当代关于马克思实践哲学最为系统的建构与表述；四是赫勒的《马克思的需要理论》、《日常生活》和马尔库什的《马克思主义与人类学》在宏观视角与微观视角相结合的视阈中，围绕着人类学生存结构、需要的革命和日常生活的人道化，对马克思关于人的问题作了深刻而独特的阐述，并探讨了关于人的解放的独特思路。正如赫勒所言："社会变革无法仅仅在宏观尺度上得以实现，进而，人的态度上的改变无论好坏都是所有变革的内在组成部

① Predrag Vranicki, *Historija Marksizma*, I, II, III, Zagreb: Naprijed, 1978. 参见普雷德腊格·弗兰尼茨基:《马克思主义史》(I、II、III)，李嘉恩等译，人民出版社1986、1988、1992年版。

② Leszek Kolakowski, *Main Currents of Marxism*, 3 vols., Oxford: Oxford University Press, 1978.

分。”①

其二，对社会主义理论和实践、历史和命运的反思，特别是对社会主义改革的理论设计。社会主义理论与实践是所有新马克思主义以不同方式共同关注的课题，因为它代表了马克思思想的最重要的实践维度。但坦率地讲，西方马克思主义理论家和20世纪70年代之后的新马克思主义流派在社会主义问题上并不具有最有说服力的发言权，他们对以苏联为代表的现存社会主义体制的批判往往表现为外在的观照和反思，而他们所设想的民主社会主义、生态社会主义等模式，也主要局限于西方发达社会中的某些社会历史现象。毫无疑问，探讨社会主义的理论和实践问题，如果不把几乎贯穿于整个20世纪的社会主义实践纳入视野，加以深刻分析，是很难形成有说服力的见解的。在这方面，东欧新马克思主义理论家具有独特的优势，他们大多是苏南冲突、波兹南事件、匈牙利事件、“布拉格之春”这些重大历史事件的亲历者，也是社会主义自治实践、“具有人道特征的社会主义”等改革实践的直接参与者，甚至在某种意义上是理论设计者。东欧新马克思主义理论家对社会主义的理论探讨是多方面的，首先值得特别关注的是他们结合社会主义的改革实践，对社会主义的本质特征的阐述。从总体上看，他们大多致力于批判当时东欧国家的官僚社会主义或国家社会主义，以及封闭的和落后的文化，力图在当时的社会主义条件下，努力发展自由的创造性的个体，建立民主的、人道的、自治的社会主义。在这方面，弗兰尼茨基的理论建树最具影响力，在《马克思主义和社会主义》和《作为不断革命的自治》两部代表作中，他从一般到个别、从理论到实践，深刻地批判了国家社会主义模式，表述了社会主义异化论思想，揭示了社会主义的人道主义性质。他认为，以生产者自治为特征的社会主义“本质上是一种历史的、新

① Agnes Heller, *Everyday Life*, London and New York: Routledge and Kegan Paul, 1984, p. x.

型民主的发展和加深”①。此外，从20世纪80年代起，特别是在20世纪90年代后，很多东欧新马克思主义理论家对苏联解体和东欧剧变作了多视角的、近距离的反思，例如，沙夫的《处在十字路口的共产主义运动》，费赫尔的《戈尔巴乔夫时期苏联体制的危机和危机的解决》，马尔库什的《困难的过渡：中欧和东欧的社会民主》，斯托扬诺维奇的《南斯拉夫的垮台：为什么共产主义会失败》、《塞尔维亚：民主的革命》等。

其三，对于现代性的独特的理论反思。如前所述，20世纪80年代以来，东欧新马克思主义理论家把主要注意力越来越多地投向20世纪70年代以来西方其他新马克思主义流派和左翼激进思想家所关注的文化批判和社会批判主题。在这一研究领域中，东欧新马克思主义理论家的独特性在于，他们在阐释马克思思想时所形成的理论视野，以及对社会主义历史命运和发达工业社会进行综合思考时所形成的社会批判视野，构成了特有的深刻的理论内涵。例如，赫勒在《激进哲学》，以及她与费赫尔、马尔库什等合写的《对需要的专政》等著作中，用他们对马克思的需要理论的理解为背景，以需要结构贯穿对发达工业社会和现存社会主义社会的分析，形成了以激进需要为核心的政治哲学视野。赫勒在《历史理论》、《现代性理论》、《现代性能够幸存吗?》以及她与费赫尔合著的《后现代政治状况》等著作中，建立了一种独特的现代性理论。同一般的后现代理论的现代性批判相比，这一现代性理论具有比较厚重的理论内涵，用赫勒的话来说，它既包含对各种关于现代性的理论的反思维度，也包括作者个人以及其他现代人关于“大屠杀”、“极权主义独裁”等事件的体验和其他“现代性经验”②，在我看来，其理论厚度和深刻性只有像哈贝马斯这样的少数理论家才

① Predrag Vranicki, Socijalistička revolucija——Očemu je riječ? *Kulturni radnik*, No.1, 1987, p.19.

② 参见阿格尼丝·赫勒：《现代性理论》，李瑞华译，商务印书馆2005年版，第1、3、4页。

能达到。

从上述理论特色的分析可以看出，无论从对马克思思想的当代阐发、对社会主义改革的理论探索，还是对当代社会的全方位批判等方面来看，东欧新马克思主义都是20世纪一种典型意义上的新马克思主义，在某种意义上可以断言，它是西方马克思主义之外一种最有影响力的新马克思主义类型。相比之下，20世纪许多与马克思思想或马克思主义有某种关联的理论流派或实践方案都不具备像东欧新马克思主义这样的学术地位和理论影响力，它们甚至构不成一种典型的“新马克思主义”。例如，欧洲共产主义等社会主义探索，它们主要涉及实践层面的具体操作，而缺少比较系统的马克思主义理论传统；再如，一些偶尔涉猎马克思思想或对马克思表达敬意的理论家，他们只是把马克思思想作为自己的某一方面的理论资源，而不是马克思理论的传人；甚至包括日本、美国等一些国家的学院派学者，他们对马克思的文本进行了细微的解读，虽然人们也常常在宽泛的意义上称他们为“新马克思主义者”，但是，同具有理论和实践双重维度的马克思主义传统的理论流派相比，他们还不能称做严格意义上的“新马克思主义者”。

五、东欧新马克思主义的学术影响

在分析了东欧新马克思主义的理论建树和理论特色之后，我们还可以从一些重要思想家对东欧新马克思主义的关注和评价的视角把握它的学术影响力。在这里，我们不准备作有关东欧新马克思主义研究的详细文献分析，而只是简要地提及一下弗洛姆、哈贝马斯等重要思想家对东欧新马克思主义的重视。

应该说，大约在20世纪60年代中期，即东欧新马克思主义形成并产生影响的时期，其理论已经开始受到国际学术界的关注。20世纪70年代之前东欧新马克思主义者主要在本国从事学术研究，他们深受卢卡奇、布洛赫、马尔库塞、弗洛姆、哥德曼等西方马克思主义者的影响。然而，即使在这一时期，东欧新马克思主义同西方马克思主义，特别是同法兰克福学派的关系也带有明显的交互性。如上所述，从20世纪60年代中期到70年代中期，由《实践》杂志和科尔丘拉夏令学园所搭建的学术论坛是当时世界上最大的、最有影响力的东欧新马克思主义和西方马克思主义的学术活动平台。这个平台改变了东欧新马克思主义者单纯受西方人本主义马克思主义者影响的局面，推动了东欧新马克思主义和西方马克思主义者的相互影响与合作。布洛赫、列菲伏尔、马尔库塞、弗洛姆、哥德曼等一些著名西方马克思主义者不仅参加了实践派所组织的重要学术活动，而且开始高度重视实践派等东欧新马克思主义理论家。这里特别要提到的是弗洛姆，他对东欧新马克思主义给予高度重视和评价。1965年弗洛姆主编出版了哲学论文集《社会主义的人道主义》，在所收录的包括布洛赫、马尔库塞、弗洛姆、哥德曼、德拉·沃尔佩等著名西方马克思主义代表人物文章在内的共35篇论文中，东欧新马克思主义理论家的文章就占了10篇——包括波兰的沙夫，捷克斯洛伐克的科西克、斯维塔克、普鲁查，南斯拉夫的考拉奇、马尔科维奇、别约维奇、彼得洛维奇、苏佩克和弗兰尼茨基等哲学家的论文。① 1970年，弗洛姆为沙夫的《马克思主义与人类个体》作序，他指出，沙夫在这本书中，探讨了人、个体主义、生存的意义、生活规范等被传统马克思主义忽略的问题，因此，这本书的问世无论对于波兰还是对于西方学术界正确理解马克思的思想，都是"一件重大的事情"②。1974年，弗洛姆为马尔科维奇关于哲学和社会批判的论文集写了序言，他特别肯定和赞扬了马尔科维奇和南斯拉夫实践派其他成员在反对教条主义、"回到真正的马克思"方面所作的努力和贡献。弗洛姆强调，在南

---

① Erich Fromm, ed., *Socialist Humanism: An International Symposium*, New York: Doubleday, 1965.

② Adam Schaff, *Marxism and the Human Individual*, New York: McGraw – Hill Book Company, 1970, p. ix.

斯拉夫、波兰、匈牙利和捷克斯洛伐克都有一些人道主义马克思主义理论家，而南斯拉夫的突出特点在于："对真正的马克思主义的重建和发展不只是个别的哲学家的关注点，而且已经成为由南斯拉夫不同大学的教授所形成的一个比较大的学术团体的关切和一生的工作。"①

20 世纪 70 年代后期以来，汇入国际学术研究之中的东欧新马克思主义代表人物（包括继续留在本国的科西克和一部分实践派哲学家），在国际学术领域，特别是国际马克思主义研究中，具有越来越大的影响，占据独特的地位。他们于 20 世纪 60 年代至 70 年代创作的一些重要著作陆续翻译成西方文字出版，有些著作，如科西克的《具体的辩证法》等，甚至被翻译成十几国语言。一些研究者还通过编撰论文集等方式集中推介东欧新马克思主义的研究成果。例如，美国学者谢尔 1978 年翻译和编辑出版了《马克思主义人道主义和实践》，这是精选的南斯拉夫实践派哲学家的论文集，收录了彼得洛维奇、马尔科维奇、弗兰尼茨基、斯托扬诺维奇、达迪奇、苏佩克、格尔里奇、坎格尔加、日沃基奇、哥鲁波维奇等 10 名实践派代表人物的论文。② 英国著名马克思主义社会学家波塔默 1988 年主编了《对马克思的解释》一书，其中收录了卢卡奇、葛兰西、阿尔都塞、哥德曼、哈贝马斯等西方马克思主义著名代表人物的论文，同时收录了彼得洛维奇、斯托扬诺维奇、赫勒、赫格居什、科拉科夫斯基等 5 位东欧新马克思主义著名代表人物的论文。③ 此外，一些专门研究东欧新马克思主义某一代表人物的专著也陆

① Mihailo Marković, *From Affluence to Praxis: Philosophy and Social Criticism*, The University of Michigan Press, 1974, p. vi.

② Gerson S. Sher, ed., *Marxist Humanism and Praxis*, New York: Prometheus Books, 1978.

③ Tom Bottomore, ed., *Interpretations of Marx*, Oxford UK, New York USA: Basil Blackwell, 1988.

续出版。[①] 同时，东欧新马克思主义代表人物陆续发表了许多在国际学术领域产生重大影响的学术著作，例如，科拉科夫斯基的三卷本《马克思主义的主要流派》[②]于20世纪70年代末在英国发表后，很快就被翻译成多种语言，在国际学术界产生很大反响，迅速成为最有影响的马克思主义哲学史研究成果之一。布达佩斯学派的赫勒、费赫尔、马尔库什和瓦伊达，实践派的马尔科维奇、斯托扬诺维奇等人，都与科拉科夫斯基、沙夫等人一样，是20世纪80年代以后国际学术界十分有影响的新马克思主义理论家，而且一直活跃到目前。[③] 其中，赫勒尤其活跃，20世纪80年代后陆续发表了关于历史哲学、道德哲学、审美哲学、政治哲学、现代性和后现代性问题等方面的著作十余部，于1981年在联邦德国获莱辛奖，1995年在不莱梅获汉娜·阿伦特政治哲学奖(Hannah Arendt Prize for Political Philosophy)，2006年在丹麦哥本哈根大学获松宁奖(Sonning Prize)。

应当说，过去30多年，一些东欧新马克思主义主要代表人物已经得到国际学术界的广泛承认。限于篇幅，我们在这里无法一一梳理关于东欧新马克思主义的研究状况，可以举一个例子加以说明：从20世纪60年代末起，哈贝马斯就在自己的多部著作中引用东欧新马克思主义理论家的观点，例如，他在《认识与兴趣》中提到了科西克、彼得洛维奇等人所代表的东欧社会主义国家中的“马克思主义的现象学”倾向[④]，在《交往行动理论》中引用了赫勒和马

① 例如，John Burnheim, *The Social Philosophy of Agnes Heller*, Amsterdam-Atlanta: Rodopi B. V., 1994; John Grumley, *Agnes Heller: A Moralist in the Vortex of History*, London: Pluto Press, 2005，等等。

② Leszek Kolakowski, *Main Currents of Marxism*, 3 vols., Oxford: Clarendon Press, 1978.

③ 其中，沙夫于2006年去世，坎格尔加于2008年去世，科拉科夫斯基于2009年去世，马尔科维奇和斯托扬诺维奇于2010年去世。

④ 参见哈贝马斯：《认识与兴趣》，郭官义、李黎译，学林出版社1999年版，第24、59页。

尔库什的观点[①]，在《现代性的哲学话语》中讨论了赫勒的日常生活批判思想和马尔库什关于人的对象世界的论述[②]，在《后形而上学思想》中提到了科拉科夫斯基关于哲学的理解[③]，等等。这些都说明东欧新马克思主义的理论建树已经真正进入到20世纪(包括新世纪)国际学术研究和学术交流领域。

六、东欧新马克思主义研究的思路

通过上述关于东欧新马克思主义的多维度分析，不难看出，在我国学术界全面开启东欧新马克思主义研究领域的意义已经不言自明了。应当看到，在全球一体化的进程中，中国的综合实力和国际地位不断提升，但所面临的发展压力和困难也越来越大。在此背景下，中国的马克思主义理论研究者进一步丰富和发展马克思主义的任务越来越重，情况也越来越复杂。无论是发展中国特色、中国风格、中国气派的马克思主义，还是“大力推进马克思主义中国化、时代化、大众化”，都不能停留于中国的语境中，不能停留于一般地坚持马克思主义立场，而必须学会在纷繁复杂的国际形势中，在应对人类所面临的日益复杂的理论问题和实践问题中，坚持和发展具有世界眼光和时代特色的马克思主义，以争得理论和学术上的制高点和话语权。

在丰富和发展马克思主义的过程中，世界眼光和时代特色的形成不仅需要我们对人类所面临的各种重大问题进行深刻分析，还需要我们自觉地、勇敢地、主动地同国际上各种有影响的学术观

① 参见哈贝马斯:《交往行动理论》第2卷，洪佩郁、蔺青译，重庆出版社1994年版，第545、552页，即“人名索引”中的信息，其中马尔库什被译作“马尔库斯”(按照匈牙利语的发音，译作“马尔库什”更为准确)。

② 参见哈贝马斯:《现代性的哲学话语》，曹卫东等译，译林出版社2004年版，第88、90～95页，这里马尔库什同样被译作“马尔库斯”。

③ 参见哈贝马斯:《后形而上学思想》，曹卫东、付德根译，译林出版社2001年版，第36～37页。

点和理论思想展开积极的对话、交流和交锋。这其中，要特别重视各种新马克思主义流派所提供的重要的理论资源和思想资源。我们知道，马克思主义诞生后的一百多年来，人类社会经历了两次世界大战的浩劫，经历了资本主义和社会主义跌宕起伏的发展历程，经历了科学技术日新月异的进步。但是，无论人类历史经历了怎样的变化，马克思主义始终是世界思想界难以回避的强大“磁场”。当代各种新马克思主义流派的不断涌现，从一个重要的方面证明了马克思主义的生命力和创造力。尽管这些新马克思主义的理论存在很多局限性，甚至存在着偏离马克思主义的失误和错误，需要我们去认真甄别和批判，但是，同其他各种哲学社会科学思潮相比，各种新马克思主义对发达资本主义的批判，对当代人类的生存困境和发展难题的揭示最为深刻、最为全面、最为彻底，这些理论资源和思想资源对于我们的借鉴意义和价值也最大。其中，我们应该特别关注东欧新马克思主义。众所周知，中国曾照搬苏联的社会主义模式，接受苏联哲学教科书的马克思主义理论体系；在社会主义的改革实践中，也曾经与东欧各国有着共同的或者相关的经历，因此，从东欧新马克思主义的理论探索中我们可以吸收的理论资源、可以借鉴的经验教训会更多。

鉴于我们所推出的“东欧新马克思主义译丛”和“东欧新马克思主义理论研究”丛书尚属于这一研究领域的基础性工作，因此，我们的基本研究思路，或者说，我们坚持的研究原则主要有两点。一是坚持全面准确地了解的原则，即是说，通过这两套丛书，要尽可能准确地展示东欧新马克思主义的全貌。具体说来，由于东欧新马克思主义理论家人数众多，著述十分丰富，“译丛”不可能全部翻译，只能集中于上述所划定的十几位主要代表人物的代表作。在这里，要确保东欧新马克思主义主要代表人物最有影响的著作不被遗漏，不仅要包括与我们的观点接近的著作，也要包括那些与我们的观点相左的著作。以科拉科夫斯基《马克思主义的主要流派》为例，他在这部著作中对不同阶段的马克思主义发展进行了很多批评和批判，其中有一些观点是我们所不能接受的，必须加以分析批判。尽管如此，它是东欧新马克思主义影响最为广泛的著作之一，如果不把这样的著作纳入“译丛”之中，如果不直接同这样有影响的理论成果进行对话和交锋，那么我们对东欧新马克思主义的理解将会有很大的片面性。二是坚持分析、批判、借鉴的原则，即是说，要把东欧新马克思主义的理论观点置于马克思主义的理论发展进程中，置于社会主义实践探索中，置于20世纪人类所面临的重大问题中，置于同其他新马克思主义和其他哲学社会科学理论的比较中，加以理解、把握、分析、批判和借鉴。因此，我们将在每一本译著的译序中尽量引入理论分析的视野，而在“理论研究”中，更要引入批判性分析的视野。只有这种积极对话的态度，才能使我们对东欧新马克思主义的研究不是为了研究而研究、为了翻译而翻译，而是真正成为我国在新世纪实施的马克思主义理论研究和建设工程的有机组成部分。

在结束这篇略显冗长的“总序”时，我非但没有一种释然和轻松，反而平添了更多的沉重和压力。开辟东欧新马克思主义研究这样一个全新的学术领域，对我本人有限的能力和精力来说是一个前所未有的考验，而我组织的翻译队伍和研究队伍，虽然包括一些有经验的翻译人才，但主要是依托黑龙江大学文化哲学研究中心、马克思主义哲学专业和国外马克思主义研究专业博士学位点等学术平台而形成的一支年轻的队伍，带领这样一支队伍去打一场学术研究和理论探索的硬仗，我感到一种悲壮和痛苦。我深知，随着这两套丛书的陆续问世，我们将面对的不会是掌声，可能是批评和质疑，因为，无论是“译丛”还是“理论研究”丛书，错误和局限都在所难免。好在我从一开始就把对这两套丛书的学术期待定位于一种“开端”(开始)而不是“结果”(结束)——我始终相信，一旦东欧新马克思主义研究领域被自觉地开启，肯定会有更多更具才华更有实力的研究者进入这个领域；好在我一直坚信，哲学总在途中，是一条永走不尽的生存之路，哲学之路是一条充盈着生命冲动的创新之路,也是一条上下求索的艰辛之路,踏上哲学之路的人们不仅要挑战智慧的极限,而且要有执著的、痛苦的生命意识,要有对生命的挚爱和勇于奉献的热忱。因此,既然选择了理论,选择了精神,无论是万水千山,还是千难万险,在哲学之路上我们都将义无反顾地跋涉……

导　论

南斯拉夫实践派(以下简称实践派)兴起于20世纪50年代末至60年代初,它在批判和反思苏联哲学教科书体系的理论运动中异军突起,一跃成为国际学术舞台上的重要力量。实践派群星璀璨,包括加约·彼得洛维奇(Gajo Petrović,1927—1993)、米哈依洛·马尔科维奇(Mihailo Marković ,1923—2010)、普雷德拉格·弗兰尼茨基(Predrag Vranickić, 1922—2002)、卢迪·苏佩克(Rudi Supek,1913—1993)、斯维托扎尔·斯托扬诺维奇(Svetozar Stojanović,1931—2010)、米兰·坎格尔加(Milan Kangrga ,1923—2008)、布兰柯·波什尼雅克(Branko Bošnjak,1923—1996)、哥鲁波维奇(Zagorka Golubović, 1930—)、丹柯·格尔里奇(Danko Grlić, 1923—1984)和伊万·库瓦契奇(Ivan Kuvačić,1923—2014)等众多代表人物,他们因1964年《实践》杂志的创刊而举世闻名。实践派曾因激烈地批判斯大林主义和南斯拉夫社会主义社会的不合理现实而长期处于学术争论和政治斗争的旋涡中,但历史最终证明,他们在马克思主义发展史中占有重要地位,是东欧新马克思主义的组成部分之一,是20世纪马克思主义分化和演进格局中的重要环节。实践派不是孤立的哲学派别,它获得了西方学界的认可与回应,它是南斯拉夫社会主义社会中社会批判哲学最自由、最真实的表达。实践派哲学家们诠释马克思哲学思想的方法与结论,他们关于哲学应如何关注社会现实的问题,直面人类的生存困境的理论尝试,特别是关于社会主义改革的理论探索,对于当代中国的社会主义建设具有积极的借鉴意义。

一、南斯拉夫实践派研究状况述评

从科尔丘拉夏令学园(Korčula summer school)的创办与《实践》杂志的刊行起,南斯拉夫实践派的影响就已经溢出南斯拉夫国界。国际学术界一度关注实践派的理论著述,出现了大量的译介和研究成果,我国学界也从20世纪50年代起引介南斯拉夫理论界的动态,其中包括对实践派的高度关注。时至今日,实践派仍是国内外学者们感兴趣的研究对象,甚至是我国博士、硕士论文选题涉及的重要领域之一。

(一)国外研究状况述评

国外对实践派的评价可以分为相互对立的两个方面:一是政治或意识形态角度的评价;二是学术或学理角度的评价。这两种评价的结论十分迥异。

从政治或意识形态的视角最先对实践派的观点做出反应的是南斯拉夫理论界中的正统派,评价最初还是在学术争论的范围内,后来则扩大成政治路线问题。南斯拉夫著名哲学家之一,"辩证唯物主义派"的核心人物安·斯托伊科维奇的观点在南斯拉夫国内的影响很大。他的著作《马克思主义哲学原理》一书于1976年被贝尔格莱德大学审定为教科书,其中的《马克思主义哲学的人道主义实质》是最重要的一节。斯托伊科维奇对马克思主义人道主义问题做了全面系统的论述,提出了实现人道化的途径,并介绍了南斯拉夫自治制度的人道主义观点。他在这里指责"实践派"把人本主义问题看作是基本的和唯一的哲学问题,从而误解了辩证法,错过了马克思主义的科学性。[①] 关于实践派的理论来源[②]，斯托伊科维奇的观点也最具代表性，他指出："从西方哲学家和社会学家发表在《实践》杂志上的论文中可以看到，马丁·海德格尔对萨格勒布的实践派影响最大。整个法兰克福学派（赫·马尔库塞、特·阿多尔诺、马·霍克海默、尤·哈贝马斯等人）和新马克思主义者恩·布洛赫，乔·卢卡奇、艾·弗洛姆、昂·勒弗夫尔等人对贝尔格莱德—盎格鲁撒克逊的新实证主义，对南斯拉夫实践派基本的社会政治观点影响最大。"[③]他的观点充分体现了南共联盟哲学思想的特色。南斯拉夫国内的正统马克思主义研究中还出现了大量对实践派哲学思想的学术评价。对于将"实践"范畴作为马克思主义哲学的最基本范畴，有学者指出，"当我们借助于这个范畴去试图给马克思主义下定义的时候，就会遇到相当大的困难。这些尝试并不能认为是成功的，尽管它们具有毋庸置疑的意义（主要是因为哲学的基本问题在实践的范畴中化为乌有，而实践的概念却不能被定义）"[④]。对于马克思哲学中的批判精神，"在《实践》杂志的纲领中，批判一切现存事物的思想，曾经在广大群众中引起了极大的反响。这种想法本身，字字都是来自于马克思的一部早期著作，

---

① 《关于马克思主义人道主义问题的论争》（译文集），中国社会科学院哲学研究所《哲学译丛》编辑部编译，生活·读书·新知三联书店 1981 年版，第 118 页。

② 根据别索诺夫在《在"新马克思主义"旗帜下的反马克思主义》一书中的介绍，20 世纪 50 年代，《实践》杂志的编者就宣布卢卡奇是他们的精神导师和指导者。例如，弗兰尼茨基认为，卢卡奇比其他马克思主义者更深刻地领悟了马克思在《关于费尔巴哈的提纲》中讲述的关于人的天才概念，比其他理论家更进一步地发展了马克思的基本理论成果，他由于分析了异化、物化以及它们对个人意识和阶级意识的影响，似乎"深入地思考了马克思主义的一个中心问题，同时也是现代世界和现代人的一个最重要的问题，不解决这个问题，任何一种无产阶级革命也不能完成自己的历史任务"。法兰克福学派的思想对弗兰尼茨基本人以及实践派的其他代表人物——彼得洛维奇、苏佩克、坎格尔加等人也有很大的影响。例如，彼得洛维奇写道，南斯拉夫哲学家们在努力恢复马克思的确凿思想的时候，不仅依靠对青年马克思的著作进行细致的研究，而且也依靠青年卢卡奇、布洛赫、弗洛姆、列非伏尔、马尔库塞等人。除了这些思想家之外，对现代非马克思主义哲学也给予了充分的注意，没有任何偏见。（详见[苏]Б. Н. 别索诺夫：《在"新马克思主义"旗帜下的反马克思主义》，德礼译，中国人民大学出版社 1983 年版，第 67、126 页。）

③ 《南斯拉夫哲学论文集》，中国社会科学院哲学研究所《哲学译丛》编辑部编译，生活·读书·新知三联书店 1979 年版，第 7 页。

④ 《南斯拉夫哲学论文集》，中国社会科学院哲学研究所《哲学译丛》编辑部编译，生活·读书·新知三联书店 1979 年版，第 56 页。

而马克思这个想法又是他从阅读黑格尔的著作而得来的，所以说，它并不是马克思本人的独立的方法论性质或其他性质的思想，不论在内容上还是在方法上，对他的总的思想方式都并不具有决定性意义。只因马克思的这个思想有一定意义，才写进了《实践》杂志的纲领”[①]，因此，并不能据此就得出一个结论，即将马克思的思想及其方法与“批判”等同起来，特别是不能等同于对一切现存事物的批判，这是一种将马克思的哲学方法泛化的倾向。同理，实践派把马克思主义哲学当作一种自由哲学来对待，实际上意味着停留在黑格尔哲学的范围之内，因此也就是停留在像马尔库塞所采用的那种哲学的传统概念的范围之内。这样，正统的马克思主义者们直接质疑了实践派的理论出发点，这些观点也影响了南斯拉夫政界。

随后，以卡德尔为代表，南斯拉夫政界也对实践派的观点做出了评价，“大部分极左思潮和宗派都有一个共同点，就是‘批判一切’，否定现存的一切，不承认由于对立的统一而产生的综合。这是抛弃马克思主义辩证法对社会的分析，而只看劳动、当前实践、阶级和整个文明的消极面。他们不仅批判资本主义和资产阶级文明，而且对一切在历史上开创新局面的力量也提出挑战”，同时，“它们脱离运动的主流，形影孤单，心胸狭窄，宗派习气浓厚，甚至一面高唱自由，一面又丝毫容不得不同意见。因此，极左思潮只能在多少与斯大林主义的教条主义类似的意识形态和政治‘模式’中，也就是恰恰在它宣称与之斗争的那种实践中找到归宿”。[②] 显然，这种评价带有强烈的意识形态色彩。

这种评价甚至影响到历史研究，在兰普所著的《南斯拉夫史》中，实践派被一笔带过。兰普写道：“在‘新左派’口号背后，对改革的资本主义后果和对富裕的共产党精英的谴责奠定了‘马克思主义人道主义’(Marxist humanism)运动，‘马克思主义人道主义’激发了许多有影响力的教员的想象力。他们的‘圣经’是以萨格勒布为基地的杂志《实践》(*Praxis*)。自从《实践》在1964年创刊，它的

---

① 《南斯拉夫哲学论文集》，中国社会科学院哲学研究所《哲学译丛》编辑部编译，生活·读书·新知三联书店1979年版，第61页。

② ［南斯拉夫］爱德华·卡德尔：《民主与社会主义》，邱应觉、周兴宝译，人民出版社1981年版，第78、80页。

编辑们就一直以左翼立场反复强调南斯拉夫人自我管理的失败。他们认为,社会主义的理想主义而不是市场动机可以劝阻企业管理人员和党的领导层不通过其职位牟利。贝尔格莱德对此反响特别强烈。"[①]由此可见,历史研究中的南斯拉夫实践派也只是触怒官方的持不同政见者,诸如此类的政治性评价还有很多,不再赘述。

另一方面,通过科尔丘拉夏令学园和《实践》杂志,南斯拉夫实践派受到国际学界的高度关注,产生了大量研究成果,实践派在20世纪60—70年代曾一度成为国际马克思主义学界的焦点。布洛赫、列菲伏尔、马尔库塞、弗洛姆、哥德曼等一些著名西方马克思主义者不仅参加了实践派组织的学术活动,而且开始高度重视实践派。一些学者通过编辑论文集的方式推介实践派。其中,弗洛姆于1965年主编出版了哲学论文集《社会主义的人道主义》[Erich Fromm(ed.): *Socialist Humanism: An International Symposium*, New York: Doubleday, 1965.],收录了南斯拉夫实践派的考拉奇、马尔科维奇、别约维奇、彼得洛维奇、苏佩克和弗兰尼茨基等人的论文。英国著名马克思主义社会学家博托莫尔于1988年主编了《诠释马克思》[Tom Bottomore (ed.): *Interpretations of Marx*, Oxford UK, New York USA: Basil Blackwell,1988.]一书,其中收录了彼得洛维奇和斯托扬诺维奇的论文。此外,哈贝马斯在其早期著述《认识与兴趣》《理论与实践》中都谈到实践派,尤其是对彼得洛维奇的观点给予了足够的重视[②],并肯定了实践派对早期马克思思想研究的贡献。实践派在西方马克思学界的影响也是很大的,霍夫曼在《实践派理论和马克思主义》一书中,从总体上评价了实践派的基本观点,他还多次援引彼得洛维奇在《二十世纪中叶的马克思》中的论述,更是不计其数地提到其观点。沃尔夫冈·豪格也直接引用了彼得洛维奇的观点。[③] 日本市民社会派的旗手望月清司引用彼得洛维奇的话说,"不'从漫画向原型'回归,我们将无法追溯马克思

① [美]约翰·R.兰普:《南斯拉夫史》,刘大平译,中国出版集团东方出版中心2013年版,第352页。

② 参见[德]哈贝马斯:《认识与兴趣》,郭官义、李黎译,学林出版社1999年版,第59页。[德]尤尔根·哈贝马斯:《理论与实践》,郭官义、李黎译,社会科学文献出版社2004年版,第302页。

③ [德]沃尔夫冈·豪格:《十三个尝试——对马克思主义思想的再阐释》,朱毅译,东方出版社2008年版,第219页。

的思想是如何转变为马克思主义的轨迹的”[①]。由此，还可以看出彼得洛维奇在实践派中的核心地位及其在世界范围内的学术影响力。

关于实践派的理论定位，多数学者将其界定为马克思主义的人道主义流派，与西方马克思主义有亲缘关系，即发挥青年马克思思想的黑格尔因素，强调人的主体性在历史进程中的作用，并运用青年马克思的“异化论”来理解马克思一生的思想，而且，他们批判性地反思斯大林主义对于全世界的马克思主义研究都具有突出的贡献。麦克莱伦在《马克思以后的马克思主义》一书中提到了南斯拉夫实践派对斯大林主义的批判，并将实践派看作是20世纪马克思主义分化和演进格局中的重要一环，他指出，实践派“对社会主义社会中的异化和自由问题的集中关注，势必导致向青年马克思思想的回归”[②]。美国学者格尔森·舍尔强调，“在对马克思本人同样革命性的重新解释中，即在马克思主义首先是人的哲学这一前提下对其进行的重新解释中，实践派为该原理构建了一个系统的哲学基础，这是伟大的理论成就”[③]。舍尔是国际学术界最早系统研究实践派的著名学者，他的专著《实践：南斯拉夫社会主义中的马克思主义批判与异议》（Gerson S. Sher：*Praxis*：*Marxist Criticism and Dissent in Socialist Yugoslavia*，Indiana University Press，1977.）出版于1977年，是对实践派黄金时代的总结性研究，不仅包括实践派的起源与历史性回顾，还包括对作为意识形态的马克思主义的批判、对政治异化和斯大林主义的马克思主义的批判，舍尔试图通过实践派的历史和理论来揭示知识分子的社会责任。舍尔还于1978年翻译和编辑出版了《马克思主义人道主义和实践》，书中收录了彼得洛维奇、马尔科维奇、弗兰尼茨基、斯托扬诺维奇、达迪奇、苏佩克、格尔里奇、坎格尔加、日沃基奇、哥鲁波维奇等10名实践派代表人物的论文。一年之后，美国学者罗伯特·科恩等人编

---

① ［日］望月清司：《马克思历史理论的研究》，韩立新译，北京师范大学出版社2009年版，序，第7页。

② ［英］戴维·麦克莱伦：《马克思以后的马克思主义》，李智译，中国人民大学出版社2004年版，第164页。

③ Gerson S. Sher（ed.）：*Marxist Humanism and Praxis*，New York：Prometheus Books，1978，p. 2.

辑《波士顿科学哲学研究》丛书第36卷时，编者又选取了一组实践派的文章，并称其为“当代社会理论运动中最富创见、最为重要的运动之一的精品”[①]，而该文集回避了《马克思主义人道主义和实践》中的全部内容，科恩编辑的文集最早于1989年被译为中文并由重庆出版社刊行。目前，英语世界系统研究实践派黄金时代思想的专著有两部，除舍尔的之外，另外一部是奥斯卡·格伦瓦尔德的《南斯拉夫对人的探寻：当代南斯拉夫的马克思主义人道主义》（Oskar Gruenwald：*The Yugoslav Search for Man*：*Marxist Humanism in Contemporary Yugoslavia*，J. F. Bergin，1983.），该著作将实践派定位为马克思主义的“人道主义批判理论”，全书分12个部分，以“铁托主义”为参照系，论述了南斯拉夫马克思主义的人道主义的由来及其针对性，还从“市场社会主义”“自治与政党”等视角系统阐述了南斯拉夫实践派的哲学思想。除舍尔和格伦瓦尔德这样系统研究实践派的学者外，还有许多学者开展了针对彼得洛维奇、马尔科维奇等人物的研究。还有学者指出，实践派“试图恢复马克思主义的人道主义精髓，手段是回到马克思早年的著作和议题中去——异化（alienation）、人类是创造性的原动力、通过创造性劳动来实现解放。他们拒绝斯大林辩证唯物主义和历史唯物主义的决定论和机械主义观点，试图通过对所有压迫和剥削个人的制度和实践（既包括社会主义制度下的，也包括资本主义制度下的）的持续批判，导致人类的自我实现（self-realisation）”[②]。

很多学者意识到，南斯拉夫实践派的观点并非“铁板一块”，如当代学者洛克莫尔写道，“我们还进一步注意到，被马克思主义所广泛应用的‘实践哲学’这个术语，指的都是与在《实践》期刊中结成了松散的集合体的南斯拉夫实践派有关的所谓的马克思主义的人文主义”[③]，他在新近出版的《马克思主义之后的马克思》中也曾

① Mihailo Marković，Gajo Petrović，*Praxis*：*Yugoslav Essays in the Philosophy and Methodology of the Social Sciences*，D. Reidel Publishing Company，1979，p. V.

② ［南非］达里尔·格雷泽、［英］戴维·M. 沃克尔编：《20世纪的马克思主义——全球导论》，王立胜译，江苏人民出版社2011年版，第122页。

③ ［法］洛克莫尔：《历史唯物主义：哈贝马斯的重建》，孟丹译，北京师范大学出版社2009年版，第187页。

提到实践派的观点。[①] 实践派内部也存在着理论争论。例如，根据戈尔曼的介绍，被称为“牛虻”的苏潘诺夫（Josip Županov）在他的主要著作《自治和社会权力》一书中，集中了有关自治劳动组织的正在发展中的社会学的开拓性经验研究成果。他的经验研究对于实践派的许多假设都是一个个挑战。他的发现是否能够与所谓的“新马克思主义”思想统一起来，还是一个悬而未决的问题。[②] 除此之外，马克思的哲学在什么意义上是科学、是否存在马克思主义的伦理学和人类学都是实践派内部长期争论的问题。

在理论上，国外学者将实践派对正统马克思主义的批判归结为五个主要方面：第一，马克思主义是科学还是哲学？实践派的回答是：它既非纯粹的科学，亦非纯粹的哲学。第二，自然界是否存在辩证法？实践派的回答是：不存在所谓的“自然辩证法”。第三，意识能否“反映”现实？实践派的回答是：不是反映，而是实践。第四，经济基础和上层建筑的分析方法是否可行？实践派的回答是：这种分析方法是非整体的。第五，决定论思想和人的自由是否对立？实践派的回答是：是对立的，人的自由的创造性的活动才是根本。这些回答开辟了理解马克思哲学思想的全新视域。在实践指向性方面，实践派在科尔丘拉夏令学园停办、《实践》杂志停刊后遭遇到了最大的挫折。实践派曾就社会主义自治问题大做文章，试图推动自治的深入和发展，而1975年是南斯拉夫推行“工人自治”的第25年，为此，南斯拉夫《社会主义理论和实践》杂志出版了一期宣传“工人自治”的专辑，以资纪念，但这里已经没有了南斯拉夫实践派的声音。对社会主义社会中的官僚主义的批判也是实践派的贡献，科拉科夫斯基评论道：“‘实践派’不仅在向南斯拉夫，而且在向国际哲学界传播马克思主义的人道主义理论方面也起了重要作用，他们对在南斯拉夫振兴哲学思想有所贡献，并且还是在精神上抵制那个国家的专制和政府官僚形式的一个重要中心。”[③]总之，

① Tom Rockmore, *Marx after Marxism: The Philosophy of Karl Marx*, first published 2002 by Blackwell Publishers Ltd, p. 196.

② ［美］罗伯特·戈尔曼：《“新马克思主义”传记辞典》，赵培杰等译，重庆出版社1990年版，第864、866～867页。

③ Leszek Kolakowski, *Main Currents of Marxism: Its Origins, Growth and Dissolution*, Volume III. The Breakdown, Clarendon Press, Oxford, 1978, p. 478.

国外学术界对实践派给予了积极的评价，并纷纷对实践派“不圆满”的结局表示惋惜。

（二）国内研究状况述评

本书将从两个角度回顾我国学界对实践派的研究：一是研究的契机和阶段；二是针对南斯拉夫实践派哲学思想的研究状况。

1. 国内关于南斯拉夫实践派研究的契机和阶段

国内关于实践派哲学思想的研究，大体上可以分为三个阶段：

（1）译介阶段（1949—1979 年）

新中国成立以后到改革开放前，我国的经济体制主要是计划经济，马克思主义哲学理论也主要是沿袭苏联教科书。苏共二十大以后，整个社会主义阵营内掀起了一场所谓“非斯大林化”的运动，国内理论界需要及时了解和掌握东欧社会主义国家的理论动态。这期间，《哲学译丛》杂志译介了大量有关实践派思想的文章，其中有代表性的成果汇集在《南斯拉夫哲学论文集》中。南斯拉夫马克思主义哲学界自 20 世纪 60 年代以来分裂为“辩证唯物主义派”和“实践派”，前者由拥护反映论的哲学家和一些自然科学家组成，后者由赞成“实践”“人”“异化”是马克思本真思想的哲学家组成。争论双方围绕“人在马克思主义哲学中的地位”“社会主义是否存在异化”等问题展开，而这部文集遴选的文章就是这场争论中的重要文章。此前，我国还出版了介绍南斯拉夫国内经济、政治形势的参考资料，如《南斯拉夫资料汇编》（世界知识出版社，1957 年）、《南斯拉夫共产主义者联盟纲领草案》（世界知识出版社，1958 年）等等。值得注意的是，1963 年，生活·读书·新知三联书店还以内部参考资料的形式翻译出版了实践派著名哲学家弗兰尼茨基的《马克思主义史》[①]，这部著作不仅涉及马克思、恩格斯、列宁的思想，也包括狄慈根、拉法格、索列尔、梅林、考茨基、卢森堡、阿德勒、希法亭等马克思主义史上的重要人物，还包括卢卡奇、葛兰西、布

① 《马克思主义史》最初是以“灰皮书”的形式出版的，即非正式出版物，并标注“（供内部参考）”，该书“出版”后引起学术界的普遍关注。当时，研究马克思主义或国际共产主义运动的学者，对国外马克思主义的流派几乎一无所知，许多研究者都是因为《马克思主义史》而第一次知道国外研究马克思主义的学者的名字及其著作的，从而引起思考和日后追踪研究的兴趣。《马克思主义史》在 1963 年作为灰皮书出版后，1986 年至 1992 年又陆续翻译出版了增订版。这时，灰皮书才变成“红皮书”。

洛赫、列菲伏尔、萨特等经典西方马克思主义思想家，这是我国学界通过实践派哲学家的著作首次了解到西方马克思主义，同时，它还成为我国马克思主义哲学史研究和突破苏联教科书体系的重要参考资料。另外，自马克思《1844 年经济学哲学手稿》发表以来，尤其是二战以后，无论是资本主义国家还是社会主义国家的理论界都开展了关于马克思主义人道主义问题的讨论，借以反思人类战争行为的灾难性后果，对此，《人道主义、人性论研究资料》（第四辑）、《关于马克思主义人道主义问题的论争（译文集）》中选取了实践派主要代表人物彼得洛维奇、马尔科维奇、弗兰尼茨基、日沃基奇等人关于人道主义的观点。简言之，我国这一阶段对实践派的研究主要是翻译和介绍。

（2）反思阶段（1980—1999 年）

改革开放以后，伴随着东欧剧变和苏联解体，实践派思想研究一时间成为国内学术界的前沿问题。当时，我国学者面临着结合社会主义建设实际，创造性发展马克思主义的理论任务，非常需要了解国外马克思主义者积累的理论经验，尤其是来自社会主义内部的自我反省，而这方面的资料却又相对缺乏。于是，一方面，我国加紧编译实践派哲学家的著述，如 1994 年徐崇温主编的“国外马克思主义和社会主义研究”丛书中就包括《南斯拉夫“实践派”的历史和理论》一书，这是最有代表性的一部译著。该书选编了二十几位实践派哲学家的论文，内容包括马克思主义哲学、社会主义政治和革命、文化与宗教、官僚制度和自治理论等诸多方面。《哲学译丛》《哲学研究》《社会科学动态》等杂志也发表了许多实践派的文章，以及来自各方面的评论文章，如日本学者岩渊庆一、德国学者哈贝马斯和施瓦尔茨、英国学者霍夫曼、苏联学者奥伊泽尔曼和波普科夫等人的专题论文。这样，来自多方面的观点已经摆在我国学者面前，对这些著述的编选本身就标志着我国学者开始对实践派的思想进行反思。另一方面，国内也出现了大量研究著述。在黄楠森主编的《马克思主义哲学史》（八卷本）和庄福龄主编的《马克思主义史》（四卷本）中，实践派都是作为 20 世纪国外马克思主义分化的重要流派被载入的。我国学者王树人、贾泽林、柴方国、吴平、王逸舟、郑一明、衣俊卿等人都发表过关于实践派的专门论文，从转述到评价、从反思到运用，我国出现了实践派研究的第一个高潮。

(3)展开阶段(2000 年至今)

党的十四大以后,我国对实践派的研究进入了一个相对沉寂的时期,著作和论文相对较少。进入 21 世纪以后,马克思主义在学科建制上成为一级学科,其中包含“国外马克思主义”二级学科,因此,对国外马克思主义主要流派进行深入和系统的研究成为学科建设的内在需要。越来越多的学者认识到,南斯拉夫实践派是东欧新马克思主义的重要组成部分,它是具有世界性影响的学术团体,是 20 世纪马克思主义分化和演进历程中不可或缺的一环。张一兵和胡大平在《西方马克思主义哲学的历史逻辑》中就将实践派作为国外马克思主义的重要流派,黄继锋也在《东欧新马克思主义》中专门介绍了实践派。最有代表性的成果是衣俊卿撰写的《20世纪的新马克思主义》和《人道主义批判理论——东欧新马克思主义述评》这两部著作。衣俊卿曾留学南斯拉夫,得到实践派十几位哲学家的亲自指导,因此在实践派思想研究方面有着深厚的造诣。2010 年起,衣俊卿组织编译“东欧新马克思主义”译丛共四十种,其中包括实践派的著作八种,目前已出版七种,即马尔科维奇、彼得洛维奇主编的《实践——南斯拉夫哲学和社会科学方法论文集》,马尔科维奇的《当代的马克思》《从富裕到实践——哲学与社会批判》,弗兰尼茨基的《马克思主义与社会主义》《马克思主义史》(三卷本),彼得洛维奇的《二十世纪中叶的马克思》,以及格尔森·舍尔编辑的《马克思主义的人道主义与实践》,等等。《世界哲学》《求是学刊》《苏州大学学报》《学术交流》等杂志也不定期刊出“东欧新马克思主义”专栏,推出了一系列译文和研究论文。这样,实践派作为东欧新马克思主义的一支获得了全面展开研究的契机,又有许多年轻的学者加入到实践派研究的队伍中。

可以说,马克思主义在 20 世纪和 21 世纪均显示出强大的生命力,在马克思以后,国际上出现的任何重大的社会思潮,都会自觉地或不自觉地从马克思主义那里借鉴思想资源,甚至直接地或间接地用马克思主义来命名相关的思潮或学派。国内的马克思主义研究,无疑要借鉴国外马克思主义研究的最新成果。我国是现代化进程中的后发国家,遇到或可能遇到的许多现象和问题在发达国家或苏东社会主义国家曾经出现过,或现在仍然存在,那么,它们的经验和教训是什么？这些经验教训蕴含着哪些重大的理论问题？这些问题是否会导致我们对马克思主义的重新理解？这些理解是否可用于指导中国的建设实践？回顾我国研究实践派的学术历程也可以看出，对马克思哲学思想的重新阐释，对社会主义实践的批判性反思，对我国而言同样是不可或缺的，也是在这个意义上，实践派的理论与我国的实际是最为接近的。

实际上，实践派的哲学著述在他们的黄金时代（1965—1975年）就已经异常丰富，它们主要集中在《实践》杂志上。实践派成员也有意识地将最新理论成果发表在自己的学术阵地上。《实践》杂志分为南斯拉夫版和国际版，前者使用其民族语言，后者则使用英语、法语和德语刊行，西方学界完全可以通过"国际版"了解实践派的哲学思想。然而，在我国"国际版"未能被完整地译为中文，一些典型的和有影响的论文虽然也有中译文，但是数量有限，仅占很小的一部分。

目前，我国对实践派的评价也是充满争议的。1958 年，我国出版了《各国共产党和工人党批判南共现代修正主义文选》共 12 辑，其中，实践派的弗兰尼茨基和苏佩克作为"修正主义"的代表人物而成为批判的对象。在苏联学者主编的《当代国外马克思列宁主义哲学》和《在"新马克思主义"旗帜下的反马克思主义》这两部典型著作中，实践派哲学家的观点也被认定为"修正主义"而加以批判。时至今日，尽管"修正主义"已经成为一个被废弃的词语，但我国学界对于南斯拉夫实践派的评价仍是众说纷纭，莫衷一是。

由此，全面译介和研究南斯拉夫实践派的必要性就十分明显了，如果人们不能正确地面对历史，也就不能正确地面对现实。一方面，在实践上，南斯拉夫在 20 世纪 60 年代的市场经济改革与我国改革开放初期的形势十分相似；另一方面，在理论上，南斯拉夫实践派成功地批驳了苏联的"斯大林模式"，弘扬了马克思主义的人道主义，而我国也在面对彻底超越苏联教科书体系的理论诉求，建构"以人为本"的社会主义社会。在这个意义上，南斯拉夫实践派的思想是一种建构性的理论资源。

2. 关于实践派的哲学思想研究

目前，对实践派哲学思想的研究主要涉及以下几个方面：

第一，关于实践派的兴衰史。实践派著名哲学家马尔科维奇在《实践——南斯拉夫哲学和社会科学方法论文集》一书的序言中介绍了实践派的形成和发展历史，以及实践派的基本哲学观点，在此基础上，我国学者开展了进一步的研究。衣俊卿将实践派的历史分为20世纪50年代批判斯大林主义，形成人本主义立场时期；60年代初人道主义派同辩证唯物主义派进行直接的理论交锋时期；60年代中期到70年代中期实践派全面发展的黄金时期；70年代中期以来实践派解体和哲学生活多元化时期。[①] 黄继锋将其分为1945年至20世纪50年代末的形成时期；1960年至1974年的黄金时期；1975年以后实践派内部的分化时期。[②] 按照黑格尔的理解，哲学的研究对象就是它的历史，然而一种哲学的历史首先离不开产生它的社会历史条件，因而，通过《1844年经济学哲学手稿》的发表、南斯拉夫社会主义制度的建立、1960年实践派和辩证唯物主义派的讨论会、《实践》杂志的刊行等重大事件，可以相对精确地刻画出实践派的思想历程，对此国内学界基本形成共识。《实践》杂志被查禁后，实践派的著述虽然还在出版和传播，但如衣俊卿所说，“作为一个理论学术团体，实践派的历史已经画上了句号”[③]。目前，随着彼得洛维奇、马尔科维奇、坎格尔加等人的相继辞世，实践派已经成为类似康德哲学的一种哲学，成为国内研究的对象。

第二，关于实践派的理论定位。实践派哲学思想的直接来源无疑是马克思，它首先立足于对斯大林教条主义的批判，这一点在国内学术界也已经达成共识。王逸舟指出，实践派哲学家们“用犀利无比的笔端，揭露了斯大林式的‘社会主义’对人的歪曲，抨击着现实中不合理、不公平的现象，努力为更加人道的社会主义廓清道路”，因而显示出“一种与现实条件相对而言的高度超前意识”。[④] 衣俊卿指出，“要真正确立以实践为核心的哲学人本主义立场，不仅需要批判斯大林主义，而且必须回头重新评价辩证唯物主义的

① 衣俊卿：《人道主义批判理论——东欧新马克思主义述评》，中国人民大学出版社2005年版，第67～77页。

② 黄继锋：《东欧“新马克思主义”》，中央编译出版社2002年版，第3～11页。

③ 衣俊卿：《人道主义批判理论——东欧新马克思主义述评》，中国人民大学出版社2005年版，第76～77页。

④ 王逸舟：《人和社会主义——“实践派”的社会批判哲学》，《马克思主义研究》1989年第1期，第119、130页。

重要原理"[①]。如何对实践派进行理论定位呢？在衣俊卿看来，实践派"提供了迄今为止关于实践哲学的较为完整的阐发与表述"[②]。彼得洛维奇的《哲学与马克思主义》《哲学与革命》和《革命思想》，马尔科维奇的《人道主义和辩证法》，坎格尔加的《卡尔·马克思著作中的伦理学问题》等著作从不同侧面提供了当代关于马克思实践哲学最为系统的建构与表述。而张一兵和胡大平认为，"不能简单地将他们的立场概括为实践哲学"[③]，实践派"的逻辑并非是马克思《关于费尔巴哈的提纲》之后的历史唯物主义的基本态度，相反，它可能是青年黑格尔派的'批判'立场"[④]。由此还引申出与实践哲学相关的人道主义问题，王树人认为，马克思在哲学中最关注的，不是物质和精神的定义，而是人的解放，因此实践派自身的理论定位无可厚非。"这一切同资产阶级人道主义是如此泾渭分明，怎么能同日而语呢？"[⑤]在我看来，哲学家毕竟不是经济学家、社会学家或政治家，他们有独特的价值取向、思维方式和表述方法，哲学家的使命是表达人类的希望，而这种希望不是现实中已经出现或接近实现的，而是未出现的和待人们去创造的。虽然实践派在理论逻辑上与西方马克思主义具有承袭关系，但由于它来自社会主义内部，因此"其讨论的问题域却与西方马克思主义相去甚远"[⑥]，不能简单地将实践派看作是西方马克思主义的延伸和附庸。

第三，关于实践派的核心概念。哲学体系的建构离不开核心概念，实践派也不例外。贾泽林较早地介绍了实践派的主要哲学思想，他通过实践、异化、人道主义、辩证法等四个主要概念展开，

---

① 衣俊卿：《人道主义批判理论——东欧新马克思主义述评》，中国人民大学出版社2005年版，第69页。

② 衣俊卿：《人道主义批判理论——东欧新马克思主义述评》，中国人民大学出版社2005年版，第77页。

③ 张一兵、胡大平：《西方马克思主义哲学的历史逻辑》，南京大学出版社2003年版，第188页。

④ 张一兵、胡大平：《西方马克思主义哲学的历史逻辑》，南京大学出版社2003年版，第186页。

⑤ 王树人：《从本刊编译的〈南斯拉夫哲学论文集〉谈起》，《哲学译丛》1980年第1期，第64页。

⑥ 张一兵、胡大平：《西方马克思主义哲学的历史逻辑》，南京大学出版社2003年版，第181页。

当时主要是转述。[①] 实际上，实践派演绎的重要概念还有自由、自治、革命和社会主义等，这里不能一一论述。

"实践的观点是马克思主义哲学首要的和基本的观点"这一论断已经得到我国马克思主义学界的基本认同，但在相当长的一段时间内，实践一直被当作认识论而非本体论概念，实践派的重要理论贡献之一就是"把实践（Praxis）同关于实践（Practice）的纯认识论范畴区分开来"[②]。对此，衣俊卿从三个方面论证了"实践派对作为人本主义和本体论范畴的实践内涵的基本阐述"[③]。在沈云锁主编的《马克思主义史》中，编者认为，实践派"把实践概念看作是理解马克思主义的钥匙，并赋予它以广泛的意义和本体论的地位"[④]。王逸舟指出，实践派的"实践"概念"从哲学方法论的角度为人们揭示南斯拉夫新哲学同传统社会主义哲学的分野"[⑤]，因为它既不是作为日常生活和工作意义上的一般性活动，也不是传统哲学意义的实践，而是对现实的选择和超越，由此使实践哲学上升为一种社会批判哲学，它使马克思主义人本主义化，使研究对象聚焦在人的存在和发展问题上。

辩证法也是实践派哲学家演绎其哲学理论的重要概念之一，是实践派和辩证唯物主义派分歧的焦点，在马尔科维奇看来，辩证法还是实践派区别于卢卡奇思想的标志，因此也是国内研究的一个重点。衣俊卿认为，实践派的基本倾向是"把辩证法同人的自由自觉的和创造性的实践活动紧密联系在一起"[⑥]。柴方国认为，实践派是"立足于马克思主义立场讨论辩证法问题的。实践的辩证法以规范化的实践为基础，以人为中心，突出了以前没有被人们注意到的内容，即批判的、人道的内容，强调辩证法必须关注人类，对

---

① 贾泽林：《南斯拉夫哲学简介（下）》，《国内哲学动态》1979 年第 2 期。

② ［南斯拉夫］米哈伊洛·马尔科维奇、加约·彼得洛维奇编：《实践——南斯拉夫哲学和社会科学方法论文集》，郑一明、曲跃厚译，黑龙江大学出版社 2010 年版，导论，第 19 页。

③ 衣俊卿：《人道主义批判理论——东欧新马克思主义述评》，中国人民大学出版社 2005 年版，第 82 页。

④ 沈云锁主编：《马克思主义史》（第四卷），人民出版社 1996 年版，第 357 页。

⑤ 王逸舟：《人和社会主义——"实践派"的社会批判哲学》，《马克思主义研究》1989 年第 1 期，第 123 页。

⑥ 衣俊卿：《现代性焦虑与文化批判》，黑龙江大学出版社 2007 年版，第 227 页。

人在历史中的主体地位加以说明”[①]。贺来通过比较实践派与捷克哲学家科西克对辩证法的理解发现，他们对辩证法的理论基础和理论本性的阐发是惊人地一致的，而且辩证法的真实根基是“人的存在及其在历史中的自我实现”[②]。进而言之，辩证法的否定和超越原则之所以可能，是因为“实践活动在根本上就具有自我否定和自我超越的本性”[③]，由此，辩证法的理论关怀指向的是人的解放。我认为，概念术语之间的结构关系也至为重要，实践派哲学家们就通过人的概念对异化、革命和辩证法进行了重新理解，通过人的概念实现了这些术语之间特殊意义的链接和重新整合，概念术语和理论体系之间形成了有机的互动。[④] 实践派与西方马克思主义者虽然同样面对异化问题，但由于异化发生在不同的社会制度中，也就不可能得出同样的答案。

当然，对于实践派哲学思想的理解也存在着争议。如有的学者认为，实践派“否定辩证唯物主义的基本原则，否定自然辩证法，这显然偏离了马克思主义的轨道”[⑤]。也有学者认为，包括实践派在内的东欧新马克思主义“实际上是要从根本上否定共产党的领导，否定社会主义道路，否定无产阶级专政，否定马克思主义、列宁主义”[⑥]。还有学者认为，当南斯拉夫陷入战后最严重的社会政治经济危机，以及后来走向混乱和国家解体的过程中，实践派“起了恶劣的思想和舆论作用”，因为实践派的观点“实际上是马克思恩格斯批判过的‘想象的主体的想象的活动’；南斯拉夫‘实践派’的‘实践哲学’实质上是一种唯心主义的抽象的‘人’、抽象的‘自由’

① 柴方国：《南斯拉夫实践派哲学家观点评述》，《中国社会科学院研究生院学报》1988 年第 2 期，第 80 页。

② 贺来：《辩证法的生存论基础——马克思辩证法的当代阐释》，中国人民大学出版社 2004 年版，第 325 页。

③ 贺来：《辩证法的生存论基础——马克思辩证法的当代阐释》，中国人民大学出版社 2004 年版，第 331 页。

④ 姜海波：《南斯拉夫实践派关于人的理论及其当代启示》，《世界哲学》2011 年第 5 期。

⑤ 沈云锁主编：《马克思主义史》（第四卷），人民出版社 1996 年版，第 362 页。

⑥ 俞思念：《东欧“新马克思主义”的噪起和消失》，《马克思主义研究》1995 年第 4 期，第 80 页。

学说,是一种唯心主义的'社会批判理论'"。[1] 1968 年遍及欧洲的各国的学生运动也波及了南斯拉夫,实践派因此受到牵连,但实际上,实践派不是,也不可能是南斯拉夫学生运动的组织者和领导者,运动的原因也是多方面的,不能归咎于马克思主义人道主义思想的传播,因而要全面和完整地理解实践派的思想。

二、南斯拉夫实践派的继续研究

纵观国内外目前的研究成果,我发现,仍有一些问题需进一步研究:

首先,南斯拉夫的经济学研究与实践派哲学思想的关系。众所周知,马克思的哲学与经济学形成了积极的良性互动,对实践派的研究也应效法这一思路。我国在 20 世纪 80 年代就翻译了米拉丁·科拉奇和蒂霍米尔·弗拉什卡利奇的《政治经济学——资本主义和社会主义的商品生产理论分析原理》、乔西奇的《社会主义政治经济学》等著作,2001 年还编译出版了霍尔瓦特的《社会主义政治经济学:一种马克思主义的社会理论》,该书曾获诺贝尔提名奖。霍尔瓦特在书中援引彼得洛维奇、马尔科维奇、弗兰尼茨基等实践派哲学家的思想,运用异化和物化概念为社会主义政治经济学奠定了哲学、心理学和道德基础。[2] 在当代南斯拉夫学者重构社会主义政治经济学的过程中,真正能够作为理论资源的、能够融入体系建构的恰恰是实践派的思想,而不是传统的苏联教科书体系。但是该书存在一个重大的缺陷,即将社会主义的制度设计局限在民族国家的范围内。然而,社会主义已经是一种世界现象,如果不考虑全球规模的社会主义关系,社会主义的政治经济学是不可能完备的。图赫舍雷尔曾经说,"马克思越是接近历史唯物主义,从而对政治经济学的研究越是深入"[3]。反过来,我们也可以说,马克思越是深入研究经济学,他就越接近唯物史观,或者这两个向度缺

① 张守民:《前南斯拉夫"实践派"的"实践哲学"及其泛滥的教训》,《高校理论战线》2010 年第 1 期,第 46、48 页。

② [克罗地亚]勃朗科·霍尔瓦特:《社会主义政治经济学:一种马克思主义的社会理论》,吴宇晖等译,吉林人民出版社 2001 年版。

③ [德]瓦·图赫舍雷尔:《马克思经济理论的形成和发展(1843—1858)》,人民出版社 1981 年版,第 192 页。

一不可。若要理解马克思和恩格斯所创立的唯物史观的全部意义,就要对马克思的经济学思想有详尽的了解。因此,诸如《资本论》是经济学著作,《1844 年经济学哲学手稿》和《德意志意识形态》是哲学著作这类武断的分界,我们必须摒弃。

其次,实践派内部的理论差异研究。实践派中没有绝对的理论权威,他们由于共同的理论取向和实践态度联结在一起,而不是由于某种理论学说。实际上,实践派内部对许多具体问题的见解也存在很大的思想差异,甚至对实践概念的使用和对哲学观的理解也不尽相同。衣俊卿曾坦言,"我们无法详尽地展示实践派哲学家的理论建树的所有方面和不同哲学家之间的差异,而只能揭示实践派哲学家所持的共同的哲学立场和对人与世界的根本问题的一致见解"①。由于实践派哲学家们面对的实际环境,以及对环境性质的理解存在很大差异,因而发挥理论的潜在功能时强调不同的侧重点。在某种意义上,存在理论差异是常态,是理论发展的前提和土壤,反之,理论的生机就停止了,理论就会蜕化为马克思批判过的"神学"。我国众多马克思主义研究者之间的差异也是显而易见的,而理论发展的走向正蕴含在这些特定的差异之中,因此实践派提供了绝佳的参照系。

再次,实践派的哲学思想与南斯拉夫自治理论与实践的关系。南斯拉夫是把工人自治理论应用于社会体制建构的唯一的国家,实践派也把"自治"看作是社会主义发展过程中唯一能抗衡官僚主义的体制,因而是代替苏联模式的基本道路,同时,实践派哲学家也从经济、政治和文化的视角,对南斯拉夫施行的不彻底的自治制度提出了尖锐的批评。许多人以南斯拉夫社会主义制度解体为由,认为工人自治行不通,这显然不合逻辑。我国有学者认为,"'工人自治'也是一种历史唯心论,是根本不能成为现实的东西。……所谓'工人自治'的理论,是一种资产阶级的理论,必须同它划清界限"②,这当然是受到时代局限的特定判断和结论。南斯拉夫曾经是二战以后欧洲发展最快的国家,政府的高层人士也毫

① 衣俊卿:《人道主义批判理论——东欧新马克思主义述评》,中国人民大学出版社 2005 年版,第 77 页。

② 梁锋:《何谓"工人自治"?》,载《摘译 外国哲学历史经济》1976 年第 7 期,上海人民出版社 1976 年版,第 102 页。

不讳言“出现过官僚主义集权的缺陷”[①]，某些问题与我国的情况非常接近，这里启示我们的问题是：哲学应该以何种形式介入政治生活和社会生活，因此，实践派的理论仍待挖掘。

最后，如何完整地理解马克思主义。实践派认为，马克思早期文本中的人道主义哲学并非他们的不成熟的观点，而是他们后来的全部思想的坚实基础，这些理论取向在《资本论》和晚年人类学笔记中都一直保留着。彼得洛维奇说，如果仔细阅读马克思那些所谓“成熟的”著作，“我们就会发现‘被否定的’异化理论不仅含蓄地而且明白地，不仅它的内容而且它的词汇都出现在这些著作里”[②]。考拉奇指出，“从青年时期到生命终止，马克思始终思考和论述作为人的人，始终致力于最充分的、可能的人的本质的定义”[③]。通过对青年马克思是否成熟的回答，实践派确立了自身在“两个马克思”“认识论断裂”等世界性争论中的理论立场，它既不同于卢卡奇以降的西方马克思主义传统，又远离苏联教科书体系。更为重要的是，实践派完成了对马克思整体思想的深刻解读，完整和系统地理解马克思的思想是运用马克思主义的基本前提，如果不能对马克思主义做出通透的解读，就容易陷入断章取义和教条式的错误，从而给实践带来极大的危害。实践派在完整和系统解读马克思的基础上介入南斯拉夫的现实生活过程，在这个意义上，南斯拉夫实践派还是当代中国理解马克思的、可借鉴的重要建构性理论资源。

除此之外，仍有许多问题待深入解析，如实践派的政治意义是否已经超出哲学意义？实践派的实践哲学与拉布里奥拉、葛兰西的实践哲学有何不同？其与亚里士多德、康德、伽达默尔等人代表的实践哲学的内在关系如何？其与实用主义的实践观有何差异？等等，限于篇幅，不再赘述。

尽管实践派是否真正地创建了一种哲学尚待讨论，但是它的问世的确是二战后南斯拉夫哲学界迄今为止最为重大的历史事

① ［南斯拉夫］爱德华·卡德尔：《民主与社会主义》，邱应觉、周兴宝译，人民出版社 1981 年版，第 3 页。

② 《人道主义、人性论研究资料》（第四辑），商务印书馆 1965 年版，第 17 ~ 18 页。

③ Erich Fromm：*Socialist Humanism：An International Symposium*，New York：Doubleday，1965，p. 5.

件，并且它的影响范围已经远远超出了民族国家，在以卢卡奇为代表的西方马克思主义和以斯大林为代表的苏联马克思主义之间占据重要的理论地位，由此深刻地影响了20世纪马克思主义的分化格局和演进历程。尤为重要的和不可忽视的是实践派对社会主义理论和实践、历史及命运的反思，特别是对社会主义改革的理论设计，这对马克思主义中国化具有直接和深远的参考价值，鉴于此，我们对南斯拉夫实践派哲学思想的研究理应走得更远。

三、本书的结构和主要内容

南斯拉夫实践派的代表人物众多，他们的研究领域较为广泛，除哲学以外，还包括社会学、逻辑学、美学、人类学、伦理学、政治学、法学、文学艺术等等。本书旨在阐释实践派的哲学，并将其称为"实践哲学"。

本书除导论和结语外，主体部分分为五章，分别论述了南斯拉夫实践派的历史兴衰，实践哲学的思想来源、理论建构、社会批判维度，以及南斯拉夫实践派在西方实践哲学传统中的地位。第一章是对南斯拉夫实践派的历史性叙述，我以科尔丘拉夏令学园、《实践》杂志和《实践－国际》杂志为线索，介绍了与实践派的兴衰相关的重大历史事件和各种理论争论。通过这种历史性叙述，我得出的结论是：南斯拉夫实践派的实践哲学在实践派历史上的"黄金时代"就已经确立并达到了它的顶峰。第二章阐述的是南斯拉夫实践派实践哲学的理论来源，本书除以往研究中提到的马克思的哲学思想与西方马克思主义对其的影响外，还着力分析了实践派的实践哲学与现代西方哲学的渊源，特别是胡塞尔的现象学、海德格尔的存在主义和分析哲学在实践派的理论建构中的积极作用。正是由于实践派吸收了这些现代西方哲学的理论资源，它才能成为有特色的哲学流派，才能与西方哲学界展开广泛的交流和对话，才能展现它对马克思哲学思想的深化与发展，而这一点在以往的研究中鲜有论及。第三章论述实践派对实践哲学的理论建构，本书按照马尔科维奇的指引，将实践派的实践哲学分为本体论、认识论、方法论、价值论等四个相互关联的组成部分分别加以论述，并认为这种实践哲学是一种人道主义的社会批判理论。实践派的"人是实践的存在物"这一基本命题中，似乎存在循环定义或解释学循环,然而,实践派深刻地指出了“人”“实践”和“存在”不能被分别定义,这个命题甚至不是定义,而是揭示人的存在状态的非既定性和自由的创造性,从而确立实践哲学的本体论。在认识论方面,实践派激烈地批判“反映论”,并用“实践”置换它,从而形成新的认识论结构,并重新诠释了“真理”。在方法论中,本章揭示了实践派所阐发的“辩证法”和“异化论”所具有的方法论意义。最后在价值论方面,实践派从马克思的哲学思想出发,拓展了人道主义的价值论视野。在第四章中,本书从经济、政治、文化三个维度,以南斯拉夫的“自治”为切入点,来进一步论证这种实践哲学是如何批判性地介入社会生活的实际进程的,并试图说明这种实践哲学所具有的现实性品格。在这个意义上,南斯拉夫实践派的实践哲学在本质上仍是一种人道主义的社会批判哲学。本书的第五章是将实践派的实践哲学置于西方哲学史中的实践哲学传统内,选取亚里士多德、康德和伽达默尔作为理论坐标,比较和鉴别双方的学术思想关系,以此说明实践派的实践哲学是哲学史上的一种有个性和有特点的实践哲学。

本书的写作不得已采取了“混为一谈”的方式,内容在很大程度上是以彼得洛维奇、马尔科维奇、弗兰尼茨基、苏佩克等人的观点为代表的,实际上,南斯拉夫实践派内部也存在着理论差异,由于背景知识、角色定位和个人偏好等原因,他们的观点并不完全一致,在有些问题上甚至存在深刻的对立和矛盾。例如:如何理解科学?马克思的哲学在什么意义上是科学?是否存在马克思主义的伦理学和人类学?目前所见的中文文献中易见这些差异。一般说来,存在理论差异和分歧是学术研究的常态,它关系到一个国家或民族的学术团体的理论旨趣、学术积累,以及向世界贡献其思想资源的方式,实践派恰恰是一个极好的示范。本书的初稿中原想单列一章来写“南斯拉夫实践派的内部理论差异”,由于以下原因,目前只好放弃。一方面,由于语言等诸多条件的限制,我无法完整地占有实践派的一手文献。本书的写作参考了自 2010 年以来出版的“东欧新马克思主义译丛”和一些英文文献,从资料占有的角度来看是很不够的,因为实践派更多的著述是使用南斯拉夫的民族语言写作的,关于南斯拉夫国内当时对实践派的研究也无法大量地涉猎,因此在文献资料的使用上存在着一道鸿沟。另一方面,我对南斯拉夫民族文化传统的理解和把握也远远不够，而实践派哲学家每一个观点的提出都根植于当时的文化土壤，由此带来的困难和不确定性是我无法克服的。

总之，本书试图彰显的是：新的历史条件下“继续”和“深入”研究南斯拉夫实践派的路径，即实践派的实践哲学的批判性与建构性是紧密关联在一起、不可须臾分离的，批判是建构的前提，建构是批判的归宿。这就是本书的主旨和要义所在。

第一章　南斯拉夫实践派的兴衰

南斯拉夫实践派兴起于20世纪50年代末至60年代初，解体于90年代，它作为一个理论流派已经画上了“句号”。然而，研究一个对象的历史也就是研究该对象本身，故在此回顾实践派的历史也是必要的和不可或缺的。对于实践派形成的历史及其发展的契机和阶段，中文文献中已经有很多叙述①，为避免重复，本书并未按照编年史的框架展开，而是仅以科尔丘拉夏令学园和《实践》杂志为线索梳理南斯拉夫实践派的兴衰历程，并简要介绍其产生和发展的社会历史背景。这里要说明的是：南斯拉夫实践派的实践哲学在实践派历史上的“黄金时代”就已经确立并达到了它的制高点，以此限定了本书的论域，这也是这一章的写作目的。

第一节　科尔丘拉夏令学园与南斯拉夫实践派的兴起

自从巴黎公社失败以后，对社会主义社会的分析就是马克思主义者重新恢复马克思社会历史理论的哲学基础，同时也是把马克思社会理论应用于崭新的和陌生的历史形势中的艰巨任务。第二次世界大战后，包括南斯拉夫在内的东欧社会主义国家纷纷照

① 可参见［南斯拉夫］米哈伊洛·马尔科维奇、加约·彼得洛维奇编：《实践——南斯拉夫哲学和社会科学方法论文集》，郑一明、曲跃厚译，黑龙江大学出版社2010年版，导论，第5～18页。衣俊卿：《人道主义批判理论——东欧新马克思主义述评》，中国人民大学出版社2005年版，第67～77页。黄楠森、庄福龄、林利主编：《马克思主义哲学史》（第八卷）（修订版），北京出版社1996年版，第790～802页。

搬苏联模式。但是,从 1948 年起,南斯拉夫成为第一个敢于摆脱苏联控制的社会主义国家,也是第一个摆脱苏联模式而独立建设社会主义的国家。南斯拉夫与苏联在理论上的分歧接踵而来,这种分歧的关键在于区分作为批判理论的马克思主义和作为意识形态的马克思主义,于是在现实和理论的激烈动荡中,南斯拉夫实践派应运而生。

一、南斯拉夫实践派产生的社会历史背景

1946 年 1 月,南斯拉夫立宪会议批准了铁托提出的制定和颁布新宪法的议案,新宪法用来代替苏联风格的宪法。1946 年宪法在爱德华·卡德尔的主持下起草,没有一张反对票投给这个不寻常的议案。在形式上,它严格模仿 1936 年的苏联宪法,从而确定了南斯拉夫的社会主义性质。该宪法规定,政府仅建立六个主要部委:一个邮电部加上处理军事或外交事务的五个其他部委。其他职能部门同六个共和国的对应部委混合在一起,实际上是建立了六个独立的地方官僚机构。这就为南斯拉夫社会主义建设进程埋下了"挫折"的种子,也为社会主义自治理论的提出埋下了伏笔。像苏联的加盟共和国一样,这些共和国获得退出联邦的权利,并且获得了较大的财政权。值得一提的是,该宪法对苏联模式唯一的重大违背是保证人们具有更大的宗教信仰自由。实际上,在南斯拉夫建国的最初几年间,苏联模式的种种弊端就已经显露出来,南斯拉夫国内也因此产生了公开否定苏联模式的渴望。按照马尔科维奇的说法,第二次世界大战期间,南斯拉夫人不是作为一支正规的和训练有素的军队,而是作为游击队最终打败了纳粹德国。多数南斯拉夫人相信,他们不是被外来力量解放的,特别不是像斯大林在战后所宣称的那样是被俄军"解放"的。从 1950 年开始,南斯拉夫率先开始了反对斯大林的战斗,但这是一场不同性质的战斗,即摆脱斯大林主义的羁绊,构建一个全新的和原创型的社会主义社会。此时,南斯拉夫明显是一个不发达的国家,这种不发达的状态是战前遗留下来的,实践证明,社会主义并非消灭生产资料的私有制就大功告成,强化国家权力机关的职能,强化党的官僚制度都不是巩固和建设社会主义的方法。而在这个新的社会中,占有生产资料的不应是一个强大的中央集权国家,而应是企业里的工人,

即著名的工人自治。从所有制性质上看，不是国家所有，而是社会所有；从政治体制上看，不是中央集权，而是去权威化和权力分散；工人不是官僚制的客体，而是企业的主人或积极参与者。这就是南斯拉夫人在战后的最初几年总结出来的建设和发展的思路。

随后，南斯拉夫在效仿苏联模式的过程中并没有丧失改革的愿望，独立意识使南斯拉夫的社会主义建设走上了自主发展的自治社会主义的道路。南斯拉夫在铁托和卡德尔的领导下开展了一系列改革，其中包括：在社会经济生活中引入市场机制并逐步替代指令性的计划经济体制；开放边界，积极参与国际分工；将决策的权力下放，实施工人自治和社会自治制度；等等①。然而，南斯拉夫的异军突起打破了斯大林模式在东欧社会主义国家的统一化领导，招来了苏联方面的强烈不满，苏联对此也一一做出反应。苏联将南斯拉夫视为破坏社会主义阵营的异端，两国的关系最终走向破裂。1948 年 3 月，苏联在并未通知南斯拉夫当局的情况下撤离了全部军事顾问，通过舆论对南斯拉夫进行声讨，随即公开操纵欧洲共产党情报局将南斯拉夫开除出社会主义阵营。1949 年 9 月，苏联和东欧其他国家接连废除了与南斯拉夫签订的友好互助条约，都与南斯拉夫中断了经贸合作，使南斯拉夫陷入孤立的国际环境中。为迫使南斯拉夫就范，苏联还出兵南斯拉夫边境，进行武力威胁。所以，南斯拉夫是欧洲首先反对斯大林主义的一个“试验”，它反对按照斯大林主义进行实践，随后又在理论上逐步摆脱了斯大林主义遗留给它的一切影响。在 1948 年，共产主义运动中很少有人能够认清铁托领导的南斯拉夫共产党人为抵制苏联的指控、为抵制斯大林的意志、为抵制社会主义南斯拉夫的主权和领土完整受到的威胁和猛烈进攻而进行斗争的历史意义。当时，斯大林主义的宣传机构创造了“铁托主义”一词，并把它视为威胁国际共产主义工人运动最危险的修正主义，全世界数百万共产党人最后

---

① 本书无法展开叙述南斯拉夫当时改革的历史细节，感兴趣的读者可以阅读兰普所著的《南斯拉夫史》（东方出版中心 2013 年版）。该书较为翔实地介绍了南斯拉夫社会主义改革在 1947 年遇到的挫折；南斯拉夫当局与斯大林的斗争；工人自治的源起；美国为首的国际援助对南斯拉夫的影响；1954 年到 1964 年间，南斯拉夫经济高速发展的情况，1965 年南斯拉夫经济改革的过程，乃至 1968 年以后，南斯拉夫经济的衰退直到南斯拉夫社会主义的解体。

都接受了如此荒谬绝伦的指控。我国于20世纪50年代也编辑了长达十余卷的《各国共产党和工人党批判南共现代修正主义文选》,也顺应了当时国际共产主义运动的形势。现在看来,1948年真正爆发了斯大林主义的危机,后来所发生的一系列事件只是加深了这一危机。1953年的柏林事件,1956年的波兹南事件和匈牙利事件,1968年的捷克事件以及1970年和1980年在波兰爆发的事件,都表明了斯大林主义的危机是历史的必然。

从理论上看,南斯拉夫具有悠久的马克思主义理论传统[①],1945年以后,南斯拉夫的马克思主义哲学研究进入了一个崭新的阶段。在战后的第一个十年中,南斯拉夫积极地开展了翻译和研究马克思、恩格斯和列宁主要著作的活动,所翻译的著作有:《资本论》《反杜林论》《自然辩证法》《唯物主义和经验批判主义》《国家与革命》等。列宁的《哲学笔记》也于1955年第一次以塞尔维亚-克罗地亚文问世。1950年,南斯拉夫开始实行工人自治,在实践上创造了崭新的社会主义的社会模式,在理论上为马克思主义哲学的发展开拓了广阔的前景。斯大林逝世前后的十年间,东欧社会主义国家产生了一系列以"人道主义"为宗旨的社会运动,虽然这些运动被苏联所谓"正统派"谴责为"修正主义",但这场人道主义运动在20世纪60年代的东欧不可阻挡地发生了。苏共二十大上赫鲁晓夫对斯大林"个人崇拜"的批评无形中推动了这场运动。不仅在南斯拉夫,在东欧的其他国家,如波兰、匈牙利、捷克斯洛伐克都发生了社会主义的人道主义运动。

作为这场理论运动的先驱,彼得洛维奇在世界范围内率先批判斯大林主义,并系统表述了"人道主义的马克思主义",他在《20世纪中叶的马克思》一书的序言中很自信地谈道,"我对罗森塔尔(Rosenthal)的批判(1950年1月发表)是南斯拉夫第一次对斯大林和斯大林主义广泛的哲学批判"[②],这也是世界范围内的初次尝试。1951年,在塞尔维亚哲学会成立大会上,马尔科维奇做了题为《苏

---

① 可参见安·斯托伊科维奇:《南斯拉夫的马克思主义哲学》,载《南斯拉夫哲学论文集》,中国社会科学院哲学研究所《哲学译丛》编辑部编译,生活·读书·新知三联书店1979年版,以及弗兰尼茨基的《马克思主义史》(第三卷),人民出版社1992年版。

② [南斯拉夫]加约·彼得洛维奇:《二十世纪中叶的马克思》,姜海波译,黑龙江大学出版社2015年版,英文版序言,第2页。

联对马克思主义哲学原理的修正》的报告，进一步从哲学理论上批判苏联对马克思主义哲学的“正统的”解释，反对苏联僵化的教条主义的哲学模式。1953 年，南斯拉夫出版的波什尼雅克、弗兰尼茨基编译的《马克思恩格斯早期著作选》和弗兰尼茨基的专著《马克思思想的发展》，推动了南斯拉夫的哲学家们去研究本来意义的马克思主义，并探讨长期被人们忽视的马克思关于人、人的异化和人的解放的人道主义思想，这两部著作对于形成南斯拉夫人道主义研究方向和学派起到了极为重要的推动作用。另外，苏佩克在《观点》杂志 1953 年第 4 期上发表了题为《社会主义文化的、物质的、社会的和个人的基础》的文章，文中强调社会主义的人道主义内容，即要消除或逐步战胜人的意识和本性中各种形式的异化，使社会主义国家的个人得到具体的解放和充实。1955 年马尔科维奇在其博士论文《现代逻辑学中的形式主义》中最先指出直观唯物主义反映论的弱点。而这些理论成果都为实践派的形成奠定了基础。

从 20 世纪 50 年代起，由一群年轻的南斯拉夫哲学家和社会学家组成的“南斯拉夫实践派”已经开始用马克思本人的思想重新理解这个时代，这导致他们拒绝辩证的和教条的唯物主义，发现马克思思想中“以人为本”的维度，从而超越了《联共(布)党史简明教程》第四章第二节的狭窄视域。这些年轻的南斯拉夫知识分子试图表明，马克思的理念是：人是“实践者”，按照彼得洛维奇的说法，实践是一个“普遍的 - 创造性的自我创造活动”①。

这种彻底的重新诠释基于马克思早期的作品《1844 年经济学哲学手稿》，它的发表和传播为这场人道主义运动提供了直接的理论来源，尽管马克思的这部手稿尘封了 80 多年。而其直接的理论后果是超越了历史决定论和经济还原论的思维方式，特别是苏联哲学家阐述的“辩唯的”(diamat)马克思主义。以彼得洛维奇、马尔科维奇为代表的实践派认为，斯大林主义的理解完全忽视了马克思经济和政治理论中的哲学维度或人道主义因素。在《实践》杂志发刊词中，彼得洛维奇表达了一个最基本的共识，“近几十年来，社会主义的理论和实践遭受失败和被歪曲的最重要的原因之一，

① ［南斯拉夫］加约·彼得洛维奇：《二十世纪中叶的马克思》，姜海波译，黑龙江大学出版社 2015 年版，第 68 页。

就是人们力图贬低马克思思想的'哲学的向度',亦即公然或暗中否认马克思思想的核心是人"[1]。由此引申出更大的理论难题,这些难题包括:如何在社会不遭受严重破坏的前提下,实现国家经济和社会的现代化?如何处理人的自由和社会发展之间的关系,以及人的自由和国家权力之间的关系?如何产生一种自下而上的社会力量,进而使"自治"制度成为肯定性的运行机制?如何孕育一种社会主义的价值观,使其有助于群众的社会参与并令他们做出正确的抉择?如何建构一种社会主义共同体的认同机制,使其有助于缓解激烈的民族矛盾?可见,迫切的理论任务已经摆在面前,如果不能重新诠释马克思的哲学思想,并使其走向南斯拉夫社会主义的实践,马克思的哲学思想本身也会丧失活力和生命力。

从总体上看,实践派是由于共同的理论取向和实践态度,而不是由于某种理论学说联系在一起的。实际上,实践派内部对许多具体问题的见解也存在很大的思想差异,甚至他们对实践概念的使用和对哲学观的理解也不尽相同。但是,从根本精神和基本立场上看,实践派把人置于哲学思考的中心,发挥了人道主义的马克思主义。

1960 年 11 月,南斯拉夫的马克思主义哲学家们在布莱德举行了题为"实践、主体、客体和反映问题"的哲学讨论会,这次会议是战后南斯拉夫马克思主义哲学界的重大历史事件。在布莱德会议上,马尔科维奇做了题为《实践是认识论的基本范畴》的报告,加约·彼得洛维奇做了题为《真理和反映》的报告,米兰·坎格尔加做了题为《关于反映论的某些根本问题》的报告,斯托扬诺维奇做了《反映论和伦理学》的报告。他们都一致强调,马克思主义认识论和一切非马克思主义的认识论的根本区别在于"实践",他们尖锐地批判了离开"人"的实践基础的消极的直观反映论。波什尼雅克、苏佩克、库瓦契奇、坎格尔加等人的发言都强调指出,"人"居于马克思主义哲学的中心地位,要以"人"这种实践的存在物为出发点来创建马克思主义的哲学体系和唯物辩证法,在实践中为建立人与人之间人道的关系而斗争。在这场辩论中,实践派主张马

① 《南斯拉夫哲学论文集》,中国社会科学院哲学研究所《哲学译丛》编辑部编译,生活·读书·新知三联书店 1979 年版,第 325 ~ 326 页。

克思哲学的核心范畴是自由的人的创造性活动，这种观点占了优势。马尔科维奇后来对这场争论做了总结，他将反对"反映论"的理由归纳为以下三个方面："首先，它忽视了德国古典哲学的全部经验，又回到了一种18世纪自在的物质客体和精神主体的二元论；其次，在反映是一切意识的根本特征这一观点中，内在地包含了明显的教条主义；第三，这种理论的错误还在于，意识实际上远不是消极地伴随并复制物质的过程，它常常预见和设计尚不存在的物质客体，试图通过说明我们在这些情况中讨论的是'创造性的反映'来重新定义反映论，给人一种专门为此约定的印象，根据这种约定，反映的概念便以这种方式被夸大到使人完全不知其所云的地步。"①布莱德的这场辩论是战后南斯拉夫哲学发展的转折点，实践派在这次会议上占了上风，它标志着实践派为马克思主义的一种新的积极解释提供理论基础的形成时期的结束。随后，正统的马克思主义者全部退出了各个哲学学会和各种杂志，并只在20世纪60年代的哲学生活中起着微不足道的作用。

在南斯拉夫国内，社会改革也遇到了始料未及的新问题。1962年初，南斯拉夫政府允许本国货币自由兑换，导致南斯拉夫社会经历了战后第一次停滞，这次改革也成为一次不成功的尝试。由此，实践派感到，解决了根本的理论问题之后，迈向更具体的行动主义的步骤变得迫在眉睫了。实践哲学的作用不在于对社会主义的现实做理性的解释，其根本任务在于发现现实世界的根本局限并进一步发现克服这些局限的历史可能性，那么，在实践上超越原有的、抽象的批判理论也就成为必要的了，而且真正的哲学批判必须是具体的。1962年11月，在斯科普里(Skopje)召开的南斯拉夫哲学协会年会上，实践派哲学家们纷纷表示，这是迫切需要超越抽象的理论探讨的时代，要重新理解人与知识的本质、异化和自由，以及哲学与科学之间的关系等重大问题，他们呼吁对南斯拉夫社会进行更具体的、批判性的研究，以全面的人文主义见解引导社会改革。这种理论倾向在萨格勒布和贝尔格莱德的哲学家卢迪·苏佩克、彼得洛维奇、弗兰尼茨基、坎格尔加、马尔科维奇、考拉奇

① [南斯拉夫]米哈伊洛·马尔科维奇、加约·彼得洛维奇编：《实践——南斯拉夫哲学和社会科学方法论文集》，郑一明、曲跃厚译，黑龙江大学出版社2010年版，导论，第10页。

和克雷舍奇等人集体撰写的著作《人道主义和社会主义》中得到了清楚的阐述。在1963年的一系列会议上,实践派哲学家们为澄清一些普遍的社会问题展开了深入的讨论,内容涉及技术的意义、自由和民主、社会进步的方式、文化在建设社会主义社会中的作用等诸多问题。同年8月,科尔丘拉夏令学园登上了国际学术界的舞台。

二、科尔丘拉夏令学园的创办

科尔丘拉夏令学园是南斯拉夫实践派开展国际性学术交流的平台,它是由卢迪·苏佩克和米兰·坎格尔加倡议成立的。在20世纪60年代初,每年的寒暑假,两人都携妻带子在伦巴第的科尔丘拉岛上度假。科尔丘拉是克罗地亚的一座古城,位于亚德里亚海科尔丘拉岛的东岸,地理位置险要。小镇的历史古迹非常多,包括建于1801至1806年的圣马克主教座堂、15世纪的修道院、市议会会议厅、前威尼斯总督府、15和16世纪当地商人贵族的宫殿、大规模的城市防御工事等等。1962年,苏佩克很偶然地谈到在科尔丘拉设立"夏季研讨会",邀请来自哲学和社会学等不同学科的学者开展跨学科学术交流的想法,坎格尔加很赞同苏佩克的想法,并提出进一步的设想:因为南斯拉夫每年都邀请国外知名学者来讲学,不如将学术会议和讲学一并安排在科尔丘拉,搭建一个南斯拉夫国内各学科专家和国际知名学者交流的舞台。于是,两人就将其命名为"科尔丘拉夏令学园"。

苏佩克和坎格尔加首先与科尔丘拉的行政长官特伦特先生商谈,打出"旅游"牌,即将夏令学园的系列活动安排在旅游旺季,通过这些活动来宣传科尔丘拉的旅游资源。特伦特做出了全方位支持的承诺,尤其是提供住宿和饮食。后来的新市长也全力支持。回到萨格勒布以后,苏佩克和坎格尔加向哲学系和社会学系的同事们说明了这个计划,他们立刻同意了。为了争取其他共和国的学者参与,两人又说服了萨格勒布大学的校务委员会,争取到相应的行政支持,筹措到了活动资金。1963年,科尔丘拉夏令学园举办了隆重的"筹备会",参加者除南斯拉夫实践派成员彼得洛维奇、马尔科维奇等人外,还有一些来自欧洲和世界各地的著名哲学家和社会学家,如埃里希·弗洛姆、亨利·列菲伏尔、吕西安·哥德曼等。从创意的提出到多方协调筹措，在不到一年的时间里，夏令学园的创意就变成了现实。这里还需说明的是，以旅游的名义比其他名义更容易获得“签证”，在冷战时期，组织资本主义国家和社会主义国家的学者的交流活动，在外交方面还是十分不便的。

夏令学园的通知一经发出，就收到许多国外学者的认可和积极响应，与会者为数不少。夏令学园规定了相关的活动内容：第一，对各种机构和社会组织，以及从事新闻工作的专业人员进行哲学和社会学方面的培训；第二，实践派哲学家和南斯拉夫国内所有领域的社会科学家之间交换经验和意见；第三，国内外学者介绍哲学和社会学领域在欧洲和世界范围内的成就和发展状况，就最新的文献信息进行交流和讨论。可见，科尔丘拉夏令学园完全是一个学术研究的组织或形式。“培训”的任务越来越退居后台，关于当代社会发展和当代人生活处境的批判性反思成为最主要的议题。讨论总是热烈的，充满了激情的辩护，参会者公开交流个人的信仰，参与辨析相互冲突的思想。在一定意义上，没有这样诚实的讨论就没有真正的思想和社会的发展。科尔丘拉夏令学园一经成立就溢出南斯拉夫国界，成为欧洲和全球的哲学和社会学研究的聚集地，它还直接催生了后来享誉世界的《实践》杂志。

科尔丘拉夏令学园共举办了11届（1966年停办一次），其主题如下：

1963年：进步与文化

1964年：社会主义的含义与前景

1965年：什么是历史？

1967年：创造性与物化

1968年：马克思与革命

1969年：权力和人性

1970年：黑格尔和我们的时代（纪念黑格尔诞辰200周年）

1971年：乌托邦与现实

1972年：自由与平等

1973年：市民社会的本质与局限

1974年：技术世界中的艺术

科尔丘拉夏令学园取得了举世瞩目的成就，影响巨大而深远。除实践派成员外，还有很多国际知名的学者参与其中，包括：比利时的欧内斯特·曼德尔；法国的吕西安·哥德曼和亨利·列菲伏尔；捷克的卡莱尔·科西克；美国的弗洛姆、威廉·麦克布莱德、罗伯特·S. 科恩、马尔库塞；匈牙利的阿格妮丝·赫勒、乔治·马尔库什、米哈伊·瓦伊达；波兰的科拉科夫斯基；英国的罗伯特·塔克、汤姆·博托莫尔；德国的恩斯特·布洛赫、哈贝马斯、迈克尔·兰德曼、伊林加费切尔等人。

在当时，能够受邀参加科尔丘拉夏令学园是一个特殊的荣誉，标志着很高的学术地位。据坎格尔加回忆，他在弗赖堡和海德堡研修现象学期间，曾打电话询问德国著名哲学家马克思·沃纳，请他给海德格尔以后的德国哲学家排个座次，随后，根据名单逐一邀请。受邀的学者只需承担路费，在科尔丘拉的食宿全部由主办方承担。因为可以在南斯拉夫看到众多知名的人物，并有机会与他们进行近距离的交流，科尔丘拉夏令学园的参与者越来越多，其影响也越来越大，确实实现了当初的“旅游”计划。如 1968 年，参加科尔丘拉夏令学园的各国学者超过 500 人，随行人员和旁听者更是不可胜数，科尔丘拉夏令学园很快声名远播。会议的组织工作极为出色，会期大约两个星期，因而讨论充分。与会者务必提交会议论文，刊印于会议论文集中，每一位专题发言的人都要准备演示文稿。会议讨论的精华在《实践》杂志发表。

会议讨论的气氛很难加以描述，简单说来，会议一般分为正式讨论和非正式讨论。正式讨论主要是指白天的全体会议，从发言人员的选择，到发言的顺序，再到提问和讨论等环节都是在南斯拉夫官方政府的监管下完成的，内容中规中矩。晚上则开始轻松的非正式会议和小范围讨论，露天的餐厅，繁星密布的苍穹，地中海上吹来的徐徐海风使这些学者陶醉于学术思想的盛宴。非正式讨论往往自然形成小组，马克思主义者中以布洛赫为首，马尔库塞、哈贝马斯、彼得洛维奇总是随其坐在一张桌子上，大家甚至笑称亨利·列菲伏尔是“社会主义的酒神”。非正式讨论还可以在夜晚的沙滩上一边散步一边进行，这是令人难忘的特殊气氛，在优美的自然环境中寻求生命的意义与另一个人的精神的接近，最自由地表达最深层次的问题。科尔丘拉夏令学园总能邀请到蜚声海内外的“学术明星”，组织者尽量克服来自各方面的许多麻烦、攻击和困难，不断维持和推动这个难得的学术平台，使其在一个欧洲边缘的社会主义国家持续了整整11年,这是一个“奇迹”。

苏联“老大哥”和南斯拉夫当局对国内的哲学活动,尤其是实践派的活动盯得很紧,几乎每次哲学会议都有相关的情报人员参加,并在会后把他们在会内会外听到的内容写成详细的报告,上交给有关部门,党和政府的高层甚至还会聚在一起听会议讨论的录音。官方能接受的基本看法是:一些年轻的马克思主义哲学家不加批判地阅读西方哲学家的著作,他们所讨论的只是异化、人性、实践、解放、自我实现、真正的人类共同体这些抽象的问题,而马克思也只是在他年轻和不成熟的时候才涉及类似的主题,他们还企图把其中的某些思想塞进马克思主义以制造混乱,这些年轻的哲学家们实际上并不支持党并同党合作。所以在当时,将实践派的观点判定为“抽象的人道主义”就不足为奇了。

值得一提的是,1968年3月28日,波兰政府将包括科拉科夫斯基在内的三名大学教授开除,彼得洛维奇和苏佩克随即联名写了一封谴责波兰政府的信,呼吁世界各国学者抵制波兰对学者的这种政治高压。参加科尔丘拉夏令学园的各国学者纷纷回信表明自己的立场,其中包括艾耶尔、博托莫尔、弗洛姆、哥德曼、安德烈·高兹、哈贝马斯、列菲伏尔、赫勒等人,甚至卢卡奇也于1968年4月11日亲自回信支持彼得洛维奇和苏佩克的倡议。1968年8月,科尔丘拉夏令学园第5期“马克思与革命”研讨会如常举办,适值会议期间,苏联军队开始入侵捷克斯洛伐克。8月20日晚,苏军占领布拉格,彻底扼杀了“布拉格之春”。第二天清晨,学园组委会拟定了请愿书,题为《科尔丘拉夏令学园告世界人民书》,抗议苏联对主权国家的干涉与对人权的践踏。在会议的现场,布洛赫第一个在请愿书上写下了自己的名字,紧随其后的是马尔库塞,几乎所有的与会者都在请愿书上签了名。这个事件既显示了科尔丘拉夏令学园的组织力和号召力,又表现出国际马克思主义学界的空前团结。

然而,好景不长,科尔丘拉夏令学园的“人气”使政府的官僚机构感到担忧,并不再支持其举办。1971年以后,由于缺乏资金,会议日程不断缩减。直到1974年,南斯拉夫官方颁布禁令,科尔丘拉夏令学园和《实践》杂志双双停办。

科尔丘拉夏令学园在社会主义的马克思主义理论研究中具有

重要意义，它是当时社会主义国家中唯一公开的学术论坛，同时，它也成为国际学术思想交流的中心。科尔丘拉夏令学园的独特性还在于：它是社会主义国家中的知识分子自由地交换思想的舞台，不管有什么分歧，他们的目标都是设想和建构一个更美好的社会，致力于为人类和人类生活条件的改善做出一代知识分子应有的贡献。对于科尔丘拉夏令学园，弗洛姆给予了高度评价。他说，“多年来，这个学园吸引了南斯拉夫、欧洲和美国的一些杰出的马克思主义哲学家来讨论马克思主义和社会主义的重大问题”，而且“不断地发挥作用”。①

第二节　《实践》杂志与南斯拉夫实践派的黄金时代

《实践》杂志创刊于 1964 年 9 月，编辑部设在萨格勒布大学哲学系。《实践》杂志分为“南斯拉夫版”和“国际版”。南斯拉夫版从 1964 年 9 月 1 日开始刊行，使用塞尔维亚－克罗地亚语。国际版于 1965 年 1 月开始发行，使用英语、法语和德语。1974 年底，由于南斯拉夫政府的禁令，《实践》杂志南斯拉夫版和国际版双双停刊。从时间上看，《实践》杂志与科尔丘拉夏令学园经历的是同一个历史时期，但本节的侧重点并非社会历史和文化背景，而是与《实践》杂志相关的大事件或事实，以及实践派在理论上的特质及其实际影响。

《实践》杂志的编辑者大多来自萨格勒布大学，包括：达尼洛·别约维奇（Danilo Pejović）、加约·彼得洛维奇、卢迪·苏佩克、伊万·库瓦契奇、米兰·坎格尔加、普雷德拉格·弗兰尼茨基、布兰柯·波什尼雅克和丹柯·格尔里奇等人。实践杂志的第一任主编是别约维奇和彼得洛维奇。1966 年底，别约维奇辞去主编一职并转而攻击实践派，1966 年科尔丘拉夏令学园之所以停办，就是因为当时作为萨格勒布大学校长的别约维奇拒绝合作。随后，彼得洛维奇和苏佩克合作任主编，1970 年起由考拉奇和彼得洛维奇任主

① ［南斯拉夫］米哈伊洛·马尔科维奇：《从富裕到实践——哲学与社会批判》，曲跃厚译，黑龙江大学出版社 2012 年版，英文版前言，第 4 页。

编直到1974年。彼得洛维奇一直是两位主编之一。

围绕在《实践》杂志周围的是新一代的年轻哲学家和社会理论家,其中许多人参加过南斯拉夫1941年至1945年的解放战争,他们在南斯拉夫求学,毕业后在贝尔格莱德和萨格勒布大学承担教学工作。他们大多是马克思主义者,而且从一开始就反对斯大林主义的教条主义,强调人文学科研究的重要性,主张开放和自由地研究各领域重要成果。如前所述,20世纪50至60年代,南斯拉夫哲学界分化为相互辩难的两派。"正统派"固守辩证唯物主义的传统理论框架,并认为理论是客观的社会状况和物质环境的本质反映。实践派提出"以人为本",强调实践与创造在一个特定社会的人性化过程中的巨大作用。《实践》杂志正是实践派重要的理论阵地之一,甚至是最为重要的理论阵地,实践派也因《实践》杂志而得名。

20世纪60年代初,南斯拉夫实践派的研究重心发生了一次转变,即从集中批判斯大林主义到正面阐述自己的人道主义哲学立场,并借此超越辩证唯物主义的理论框架。到20世纪60年代中期,实践派的研究重心又发生了一次转变,即从一般的理论问题研究转变到具体的社会现实问题研究。在实践派哲学家看来,作为实践哲学的革命的和批判的人道主义不能停留为一般的哲学争论或纯学术的理论探讨,而应当以20世纪60年代初建立起的实践哲学的一般理论原则为基点,对现存社会的理论与实践,对当代人类所面临的重大问题进行批判分析。正是由于关注现实的哲学立场,实践派立于南斯拉夫改革的潮头。

南斯拉夫实践派的理论取向和对现实社会生活的关注集中地体现在1964年创刊的《实践》杂志的发刊词中:

> 我们所要求的杂志,应该是不把哲学理解为一个特殊的领域,不把哲学当作独立于其它学科、远离社会日常问题的学科。我们这个杂志上的哲学,应该是革命的思想,应该是对现存一切的毫不容情的批判,应该是对真正的人的世界的人道主义展望,应该是鼓舞革命行动的力量。①

---

① 《南斯拉夫哲学论文集》,中国社会科学院哲学研究所《哲学译丛》编辑部编译,生活·读书·新知三联书店1979年版,第327页。

1965 至 1967 年间，南斯拉夫的经济改革遇到巨大的挫折，即回归 19 世纪自由放任的经济模式，使南斯拉夫在“自由竞争”的国际市场上产生巨大的外债，造成国内大量失业，致使房地产等各种投机盛行，加速了社会的贫富两极分化，从而形成了精英化和专制化的政治制度与参与性民主制度之间的紧张关系，最终导致强烈的民族主义运动。这些现实都是实践派进行理论创作的经验素材，它们最终以实践哲学的表述方式呈现在《实践》杂志上。可以说，《实践》杂志呈现的是南斯拉夫社会的敏感问题，例如：社会主义的意义和前景、党和国家机器的官僚和独裁倾向、“自治”的优势和它可能存在的弱点。对斯大林主义的批判转变为对南斯拉夫社会的具体的批判性分析，导致南共高层和马克思主义的社会和政治哲学家之间的联系几乎完全中断。实践派对于南斯拉夫社会的意见表达被指责为“抽象人本主义”“乌托邦”“修正主义”“无政府自由主义者”“极端左派”“政治反对派”等等。

1968 年 6 月对于实践派来说是一个重要时刻，也是实践派发展史上的转折点。受巴黎“五月风暴”的影响，东欧各国也相继发生了学生运动。6 月 2 日和 3 日，贝尔格莱德举行了群众性的学生游行示威。6 月 3 日至 10 日，大学生们开始罢课，他们占领了贝尔格莱德各大学的全部建筑长达一周，学校的教学和行政工作全部停滞，大学生们明确要求：取消官僚特权、进一步民主化、提供大规模失业问题的解决方案、减少社会差别、实行大学改革等等。随后，在萨格勒布和萨拉热窝等地也发生了类似的学生运动，由此导致了南斯拉夫战后社会最大的一次政治危机。铁托发表了演讲，他称赞学生并表示赞同他们的要求，同时宣布，如果不能实现这些要求，他将辞职。南斯拉夫当局越发感到，哲学的批判理论在特定的条件下可能激起群众的实践运动。后来，当这个严重的政治危机结束后，铁托本人得出的结论是：应该由实践派的哲学家们负责。因为他们通过演讲“毒害了大学生的思想”，对学生起过“腐蚀”作用，从而导致了学生运动。南斯拉夫学术界也有人对实践派做出如下指责：“某些大学根据这种理论而产生的实践是：经常煽动年轻的一代闹事，甚至更为恶劣的是，叫青年人脱离现实生活，用一个幻想的世界哄骗他们，诱使他们不参加建设社会主义的艰苦斗争，不承担责任；让他们在这个非但没有压制、反而是富于人道主义的社会里采取一种诡称'不服从'而实际上却相当轻松自在的立场;基于这样的立场,知识分子往往倾向于认为他们自己是高贵者,拥有滥施批评的专利权,而不必接受批评,他们认为这是在尽人的天职,是在做一个完全的人。毋庸置疑,一个自治的社会是不能容忍这种教育方针的……"①因此,应解散贝尔格莱德大学的党组织,有罪的教授必须从大学中驱逐,防止他们继续腐化大学生。实践派成员担任的重要社会职务也被解除了,哲学活动、杂志和其他出版物的经费也被裁减或变得严重不足。影响最大的就是"八君子"事件,1975 年 1 月,塞尔维亚共和国政府越过贝尔格莱德大学的行政机构,采取了"特别"的行政措施,即解除马尔科维奇、日沃基奇、斯托扬诺维奇、达迪奇、哥鲁波维奇、米丘诺维奇、印哲奇和波波夫等八名大学教授的教职,这是对实践派的一次沉重打击。尽管 1968 年至 1975 年的整个时期内有着沉重的压力,但还有许多实践派哲学家仍能继续执教、出版著述、组织会议并统治了南斯拉夫理论界。因为来自贝尔格莱德大学、萨格勒布大学、卢布尔雅那大学这三所南斯拉夫最主要的大学的学生极力支持实践派,只要这些教授发生任何不测,学生们便以罢课相威胁。因此,1968 年之后,实践派的活动尽管有所减弱,但却从未停止过。这一时期,《实践》杂志也一直存在到 1974 年,科尔丘拉夏令学园的讨论会每年 8 月定期举行,直到 1974 年。实践派的另一个活动区域是杜布罗夫尼克的联合大学中心,在 1974 年至 1979 年期间,实践派成员在那里参加了好几次讨论会。

这期间,实践派在南斯拉夫学界的影响力是毋庸置疑的。克罗地亚哲学学会和南斯拉夫哲学学会一直由实践派掌控着,如下所示:

克罗地亚哲学学会主席:弗兰尼茨基(1959—1961)
彼得洛维奇(1963—1964)
格尔里奇(1966—1968)
坎格尔加(1973—1975)

南斯拉夫哲学学会主席:马尔科维奇(1960—1962)

① 《南斯拉夫哲学论文集》,中国社会科学院哲学研究所《哲学译丛》编辑部编译,生活·读书·新知三联书店 1979 年版,第 28 ~ 29 页。

克雷舍奇(1962—1964)
彼得洛维奇(1964—1966)
弗兰尼茨基(1966—1969)

此外,学会中的其他主要职务也大多由实践派成员担任,苏佩克还长期担任克罗地亚社会学学会和南斯拉夫社会学学会的主席,弗兰尼茨基于1972年至1976年任萨格勒布大学校长。即便是在贝尔格莱德大学的哲学系中,实践派仍有很强的势力,考拉奇任哲学系主任,执教的教授中除莎伊科维奇外,其他的都是实践派成员。马尔科维奇等离职的八名教授在贝尔格莱德大学的学生中仍有较高的威望。在萨拉热窝大学和杜布罗夫尼克的联合大学中,大多数教授都是实践派成员。

1974年底,由于南斯拉夫政府的禁令,科尔丘拉夏令学园停办,《实践》杂志南斯拉夫版和国际版双双停刊。此后的几年间,实践派哲学家们据理力争,但最终未能扭转局面。简言之,《实践》杂志批判了南斯拉夫社会的诸多局限性,包括现有的官僚主义结构,社会不平等和对市场经济的过度依赖,等等。这些都被谴责为不可接受的政治活动,并且是“破坏性”的批判。无论是《实践》杂志和科尔丘拉夏令学园,还是与此相关的人,都遭到封杀。格尔森·舍尔曾说,“《实践》杂志曾经是南斯拉夫和国际上讨论马克思主义的人道主义以及南斯拉夫的工人自治实验的一个生机勃勃的论坛,但是现在却噤声了。尽管从肉体上的折磨和监禁的意义上来说,对实践派的压制并不是当前对东欧对知识分子的迫害中最严重的,但绝对属于最悲剧性的”①。

《实践》杂志的理论取向集中表现在两个方面:一方面,《实践》杂志试图恢复马克思主义的创造性潜力。其思想灵感来自卢卡奇、葛兰西、柯尔施、布洛赫、马尔库塞、弗洛姆和吕西安·哥德曼等早期西方马克思主义理论学家,而且这些思想家中的很多人亲身参与了科尔丘拉夏令学园和《实践》杂志的创办。另一方面,《实践》杂志在回答社会主义发展道路的基本问题时,总是提供一组参与者的共同意见,据此实现人性化的程序、人际关系的合理规划,

① Gerson S. Sher (ed.): *Marxist Humanism and Praxis*, New York: Prometheus Books, 1978, p. 1.

及其意义和前景，而不仅仅是依赖原始平均主义或技术的发展。

《实践》杂志开设了许多专栏，包括“专题”“肖像和境况”“争论”“思想和现实”“书评”“哲学活动”和“回忆录”等栏目，内容极为丰富，可读性强。其中，“专题”是最引人瞩目的栏目，针对这个该杂志每一期的主打栏目，编辑部总是拟定一个具有争议性的专题，这些专题多是科尔丘拉夏令学园的讨论主题，能够刊载在《实践》杂志上的文章都是经过甄选的精品。例如，《实践》杂志首刊号就发表了讨论“实践”问题的几篇论文，包括：波什尼雅克的《关于实践的思考》、彼得洛维奇的《实践与存在》[①]、弗兰尼茨基的《关于实践的问题》、格尔里奇的《实践和教条》、苏佩克的《社会实践的辩证法》[②]等。《实践》杂志与西方发达资本主义国家的学术期刊不同，其中包含大量的关于社会主义问题的讨论，文章的作者不仅有实践派成员，还包括马尔库塞、列菲伏尔、哥德曼等很多来自西方的思想家和哲学家。再如，《实践》杂志（国际版）1965 年第二、三期合刊号就推出了这样的专题，名为“社会主义的意义和前景”，主要文章有：

前言

列菲伏尔：关于社会主义和社会发展的若干标准

格尔里奇：社会主义和共产主义

马尔科维奇：社会主义和自治[③]

斯托扬诺维奇：社会主义中的自由和民主

帕森斯：社会主义和民主

彼得洛维奇：社会主义的哲学和政治[④]

别约维奇：社会主义和知识分子

克雷舍奇：作为历史问题的社会主义

马尔库塞：发达工业社会的社会主义前景

马利特：社会主义中新工人阶级

---

① ［南斯拉夫］彼得洛维奇：《二十世纪中叶的马克思》，姜海波译，黑龙江大学出版社 2015 年版，第 151～168 页。

② 参见《南斯拉夫哲学论文集》，中国社会科学院哲学研究所《哲学译丛》编辑部编译，生活·读书·新知三联书店 1979 年版，第 296～313 页。

③ 《马克思主义研究参考资料》（第 35 期），1980 年 6 月。

④ ［南斯拉夫］彼得洛维奇：《二十世纪中叶的马克思》，姜海波译，黑龙江大学出版社 2015 年版，第 134～147 页。

苏佩克:生产共同体的命运

考拉奇:不发达国家中的社会主义

弗兰尼茨基:社会主义和异化问题[①]

日沃基奇:社会主义和大众文化

哥德曼:社会主义思想中的严谨和想象

几乎每一期的专题都与国际学术界讨论的前沿热点相呼应,该栏目从马克思哲学思想的视野和南斯拉夫社会主义实践历程的双重角度开展研究,影响很大。"肖像和境况"与"回忆录"栏目一般介绍著名哲学家的思想梗概,包括其生平、著述及主要理论观点与学术主张,或者是实践派成员回忆与某位思想家交流的往事,主要是向南斯拉夫学界引进和译介西方学界的当代代表人物,以及最新的研究成果。这个栏目介绍过的哲学家有:萨特、梅洛·庞蒂、卡尔纳普、尼采、弗洛姆、席美尔、罗素、哥德曼、阿多诺等。"书评"栏目将选题对象规定为"最近"出版的著作,这个栏目展现了实践派的国际视野,表达了他们融入西方学界的强烈愿望,体现了他们选择经典文本的能力与水平。例如,罗伯特·塔克是英国马克思主义研究的著名专家,他编辑的《马克思恩格斯读本》在西方的影响很大,流传也很广,时至今日仍是牛津大学、哈佛大学、悉尼大学等西方许多著名大学的指定教科书,他的著作《卡尔·马克思的哲学和神话》于 1961 年在剑桥大学出版社出版,彼得洛维奇随即在《实践》杂志(国际版)的首刊号上为其专门撰写书评。坎格尔加也在这一期撰写了关于施密特于 1962 年出版的《马克思的自然概念》一书的书评。别约维奇为布洛赫于 1963 年出版的《图宾根哲学导言》撰写了书评。其他的栏目也各有侧重,"争论"中为读者展现的是南斯拉夫国内外就某一理论问题的重大分歧,当然包括实践派与南斯拉夫"辩证唯物主义派"在许多理论问题上的重大分歧。"哲学活动"则是以综述的形式将上一年南斯拉夫国内外的学术会议情况加以客观的介绍。总之,阅读《实践》杂志几乎可以通晓马克思主义学界的前沿和研究进展的情况,了解理论发展的谱系和脉络,掌握南斯拉夫社会主义建设过程中的重大问题。可以

① 见[美]格尔森·舍尔编:《马克思主义的人道主义与实践》,姜海波等译,黑龙江大学出版社 2015 年版,第 43 ~ 54 页。

说,《实践》杂志是一个极具代表性的马克思主义哲学研究的经典杂志。

作为具有世界性影响的学术期刊,《实践》杂志对于研究主题的确定十分具有计划性,编者通常预告随后几期的讨论主题,因而,来自世界各地的稿件数量很大。杂志对于内容的要求几近苛刻,任何与实践派的哲学宗旨相悖的文章都不能发表。1965 年,《实践》杂志的国际版刊行后不久,编辑部收到了路易·阿尔都塞的一份长达 50 页的稿件。负责审稿的是卢迪·苏佩克。他认为这是一个斯大林主义的实证主义观点,于是对其做了一个毁灭性的批判,说明它是斯大林水平的工作,而且没有发表这篇文章。哥鲁波维奇对阿尔都塞也持同样的看法,后来,哥鲁波维奇被开除之后任教于瑞典,在当时,阿尔都塞是非常流行的,所以有很多人问她对阿尔都塞的看法,哥鲁波维奇回应说,他的实证主义看法,对我来说就是斯大林主义。在实践派看来,阿尔都塞把马克思的著作分为科学和意识形态两个部分,并且把科学部分确定为体制。这种看法实质上是教条主义。阿尔都塞在解释马克思著作时,把哲学问题归为意识形态问题,因此使马克思思想失去了哲学意义。这是一种实证主义的简化,这种情况在马克思史上已经有过可悲的先例。投稿未果后,阿尔都塞将其发表在法国共产党的《思想》(*La Pensée*)杂志上,阿尔都塞也很快成为马克思主义学界在西方的明星。这一事实本身说明,《实践》杂志较好地奉行了批判斯大林主义和重建人道主义的马克思主义的办刊方针。

实践派的实践哲学重新将人视为历史的主题,道德和伦理层面是政治活动中一个重要的决定因素。实践不能在狭义的经济层面来理解,也不能被理解为政治活动,而是作为一个理想的,特别是人类的活动,即实现人的存在,实现以自身为目的的最佳潜力。但是,实践哲学不仅是一种激进的本体论和认识论,也是最不遵从教条主义的马克思主义方法论,同时,其对马克思的重新解释还重新定位了社会关系,并将政治权力置于中心,从而使政治权力成为哲学研究中重要的和新的参考点。《实践》见证了这种理论的产生和发展,它给予南斯拉夫社会具体问题的讨论以高度开放的理论空间,这些基本问题包括:社会主义的意义和前景、人的自由、平等、历史、具体化、创造力、社会革命、官僚机构的性质和当今世界的技术等。这些问题的讨论成果异常丰富,也使得实践派迎来了它的黄金时代。

1970 年,为纪念布莱德哲学讨论会十周年,辩证唯物主义派的代表人物之一斯托伊科维奇在《辩证法》杂志上发表了两篇文章《今日的反映论》《反映和实践》。他依然坚持直观反映论的立场,否认实践是认识的现实基础,批评实践派颠倒了认识和实践的关系。他认为,如果不是从反映出发,而是从实践出发,就不可能达到客观真理。今天看来,他所捍卫的是"以反映为基础"的直观反映论,而不是以实践为基础的能动的革命的反映论。他尚未承认社会实践是认识真理、主观反映客观的现实基础。不过斯托伊科维奇在后来再版的《马克思主义哲学原理》及其他一些文章中都肯定实践派哲学家的理论成就和巨大影响,以及一些著名的实践派哲学家,如马尔科维奇、弗兰尼茨基和彼得洛维奇等人是马克思主义哲学家。他还逐渐地接受了唯物辩证法和革命人道主义统一的观点。这期间,虽然实践派和辩证法派的矛盾依然存在,但是出现了谋求在马克思主义理论基础上解决两大派冲突的潮流。1974 年,斯托伊科维奇在《南斯拉夫的马克思主义哲学》一文中,肯定实践派的优势地位和他们的科研成就。在他看来,实践派哲学家不仅在对斯大林教条主义、实证主义、本体论主义、认识论主义、非人道主义等的批判方面,而且在对人本主义、逻辑学、认识论、方法论、语义学、美学、伦理学等哲学学科的研究方面都做出了一系列不容置疑的贡献。可见,实践派的反对者也在逐渐接受人道主义的立场和观点。

南斯拉夫哲学家普遍认为,20 世纪 60 年代堪称"人道主义时期"。这期间,弗兰尼茨基出版了三卷本的《马克思主义史》(1961),此书在 1963 年获得共和国"博日达尔·阿哲亚"奖。马尔科维奇在 1961 年出版了《辩证的意义论》,此书被译成几国文字出版。此外,实践派的主要著作还有:考拉奇的《马克思和现代社会学》(1962)、坎格尔加的《马克思著作中的伦理学问题》(1963)、加约·彼得洛维奇的《哲学和马克思主义》(1965)、卢迪·苏佩克的《社会学和社会主义》(1966)、弗兰尼茨基的《人和历史》(1966)、马尔科维奇的《存在物和现时代》(1976)等等。这些著作系统地阐述了马克思主义的人道主义观点。

《实践》杂志是经得起时间考验的，它是南斯拉夫社会主义建设进程中至关重要的文化现象，“由于《实践》杂志正视马克思理论与社会现实的直接方式和不断启迪，尤其是由于它比其他同类的东欧杂志存在的时间更长，没有任何重大妥协而未受破坏这一事实，所以，它或许是当代东欧最引人注目的、最发人深省的出版物”[①]。围绕着《实践》杂志的实践派与一般的“持不同政见者”不同，他们只是由于对某些具体的改革措施和一些社会现实的反思和批判而有时同政界发生矛盾和冲突，他们从根本上支持南斯拉夫自治社会主义改革的实践，并且对于自治社会主义从理论上做了深刻的论证，他们是南斯拉夫社会主义改革的理论探索者，实践派由此结合发达工业社会批判和社会主义改革实践阐发了马克思思想的当代价值。格尔森·舍尔在其著作中肯定了实践派的贡献，即重新定义了马克思主义，并将马克思的哲学表述为人的哲学，进而“使哲学回到马克思，使马克思回到哲学”[②]。列菲伏尔甚至感叹道，南斯拉夫实践派有开发世界性理论思维的能力和水平。弗洛姆说，《实践》作为国际性杂志，“在世界上广为人知，它描绘出南斯拉夫马克思主义哲学学派的一幅充满生机的图画”[③]。实践派所做出的努力，使得欧洲和世界第一次在马克思的意义上对待马克思主义。可以说，实践派所做的是马克思主义在世界范围内的真正复兴。马尔科维奇在20世纪70年代末还提到，实践派“远不是一个孤立、异己的派别，它十分准确地代表着那些最优秀的、在二十多年来民主化和南斯拉夫带有新的社会主义自治形式的实验的全部哲学和社会理论中最自由且最真实地得到了表达的东西”[④]。麦克布莱德曾感叹道，“南斯拉夫哲学家的未来命运是值得思考的问题。因为现在和未来的政治事件是他们的哲学著作所产

① Svetozar Stojanović: *Between Ideals and Reality: A Critique of Socialism and Its Future*. New York: Oxford University Press, 1973.

② Gerson Sher: *Praxis: Marxist Criticism and Dissent in Socialist Yugoslavia*, Indiana University Press, 1977, p. 22.

③ [南斯拉夫]米哈伊洛·马尔科维奇:《从富裕到实践——哲学与社会批判》，曲跃厚译，黑龙江大学出版社2012年版，英文版前言，第4页。

④ [南斯拉夫]米哈伊洛·马尔科维奇、加约·彼得洛维奇编:《实践——南斯拉夫哲学和社会科学方法论文集》，郑一明、曲跃厚译，黑龙江大学出版社2010年版，导论，第4~5页。

生的效果。对此进行猜测的话,我相当肯定的只有两点:第一,一些实践派哲学家将继续产生重要的哲学著作。第二,不仅他们所写的一切,还包括他们所致力于批判的、特殊的和新的社会结构中所发生的一切,都会产生极为重要的影响,这种影响远远超出了他们所生活的小国的范围”①。这些评价说明:一方面,实践派的理论建构中包含了诸多真知灼见;另一方面,《实践》杂志作为“窗口”已经向全世界展现了实践派的创造力。

第三节 《实践－国际》杂志与南斯拉夫实践派的衰落

《实践》杂志停刊和科尔丘拉夏令学园停办给南斯拉夫实践派以沉重的打击,结束了1960年布莱德会议以来实践派最活跃、最富成果的黄金时代。

然而,实践派在失去了最重要的舆论阵地和工具的条件下,能否在南斯拉夫或在国际范围内复兴呢?如不能,实践派的代表人物会甘心退出哲学研究领域吗?如不愿退出,他们还能够一如既往地坚持自己的哲学立场和哲学信念吗?历史已经给出了这些问题的答案。

一、萨格勒布实践派的继续研究

萨格勒布地处克罗地亚共和国,而克罗地亚的民族主义势力是南斯拉夫所有加盟共和国中最强大的,如果克罗地亚政府驱逐萨格勒布大学实践派,民族主义势力就更加难以抑制,而萨格勒布大学实践派的存在对于维护复杂的意识形态平衡具有不可替代的作用,因而萨格勒布大学的实践派能够在南斯拉夫的政治风波中得以幸存。20世纪70年代末,萨格勒布实践派的几名核心人物同南斯拉夫的进步出版社合作,组织了一些著名的哲学家编写了“哲学分科百科全书”。这套丛书的编委会由7名哲学家组成,其中6名为萨格勒布实践派的核心人物,包括波什尼雅克、格尔里奇、坎

① William Leon McBride: *The Philosophy of Marx*, New York: St. Martin's Press, 1977, p. 163.

格尔加、库瓦契奇、彼得洛维奇、弗兰尼茨基等原《实践》杂志编辑部成员。编写这套“哲学分科百科全书”一方面是哲学教学的需要，另一方面它也代表了南斯拉夫马克思主义哲学的最新成果。然而，这套丛书中包括“自然哲学”和“技术哲学”，这是实践派猛烈批判的，因此由实践派出面来编写这套丛书使人们产生了一个疑问：实践派在经历了 1975 年的挫折之后，是否放弃了原来的哲学立场和哲学信念，即放弃了彻底的人道主义？

如前所述，南斯拉夫实践派是在 20 世纪 50 年代大规模批判斯大林主义的理论运动中形成的。60 年代，实践派致力于发展人道主义的马克思主义，进而把马克思主义表述为实践哲学，反对按传统的哲学观点把马克思主义哲学也分成许多独立的学科，特别反对自然辩证法。他们主张以“人”为中心，以“实践”为基础，建立“人道主义的马克思主义”。他们反对把自然当作独立的、与人的实践活动无关的实体进行研究，主张以人为出发点研究解决其他一切重大问题。他们也曾在法兰克福学派的启示下，不遗余力地批判技术理性，那么，为什么还要编著“自然哲学”和“技术哲学”呢？

彼得洛维奇曾谈到编辑该丛书的目的和他本人的基本态度，他说：“我对按学科建立哲学进而对作为独立的哲学学科的自然哲学表示怀疑。在我看来，从‘实践哲学’和‘革命的思想’出发比从某个（哪怕是最深刻的）自然哲学的立场出发能更好地理解自然问题。然而，我认为从教学和资料建设的目的出发有必要按学科阐述哲学问题，因此我也参加了进步出版社出版的哲学分科百科全书的编辑工作。”①

这表明，彼得洛维奇并没有放弃自己的实践哲学立场，他还于 1978 年发表了《革命的思想》一书。此书同他的另外两部著作《哲学与马克思主义》（1966）和《哲学与革命》（1975）一起系统地阐述了作者一贯坚持的基本哲学观点以及对马克思主义的理解。彼得洛维奇始终认为，人是实践的存在物，实践则是自由的创造性的活动。自由的创造性的实践的最高形式和本质在马克思看来是“革

① 转引自衣俊卿：《南斯拉夫实践派的现状》，《国外社会科学动态》1987 年第 9 期，第 14 页。

命”。彼得洛维奇进而强调,这种意义上的革命不是指政治的或经济的变革,不是指一般的社会事变,而是指社会和人的根本的改变和异化的扬弃,是人的真正的和新的存在方式的实现。

在萨格勒布实践派的哲学家中,弗兰尼茨基仍是站在实践哲学的立场上致力于社会主义理论与实践的研究的,他的《马克思主义与社会主义》(1979)和《作为不断革命的自治》(1985)是其继续研究的成果。弗兰尼茨基继续深入和系统地批判了作为理论和社会主义模式的斯大林主义以及国家社会主义,他特别强调了社会主义的人道主义性质。在他看来,“异化”仍是社会主义的中心问题,因为资本主义社会只有在异化的基础上才能生存,因而不可能把扬弃异化的历史任务提上日程,这是社会主义的使命。因此,社会主义从一开始就应逐步为国家消亡、为扬弃异化创造条件。在他看来,自治社会主义是一条可行的途径,为此,他对自治的理论与实践做了历史的考察和深刻的分析。南斯拉夫学界对弗兰尼茨基的观点仍旧高度重视,弗兰尼茨基的《马克思主义与社会主义》一书出版后,1979 年 11 月 4 日,针对该书的专题讨论会在萨格勒布举行,与会者就书中的诸多理论问题展开了热烈的讨论。[①]

萨格勒布实践派另一位激进的代表人物坎格尔加也在 20 世纪 80 年代初发表了两部重要著作,即《伦理学或革命》(1983)和《实践·时间·世界》(1984)。这两部新著中的观点与他早年在《卡尔·马克思著作中的伦理学问题》(1963)中的看法一致,并且有一定的发展和推进。坎格尔加 1963 年的著作深刻地阐述了人是实践的存在物,实践是人的存在方式和自然是人的活动成果等实践哲学的基本思想。在两部近作中,他则进一步发展了作为革命的实践的思想,即革命的思想。与此相似,1983 年,彼得洛维奇在南斯拉夫《文汇》杂志上发表了《历史唯物主义、实践哲学和革命思想》一文,他指出,许多人将马克思的思想表述为历史唯物主义,但不如将其表述为实践哲学,因为实践哲学本身的含义非常广,足以把历史唯物主义作为自身的成分,作为自己的一个特殊理论而使其包含于自身之中。如果把马克思思想解释为实践哲学比解释

① 详见《南斯拉夫学术界讨论〈马克思主义与社会主义〉一书》,《国外社会科学动态》,1981 年第 1 期。

为历史唯物主义更深刻，对于马克思思想和当代世界更适合、更贴切，那并非意味着实践哲学本身已经是对马克思思想可能有的最好解释。“革命思想”这一名称本身就比“实践哲学”的称谓优越。当然，问题不只在于名称。无论我们如何称呼马克思思想，重要的都是考虑马克思最感兴趣的东西：作为革命的实践的可能性。[①]

1983 年，为了纪念马克思逝世 100 周年，南斯拉夫马克思主义学界打破学派界限，开始筹备出版《当代社会主义百科全书》，实践派的很多成员参与了这项工作，包括哥鲁波维奇、库瓦契奇、马尔科维奇、彼得洛维奇、苏佩克、弗兰尼茨基、达迪奇等。这套丛书还邀请了我国学者苏绍智参与。[②]

二、《实践－国际》的创刊和实践派的解体

同萨格勒布实践派相比，贝尔格莱德实践派的哲学家们的处境要困难得多，因为除了考拉奇外，马尔科维奇等 8 人均被开除出贝尔格莱德大学，在数年中，他们的理论研究和活动受到很大影响和限制。

1975 年以后，《实践》杂志已经不可能在南斯拉夫出版，但实践派部分成员希望《实践》杂志继续发挥社会作用。

实际上，《实践》杂志于 1974 年停刊后，编辑部并没有立即解散，它多次举行内部会议，多次讨论如何继续出版《实践》杂志的相关事宜。编辑部内部基本达成共识，即《实践》杂志既不能停办，也不能将杂志移到国外出版，因为那样将会彻底改变杂志的特征，而且对于南斯拉夫国内的非教条主义的马克思主义或称人道主义的马克思主义思想将会带来消极的后果。因此，编辑部决定，设法排除来自官方的阻力，并使《实践》在南斯拉夫复刊。但这种努力直到 1977 年也没有取得实质性的进展，复刊计划也成为想象的日程表。

于是《实践》杂志编辑部采纳了部分人的建议，即在国外创办

① ［南斯拉夫］彼得洛维奇：《历史唯物主义、实践哲学和革命思想》，衣俊卿译，《马列主义研究资料》1989 年第 2 辑。

② 参见《南斯拉夫筹备出版多卷本〈当代社会主义百科全书〉——南斯拉夫维达可维奇、佩乔里奇、弗兰尼兹基三教授给苏绍智同志的信》，载《马克思主义研究书讯》，1983 年第 10 期。

一本接近于《实践》的新杂志,但是新杂志不能用《实践》的刊名,因为那将阻碍《实践》在南斯拉夫复刊。1979 年,《实践》编辑部的部分成员,主要是贝尔格莱德实践派成员坚持要在国外办一本马克思主义杂志,打算沿用“实践”的刊名或稍加限制。1979 年 6 月 2 日,编辑部会议做出决定,可以在国外创办《实践 - 国际》[①]或采用别的什么刊名的杂志,但必须用个人名义,并且由个人负责,不能使用《实践》杂志编辑部的名义。

此后,马尔科维奇、斯托扬诺维奇、苏佩克、达迪奇和哥鲁波维奇等 5 名实践派哲学家同理查德·伯恩斯坦等原《实践》杂志编委会的部分国际成员以及其他马克思主义者合作,着手创办新杂志,并决定于 1981 年在英国牛津开始发行。

在正式创刊之前,《实践 - 国际》编辑部致信原《实践》杂志编辑部的其他成员,邀请他们参加创办新杂志,并寄去即将在创刊号中发表的《〈实践 - 国际〉的宗旨》一文。原《实践》杂志国际版、国内版的两个编辑部的其他成员共 11 名,他们在收到信后联名给《实践 - 国际》主编理查德·伯恩斯坦和马尔科维奇写信,叙述了《实践》停刊后编辑部为复刊所做的各种努力,陈述了他们拒绝参加创办《实践 - 国际》的理由,他们强调指出,发刊词没有说明创办该杂志只是原《实践》编辑部个别成员的活动,属于个人行为,并不代表整个编辑部,而且该文还宣称杂志是《实践》杂志的精神和工作的继续,这样会使读者产生误解,进而把这两种有重大区别的杂志混为一谈。信中还指出,《实践》编辑部并不反对其成员或合作者以个人名义参加《实践 - 国际》的编委会。同时,由于两本杂志也有相似之处,为了发展人道主义的马克思主义,即便是没有参加《实践 - 国际》的《实践》原编辑部成员也会努力支持新杂志的工作。最后,他们要求《实践 - 国际》在即将发行的创刊号上发表这封联名信,如果由于时间或技术上的困难,至少应在第二期予以发表。但是,《实践 - 国际》没有发表该信,而是在 1982 年的第 2 期发表了参与《实践 - 国际》杂志编委会工作的 5 名实践派成员的公开信,说明原《实践》编辑部其他成员拒绝参加新杂志工作的原因。

① 为了区别于原来的《实践(国际版)》(*Praxis International Edition*),我们把这本新杂志的名称翻译为《实践 - 国际》(*Praxis International*)。

信中说：

> (1)实践派一直鼓励在共同目标和愿望的范围内进行有差异的个体表达。这种差异在1977—1982年间扩大，是实践派不同成员对现有状况不同的分析和评价的结果，也是实现共同目标的行动的不同可能性的结果。
>
> (2)最近，双方在减少分歧方面已经做了努力，并加强一切形式的友好合作，这将加强非教条的马克思主义思想在南斯拉夫和全世界的力量。①

显然，这封信淡化了双方的分歧，而这封信也使实践派关于《实践－国际》的内部分歧趋于公开化。首先是坎格尔加在同《理论》编辑部的谈话中谈到这一分歧。他强调，《实践》杂志编辑部曾赞同在国外创办一本新杂志，但它绝对不是《实践》的继续。而新的《实践－国际》杂志虽然沿袭了"实践"的名称，但它即使从名义上也无法成为《实践》的继续，更不要说从实质上，《实践－国际》除了会损害原《实践》的名称、研究领域、作用和意义外，不可能达到任何目标。

随后，坎格尔加的多年好友、《实践－国际》编委会成员之一、贝尔格莱德实践派哲学家达迪奇在同《理论》编辑部谈话时对坎格尔加进行了激烈的反驳，他指出，坎格尔加的态度是把《实践》作为萨格勒布实践派的"私有财产"。达迪奇认为，创办《实践－国际》并不是要成为《实践》杂志的继续，而是要继承《实践》的基本理论倾向，即它的"国际主义和社会主义传统"。在达迪奇看来，分歧的实质就在于拒绝参加创办《实践－国际》的一方把《实践》的思想传统当作南斯拉夫的民族财富和传统，而另一方则认为应当突破民族的界限和范围，利用强有力的国际支持，以新的形式恢复和继续《实践》的生机。由此，实践派的内部分歧已完全公开化，而且这种分歧已经不完全是理论上的分歧。

坎格尔加和达迪奇在1983年又继续在《理论》杂志上展开激烈的争论。最后，萨格勒布与贝尔格莱德实践派的领军人物彼得洛维奇和马尔科维奇也对争论发表了意见，而且马尔科维奇也是

---

① Mihailo Marković, Ljubomir Tadić, Svetozar Stojanović, Zagorka Golubović, Rudi Supek: "Statement by the Yugoslav Members of the International Editorial Board of Praxis International", *Praxis International*, Issue: 2 / 1982, p. 227.

在与《理论》编辑部的谈话中提到这一分歧的。马尔科维奇指出，《实践－国际》是当今世界上唯一的，具有国际性的马克思主义人道主义倾向的杂志。在他看来，关于新杂志是否能沿用"实践"这一名称的争论是毫无意义的，因为文化领域与工商业领域不同，任何抽象的名称都不应成为某个人或某个集团的专利。他进一步指出，真正值得深思的是：为什么实践派这样少有的精神的和文化的团体在经过20多年成功的合作后会分裂？

其根本分歧在于对《实践》及其使命的看法。创办《实践－国际》的一方认为，《实践》杂志并没有完成其历史使命，它是被粗暴地禁止了的。而《实践》的人道主义的、自由的和批判的精神不应局限于某一国家或地区，因为当今时代非常需要批判的马克思主义人道主义的杂志。而另一方则坚持认为，《实践》是南斯拉夫的杂志，它体现的是马克思主义在社会主义国家中的发展情况与反思，不能迁到国外，一经移到国外就很难继续原《实践》杂志的精神，会被人看作是从属于西方世界的非马克思主义或反马克思主义思潮。同时，20世纪60年代创办《实践》杂志的历史条件已经完全改变，在布洛赫、马尔库塞、弗洛姆、哥德曼等《实践》杂志的积极合作者相继去世的情况下，《实践》很难保持其理论水准。

1984年，彼得洛维奇在同《视野》编辑部的谈话中，对《实践－国际》创刊4年的基本情况做了详细分析，并且就栏目、研究领域及其特征等方面将该杂志同原《实践》做了比较。彼得洛维奇认为，这是两本既相似又存在差异的杂志。原《实践》杂志是实践哲学，即革命的思想的杂志，是那种无情地批判现实和以人道主义眼光预见未来世界的哲学杂志，而《实践－国际》则主要是对当代社会的社会学的和政治学的分析与批判，缺乏基本的哲学和形而上学的讨论。不过，彼得洛维奇也承认，对刚发行了4年的杂志做最后的结论是不科学和不公正的，但是他认为，《实践－国际》很难在不久的将来成为《实践》杂志的实践哲学和革命思想真正的和本质的继续。实践派的这场内部分歧和争论持续了两三年后自行终止，争论双方没有形成统一的认识。可以说，这场围绕新杂志的争论是实践派继1975年受挫后的又一次重大转折，它是实践派走向解体的开始。

尽管存在着许多分歧，《实践－国际》杂志还是在英国复刊了，也称“国际版”，自1981年创刊起一直持续至1993年，为了区别于1974年以前的《实践》杂志国际版，我们也称其为“新国际版”。在新国际版的发刊词中，编者开宗明义地写道：

> 目前，尽管马克思主义的人道主义取向的迫切性日益增加，并且19世纪60年代以来的进步运动唤醒了整整一代青年知识分子和学者重新讨论马克思的理论和当代世界的基本问题，但仍没有马克思主义人道主义定位的国际期刊。这样的杂志能起到决定性的综合作用，它可以提供一个相互沟通和对话的不可或缺的平台，可以促进对当今社会本质局限性的系统批判意识的发展，以及探求人类解放的最佳历史可能性。①

“新国际版”一如既往的和最重要的任务是肯定马克思思想中“以人为本”的维度，反对斯大林的扭曲理解。这一杂志还特别关注20世纪70年代以后在人类社会发展中变得越来越严重的一些重大问题，如：后工业社会的危机，生态危机的全球性后果，高科技和人性化的冲突，政治控制与工人阶级自治和自决要求的矛盾，人权、平等、妇女解放的现代含义，宗教和民族认同，社会改革和革命的现实可能性，等等。除此之外，现有生产模式加速了材料消耗，使容易获得的自然资源迅速减少，进而导致自然环境的污染。人们越来越认识到，需要重建整个经济模式和生活方式，特别是对于先进工业国家来说，这不再是生产过剩的危机，而是生产力无法继续发展的危机。这种不断恶化的历史进程既发生在发达资本主义国家中，又发生在自称为“真正的社会主义”的国家中。它们共享关于生产和消费的唯一定量方面典型的理念，也分享经济模式和社会支配的方式，苏东解体就是最好的证明。进一步而言，当代世界正处于资本主义的体系中，资本主义的危机就是全球性的危机，第三世界国家在这一体系中处于最为艰难和不利的地位，因而政治和宗教信仰冲突此起彼伏。《实践－国际》呼唤一个新的时代，在这个时代中，以非理性的利润为导向的生产模式将要被替换，并且其中人类生产的发展迫切需要从异化劳动中解放出来，以满足人的各种需要。这种对自然界的变革需求一定伴随着社会运行机

① “Why Praxis International?”, *Praxis International*, Issue: 1 / 1981, p. 1.

制和个人生活方式的深刻变革。否则,人类将面临危险和人类前景的不祥后果。

因此,《实践－国际》具有双重任务:一方面,保持学术讨论的独立和尊严,突破意识形态的桎梏,并发扬一种世界性的批判意识;另一方面,始终不懈地提供一个深化理论认识的必要条件,即开拓一条有穿透力的、富有想象力的和人类解放的实践道路。团结在“新国际版”周围的包括历史学家、社会学家、经济学家、政治学家、心理学家、人类学家、语言学家、艺术家和其他致力于马克思主义人道主义立场的知识分子。如果《实践》杂志的名称有任何象征性的意义,那就是“理论”和“实践”的统一,以激进变革的承诺不断深化对理论的理解。《实践》杂志新国际版并不仅仅重申一个现成的理论,它也揭示现有理论的局限性,并要求在新的实践条件下对其加以重建。一种实践哲学将不得不做出对基本概念更加严格的界定,如对实践、历史、思想解放、平等、生产力、创造力、异化、物化、社会正义、理性、批判、辩证等的界定。从实践的角度来看,哲学必须克服一个“假抽象”和“伪具体”。它必须成为一种社会理论,并结合最具体的科学知识,它必须具有可经验性、解释性和批判性,必须回归人们的生活世界。若使马克思思想的解释传统成为一个活生生的和开放的理论体系,而不是沦为教条主义或经院哲学的话,那就必须诚实地面对这一传统:有什么可以重建,哪些需要修改,甚至放弃。对所有现存和现实的无情批判也要求我们这样对待马克思主义本身,马克思本人是这样看待他自己的理论的,我们今天也应这样对待它。马尔科维奇、哥鲁波维奇、斯托扬诺维奇、达迪奇等人依旧在“新国际版”上积极撰文推动这种实践哲学的发展。不得不承认,《实践－国际》的确可称为“国际”,因为它吸引和团结了当代最为著名和最有影响的一些哲学家和思想家,包括:哈贝马斯、查尔斯·泰勒、南希·弗雷泽、霍布斯鲍姆、霍耐特、吉登斯、杜娜叶夫斯卡娅、理查德·罗蒂、维尔默、沃勒斯坦、查特尔·墨菲、诺曼·莱文等,的确实现了国际化视野。

但同样令人遗憾的是,《实践－国际》杂志也是短命的,杂志于1993年停刊。1994年以后,实践派和《星丛:批判和民主理论国际期刊》(*Constellations: An International Journal of Critical and Democratic Theory*)合作,继续阐发马克思主义的人道主义观点,但由于实践派成员有些已经辞世，有些已步入晚年，创作热情和创造力均大打折扣，加之实践派后继乏人，因而影响不大。事实上，实践派就此画上了句号。

三、实践派的当代境遇

实际上，从1975年以后，南斯拉夫的许多重大学术活动都不同程度地排斥实践派。南斯拉夫官方也不断点名批评实践派个别成员。如铁托逝世后不久，1980年12月15日，南斯拉夫《战斗报》发表南共联盟执行书记马约尔的文章，文章称达迪奇、苏佩克等为“反对南斯拉夫自治制度的小集团”，并且正在活动。1976年起，南共联盟中央开始举办一年一度的“社会主义论坛圆桌会议”，每年秋天在美丽的海滨小镇察夫塔特召开，因此又称“察夫塔特讨论会”。会议的形式与实践派组织的科尔丘拉夏令学园十分接近，内容也是世界各国的马克思主义者，以及左翼进步人士就有关社会主义的理论和实践问题自由地交换意见，这在当时也是唯一的东西方马克思主义者进行对话交流的国际会议，而且会议的模式也是民主的，即各国代表轮流担任大会主席，每个代表都有平等的发言机会，各种观点都可以发表，不强求任何人接受某种看法，不以多数派为准做结论，等等。不同的是：与会者都是各国“正统的”马克思主义者。会议每年都有一个主题，在当年春天便提前寄送给受到邀请的代表，以便其撰写论文。已经讨论过的主题有：

当今世界的社会主义（1976）

社会主义和政治制度（1977）

社会主义和发展中国家（1978）

社会主义的主体力量（1979）

参与、自治和社会主义（1980）

社会主义、科学、技术和发展战略（1981）

今日马克思主义思想、目前的形势、争论和前景（1982）

马克思、马克思主义和今日世界（1983）

社会主义与和平（1984）

处在21世纪前夜的社会主义（1985）

我国从1979年开始派代表与会，因此可以近距离地接触南斯拉夫思想界。据贾泽林的记述，从20世纪的80年代起，20年前那种思想活跃的景象在南斯拉夫已经不复存在。南斯拉夫学界的观点分歧十分深刻，派系纷争已经根深蒂固，哲学家们很难汇聚一堂。偶尔见面也是激烈的唇枪舌剑，气氛紧张，根本无法平心静气地讨论一些重大的理论和实际问题。[①] 此外，南斯拉夫各级哲学学会名存实亡，萨格勒布实践派编辑的《哲学研究》杂志属于全国性的学术期刊，但由于缺乏经费支持不能出版或不能如期出版。杂志的发行数量本就很小，但仍不免滞销，各大学图书馆也由于经费原因很少购置外文新书。哲学专业由于学生就业困难，招生数量逐年减少，进而导致南斯拉夫马克思主义哲学后继无人的后果。

1983 年 3 月末至 4 月初，在南斯拉夫旅游胜地杜布罗夫尼克的“国际大学中心”同时举办了两个讲座：一个是萨格勒布实践派的中坚人物彼得洛维奇主持的“马克思主义与存在主义哲学”讲座；另一个是贝尔格莱德实践派的重要代表人物哥鲁波维奇和美国哈佛大学的南斯拉夫问题研究专家理查德·伯恩斯坦主持的“哲学与社会科学”讲座，马尔科维奇也参加了该讲座。在举办上述两个讲座期间，主办者还组织召开了历时三天的“马克思逝世 100 周年纪念大会”，南斯拉夫实践派的主要代表人物几乎全都到场，这或许是他们自 1975 年以来的第一次聚会。会议也邀请了其他共和国的哲学家参加，但赴会者却寥寥无几。原联邦德国、法国、意大利、波兰和美国的一些哲学家出席了会议，其中包括布洛赫的遗孀和儿子等。1983 年 10 月 8 日至 10 日，借纪念马克思逝世 100 周年的契机，南斯拉夫实践派和辩证唯物主义派终于可以坐到一起，摒弃学派偏见，进而真诚地交流和探讨一些重大问题。他们共同参加了在佩特洛瓦茨举办的题为“马克思和社会主义问题”的学术讨论会，会议气氛是良好的，双方彼此平等相待，自由对话。这次会议讨论了三个议题，即马克思与当今世界、当今世界和社会主义的抉择、自治社会——南斯拉夫社会主义问题和前途。实践派的弗兰尼茨基、斯托扬诺维奇、哥鲁波维奇等人赴会。1988 年，马尔科维奇来到中国，出席一场关于未来问题的学术会议，这期间，他曾在北京和上海两地与我国哲学理论工作者座谈，他重点介绍了南斯拉夫马克思主义哲学的概况和当代西方马克思主义的

① 贾泽林：《南斯拉夫哲学考察纪要（上）》，《国外社会科学动态》1985 年第 3 期。

主要流派情况。可以说，马尔科维奇对马克思主义哲学在南斯拉夫的传播和发展，对加强中南两国马克思主义哲学理论界的学术交流与合作，做出了很大的贡献。

从理论上看，实践派大多数成员基本上没有改变他们早年的实践哲学立场，例如，弗兰尼茨基在1978年出版的《马克思主义史》第四版中对第二次世界大战后南斯拉夫马克思主义发展史、对1950年至1970年间南斯拉夫哲学界争论的看法，同1961年第一版中的观点相比几乎没有什么原则性的区别。从马尔科维奇、斯托扬诺维奇、哥鲁波维奇等人发表在《实践-国际》上的文章来看，他们也依然秉承着原来的学术观点。

总体看来，20世纪80年代以后，南斯拉夫新一代的哲学家逐渐崛起。他们当中的绝大部分人转向了语言哲学、科学哲学和思维科学的研究，只有极少部分人继承了“实践派”的人道主义传统。1985至1987年间，南斯拉夫哲学界围绕着贝尔格莱德地区分析哲学思潮的兴起还发生了一次较大规模的哲学争论。以日沃基奇和考拉奇为代表的实践派成员担心这一思潮会破坏南斯拉夫的人道主义传统，而马尔科维奇、斯托扬诺维奇等另一些实践派代表人物则反对政界对哲学研究的干预，主张学术研究的自由，并认为这是南斯拉夫哲学发展的正常状态。可以说，实践派内部的理论分歧也是实践派瓦解的原因之一。此后，实践派的活动大大减少，活动的范围、规模，特别是引人注目的程度与实践派的“黄金时代”已经不可同日而语。

2008年“颠覆节”①上，实践派、科尔丘拉夏令学园和《实践》杂志再次成为热门议题，今天应如何看待实践哲学的遗产也就成为巴尔干半岛上众多民族不能回避的问题。也是2008年，在彼得洛维奇的家乡卡尔洛瓦茨，人们在其故居的地基上修建了一座纪念馆，展馆的陈列甚至再现了他的童年。这是当代克罗地亚人给予彼得洛维奇的极高荣誉，它向人们展现的是：自由的公民将自由地参与公共生活，而不必担心被粗暴地制裁。彼得洛维奇是南斯拉夫时代最著名的和最有影响力的那几代哲学家的中坚人物，他使

① “颠覆节”(Subversive Festival)是克罗地亚一年一度的国际性系列活动，始于2008年，2011年结束，共举办了四届。每年五月在萨格勒布举行，历时两个星期。主要包括政治、文化、教育、文学和艺术活动，电影展播，各种主题的论坛，书展，等等。

得萨格勒布的哲学研究和科尔丘拉夏令学园在短短的十年间跻身世界哲学的行列。

2011 年 10 月 15 日,“关于实践哲学的遗产——纪念《实践》杂志和科尔丘拉夏令学园”学术研讨会在科尔丘拉市召开,由罗莎·卢森堡基金会组织,与会的 60 多位学者中包括哥鲁波维奇等 3 位当年的参与者,以及来自萨格勒布大学的哲学和社会学教授。

会上的争论异常激烈,观点主要分为两种:

一部分学者认为,在目前的情况下,《实践》杂志和科尔丘拉夏令学园的问题已完全过时,因为它是批判性的,而不是建构性的。一方面,它是对苏联社会主义模式或斯大林主义的批判,而这个秩序已经失败,目前并不存在;另一方面,事实已经表明,马克思主义的目标不可能实现,情况已经完全改变,如今的南斯拉夫生活在一个单一的模式,即所谓的新自由主义的资本主义观念或者资本的逻辑主导的世界中。因而,令人遗憾的是,在后南斯拉夫时代,科尔丘拉夏令学园与《实践》杂志并没有得到系统性和持续不断的研究传承,其根本原因是:它不适合当代南斯拉夫资本主义制度主导的新自由主义话语。

然而,另一部分与会者试图设计出新的方法来解放“人道主义的马克思主义”,并且在今天的背景下探求建构新的社会秩序的可能性。在今天的新背景下,《实践》与科尔丘拉夏令学园仍然能提供最重要的哲学方法。当代实践的本质仍然是相信或希望个人能够摆脱“不可避免”的命运,也就是说,人们能够自由地决定自己,或至少在某些方面。20 世纪下半叶的问题与当前并没有显著的不同,都是资本主义、社会和经济不平等、自由、等级制度和官僚主义等问题,这些问题均在实践哲学的框架内。

哥鲁波维奇是最“老”的与会者,她作为《实践》杂志“幸存”的作者却将这次会议看作一个机会,重新考虑世界,也需要寻找新的目标。她充满激情地说:

> 你们并不需要下载从前的任何东西,但必须考虑《实践》和“学园”带来了什么。其实就是一个关键的方法,我们为此写作了三四十年。我们呼唤一个人道的社会,或适合人的社会,它不会改变。然而,改变的是我们怎么促成这个事实,改变的是我们今天所能贡献的方式。当时,我们不得不对抗一

种教条的马克思主义，这是走向光明未来的起点。今天，我们必须首先争取马克思主义本身的重新解释，使它走向当代，以便替代资本主义的新自由主义。那么，对资本主义的批判还有谁比马克思还深刻呢？

所以，我们今天也许应该有不同的问题：我们是否需要对实践修修补补？或者通过"批判现存的一切"来制定实践？实践派的方案总是后者。在实践派以后，"实践哲学"的命运是什么？是解构和重构马克思主义，还是在马克思主义的意义上理解当代生活？实践派的方案还是后者。

虽然实践派的理论涉及领域极广，包括哲学、社会学、政治学、伦理学、美学、人类学、法学等，但总体来说，实践派的全部理论活动都围绕着两个基本方向：一是依据马克思的早期人道主义及其异化理论建构一种实践哲学；二是把这种实践哲学运用于对当代社会主义现实，特别是南斯拉夫的政治和经济结构的分析，并指出实现人类彻底解放的途径。可以说，这两个基本方向及其主要理论贡献都是在南斯拉夫实践派的黄金时代就已经奠定的。

第二章　实践哲学的理论来源

南斯拉夫实践派的实践哲学有着独特而广泛的理论来源，总体看来，马克思的哲学思想、西方马克思主义的主体性哲学，特别是法兰克福学派的社会批判理论对实践派的影响较大，这在我国以往的研究中多有论及。除此之外，现代西方哲学中存在主义、现象学和分析哲学也是实践派的建构性理论资源。简言之，马克思的哲学奠定了人道主义批判理论的视域，西方马克思主义提供了人道主义批判理论的模型，现代西方哲学拓展了人道主义批判理论的方法。读者亦可先行阅读本书的第五章，该章论述的是实践派的实践哲学与西方实践哲学传统的学术关系，其中，亚里士多德和康德的实践哲学同时作为实践派的思想来源，但第五章的侧重点是进一步阐明实践派的实践哲学的特质。

第一节　马克思的哲学思想

南斯拉夫实践派的实践哲学是在 20 世纪 50 年代出现的一种"激进"哲学。当时，斯大林对马克思主义所做的解释不仅过于简单和庸俗，而且这种解释统治了东欧社会主义国家的哲学舞台，因而实践派面临的理论任务就是批判斯大林主义，回到马克思的哲学思想，进而揭示出马克思哲学思想的实质。实践派的理论具有一个突出的特点，即建立在马克思前后期思想"一致性"或"连续性"的基础上，反观我国关于人的本质和异化问题的讨论，大多集中于马克思的早期著作中，特别是《关于费尔巴哈的提纲》之前，这显然是不够充分的。对于揭示马克思哲学思想的实质，以及发展和运用马克思主义而言，实践派对待马克思哲学思想的方式本身具有极为重要的借鉴价值。

一、批判斯大林主义

彼得洛维奇、马尔科维奇、斯托扬诺维奇、哥鲁波维奇等人都曾撰文从不同的角度批判斯大林主义的马克思主义。

彼得洛维奇指出：

> 在战后的年代，南斯拉夫的马克思主义哲学在一定意义上是“向后退”的，从在战后最初几年占主导地位的斯大林主义版本的马克思主义哲学后退到马克思、恩格斯和列宁的原著中所包含的本源形式。而这条从漫画向原型回归的道路事实上是一种“前进”，即从僵化的思想前进到活生生的思想。对斯大林主义哲学思想的批判并不意味着放弃哲学中的马克思主义，而是使其复活和重生。[①]

彼得洛维奇的判断得到了包括日本学者在内的国际学术界的高度认可，这同时又是对战后南斯拉夫马克思主义哲学研究走向的精致概括。当然，“回到”马克思的理论之路首先是从批判性地反思斯大林主义开始的，几乎所有的实践派成员都曾撰文批判斯大林主义，即批判斯大林对马克思的解释，以及由此而来的制度化的马克思主义，并且从马克思主义理论和社会主义社会的实践两个方面展开分析和论证。

一方面，从理论上看，斯大林主义的哲学观是一种典型的意识形态化和经院式的哲学，这主要在于它不具备从马克思和恩格斯那里所能得到的思想资源，更多地在于，斯大林主义作为一种政治现象的产物和结果无法把握到马克思主义哲学的“实质”和“精髓”。首先，它缺少马克思思想中固有的人本主义或人道主义的视野，以及从历史问题着眼的高度，而这些问题对马克思和恩格斯克服哲学唯心主义和到那时为止的唯物主义传统至关重要。其次，斯大林主义把特定的理论立场绝对化与教条化，这是一种非马克思主义立场，从而缺少开放和发展的哲学视野。更不必说斯大林

① ［南斯拉夫］加约·彼得洛维奇：《二十世纪中叶的马克思》，姜海波译，黑龙江大学出版社2015年版，第4页。

主义在马克思主义文献本身中严格限制任何不同见解、任何探索以及直接批判的和创造性的“对话”。最后，马克思的辩证法按其本性来说是批判的和开放的，因而也是革命的，而这一点正是斯大林主义以及所有迄今不发达的社会主义的或非共产主义的运动所缺乏的。限制马克思主义思想的多元发展是因为这些运动尚未达到把握这些进程的民主的、哲学的和科学的水平，它们的现实还不足以“提供”这一点。

另一方面，斯大林主义在实践上存在许多致命的弊端。首先，它被实践派称为“国家主义”或“集权政治”，斯大林主义集权政治中的暴力因素当时正威胁着要扭转成对其有利的官僚政治或技术官僚制。当然，这种“赤裸的、残暴而自大的力量”会一直以社会主义、真理和道德的载体而自居。实践派认为，当引用作为超级大国的苏联来证明社会主义的进步时，一个关于“社会主义”的非社会主义的本质标准正逐渐浮现出来。因此，苏联的统治阶级具有官僚制的全部特性，它对经济、政治、文化和道德的垄断是直接而完全的。于是，实践派与斯大林主义的首要冲突是对官僚制的一种强烈的批判态度。其次，斯大林主义把社会主义归结为纯粹的物质财富的增长，归结为非个人的、绵羊式的集体主义，而社会主义的现实也已证明，苏联式的集体主义抹杀了人的个性，人们之间的关系更是被歪曲为一种畸形的政治关系。再次，斯大林主义的执政党的模式也在国家主义的社会主义中扮演了重要角色。它以严格的和一元化的中央集中制、等级制原则为基础，按照自己的形象去塑造整个社会体制，实际上取消了社会主义民主。最后，制度化也导致把马克思主义视为一种无所不包的、封闭的世界观。

必须再一次强调的是，实践派的实践哲学是从批判性反思斯大林主义开始的。弗兰尼茨基在《马克思主义史》中分析了德国共产党在历史上曾经多次试图与外国模式保持一致，结果每次都造成了深重的分裂。在南斯拉夫，由于许多仿效苏联模式的计划失败，以及有些计划并未沿着设想的进程发展，南斯拉夫人对此必须要有所醒悟，因而不能沿袭斯大林主义的理论和实践模式，而要回到马克思。然而，对于南斯拉夫实践派来说，回到马克思的理论道路是艰难的。1961 年，当弗兰尼茨基出版《马克思主义史》一书时，世界上还没有一部有关任何一个国家或一定时期的马克思主义史著作可以用来作为进行比较的、全面的、综合的基础。可以说，批判斯大林主义是南斯拉夫实践派面临的前所未有的、全新的理论任务，并且其中包含着极大的政治风险。直到1965年底，苏佩克在一篇题为《再论斯大林的实证主义和创造性的马克思主义之间的选择》的文章中，才将批判性反思斯大林主义的哲学意义做了系统和全面的总结。此后，斯大林主义在南斯拉夫就成为一个"贬义词"。在此，可以用苏佩克的一段话对实践派批判斯大林主义的要点做一总结：

> 只要指出下述这一点就够了：斯大林主义，在政治方面意味着把"社会主义国家"与社会主义社会教条主义地对立起来；在经济方面把严格集中的、计划化的经济与集体生产对立起来；在社会方面把组织机构的意志与个人的、集体的首创精神对立起来；在文化方面把"英明领导"观念与自由创作观念对立起来。然而，这种教条主义的要害，还不仅仅是政权——权势之大是自埃及法老时代以来空前未有的——把政治、经济和思想权势集中在自己手里，而且把这种巨大的社会权势建筑在人类最深远、最崇高的理想之上，致使这种权势的行动在理论上和道义上得到保证，而当历史发展本身已经证明这种权势毫不巩固的时候，对它的清算总是事后才进行的。如果说我们可以证明：这种权势的形成是由于整体概念在特殊条件下的滥用，而且从辩证理论观点看来，它正是"偏离了"或者"修正了"马克思主义，那么，我们还有另一层意思，那就是，斯大林主义并不是"历史必然现象"，而是对一切革命都拥有的历史客观可能性的一种特殊形式的滥用。重点在于历史可能性，而不在于"客观必然性"，也就是在于历史创造者的具体主观责任①

这段话是针对斯大林主义的批判，指出斯大林主义的缺陷是为了回到马克思的哲学，但是南斯拉夫的社会主义自治也明显地带有斯大林主义的痕迹，就此而言，南斯拉夫实践派的实践哲学既可以说是批判斯大林主义的继续和深化，也可以说是对南斯拉夫

---

① 《南斯拉夫哲学论文集》，中国社会科学院哲学研究所《哲学译丛》编辑部编译，生活·读书·新知三联书店1979年版，第296～297页。

自治实验中所存在的矛盾和不足的深刻反思。

二、回到马克思的哲学

在回到马克思的理论道路上，除斯大林主义之外，实践派哲学家同时还面对的是"两个马克思"的争论。一方认为，青年马克思是马克思思想的"顶峰"，这时的马克思是一个哲学家，是一个披着风尘仆仆的外衣的道德哲学家，是一个典型的人道主义者；反对的一方认为，晚年马克思才是"成熟"的马克思，这时的马克思从抽象上升到具体，从而转变为一个科学的实证论者。直到阿尔都塞提出马克思的"认识论断裂"，对于马克思思想的实质和一致性问题，均未能在理论上得到圆满的解决。事实上，关于所谓青年马克思和老年马克思的争论，促进了马克思主义者和马克思学家们对他的著作的更为系统和深入的研究。由于这种研究，关于马克思思想发展中的根本的人道主义连续性的论断，现在已经被南斯拉夫实践派牢固地确立并得到详细的阐述。对此，彼得洛维奇的《马克思思想的连续性》①一文是最为出色的作品。彼得洛维奇还指出，"在带引号的'马克思主义'，即斯大林主义中，马克思主义连续性问题被具体化为这样的命题：成熟的马克思超越了青年马克思，一个严谨的科学家和经济学家取代了一位抽象的哲学家和空想家"②。

在实践派看来，南斯拉夫当时所面临的理论和现实，使人们必须从头重读马克思著作，必须解放思想，摆脱与苏联独创的所谓"教科书体系"保持一致的思维模式。在当时的南斯拉夫，许多希望维持现存秩序的人总是企图掩盖这一局限性。他们采取的手法是简单地把马克思的哲学宣布为"科学"，这种观点实际上不能够理解马克思的哲学思想与实际社会现实之间的矛盾。与此相反，实践派主张，为了发展马克思主义，承认马克思哲学思想的历史局限性与重建马克思哲学思想的活力是不可分的，承认这一点本身不包含批判和丢弃马克思思想中的正确内容。这样，人们对于马

① 详见[南斯拉夫]加约·彼得洛维奇：《二十世纪中叶的马克思》，姜海波译，黑龙江大学出版社 2015 年版。

② [南斯拉夫]加约·彼得洛维奇：《二十世纪中叶的马克思》，姜海波译，黑龙江大学出版社 2015 年版，第 28～29 页。

克思曾经写过的或者想过的一切就不会采取全盘接受或者全盘否定的态度,从而可以历史地看待马克思,这不等于用绝对论者标榜的真理来评价马克思,把他神化为一个全能的“先知”。其中的一个关键的问题是:马克思的学说究竟在什么方面是完整的,而在什么方面是不完整的呢?毋庸置疑,其对资本的分析是完整的,对确立主观意识的阐述却是不完整的。在这个意义上,《资本论》既没有必要重写,也没有必要被毫无意义地一切照搬。

但是,对于马克思的著作可以做出各种最不相同的解释,这是无可否认的事实,在哲学史上,对于每一位重要的思想家都是如此,而且它本身并不是坏事,这也是事实。同时,这完全不意味着马克思的观点不确定,以至于全部解释都能从它推演而来。这种解释不是从马克思,而是从那些被后人解释过的观点推演而来的观点。因此,在探讨马克思的哲学观点时,我们必须注意区分马克思解释过的观点和后人推演而来的观点。实践派认为,在马克思的理论领域中,这些观点不可能以一种纯粹的理论形式出现,或者在理论上是中立的,没有任何特殊利益的。所以,每个人在马克思那里都看到或想要看到他想看到的东西,因而根据自己的意思解释马克思。这种倾向被实践派称为“实用的”倾向。

与第二国际或苏联的马克思主义不同,实践派十分看重马克思的早期思想,几乎所有的实践派成员都精心研究过马克思的《黑格尔法哲学批判》《1844 年经济学哲学手稿》《神圣家族》《德意志意识形态》等著作,都对其中的异化和人道主义理论推崇备至,对其早期著作的评价极高。弗兰尼茨基在他的《马克思主义史》中是这样来评价《1844 年经济学哲学手稿》的,他说,“这部手稿说明了马克思思想的全部丰富深刻的内容,以及后来在《关于费尔巴哈的提纲》和《德意志意识形态》中最终精辟地表述出来的那些理论前提。这同时也使我们在后面没有必要特别阐释《关于费尔巴哈的提纲》,而只是把它作为马克思基本哲学思想的重要文件和完整表述而加以引用”①。在谈到《神圣家族》时,弗兰尼茨基写道,“书中有许多引人入胜的重要的段落,它们涉及到批判思辨方法、分析自

① [南斯拉夫]普雷德拉格·弗兰尼茨基:《马克思主义史》(第一卷),胡文建等译,黑龙江大学出版社 2015 年版,第 85 页。

我意识的思辨哲学和法国唯物主义等等，……不过书中最有意义的，正是那些说明唯物史观的形成已经完成的段落”①。从这些表述中可以看出，弗兰尼茨基对马克思早期手稿的评价和定位与苏联教科书存在着天壤之别，而他的看法在实践派中属于最基本的共识。

实践派“重读”马克思还导致了一系列被遗忘了的人道主义思想的重新发现，如人的创造性、潜能的财富和需要的实现，异化的各种形式，普遍的人类解放以及每个人的自由将成为所有人自由的条件，生产将与人的需要相结合并由自由生产者的联合体来管理的共产主义社会，等等。尽管肯定存在着一种回复到那种浅薄的、情感的和常识意义上的人道主义死胡同的危险，但这种危险却被避免了：这一方面是因为实践派哲学家们通晓伟大的古典德国传统，尤其是通晓黑格尔哲学；另一方面也是因为来自实践的社会生活领域的不断挑战和激励。换句话说，实践派的实践哲学十分依赖马克思的著作，特别是对马克思早期手稿的深入研究导致了一种深刻而彻底的人道主义哲学的重新发现。所谓“彻底”是较经典西方马克思主义的代表人物而言的，明显的标志是实践派共同表述了一种马克思主义的实践哲学。这种实践哲学长期以来被许多马克思主义哲学家当作黑格尔的痕迹，不是受到忽视，就是被抛弃了。显然，青年马克思面对他本人所处的时代，探讨过许多十分重要的理论问题，如实践、人的存在和本质的冲突、实际的需要和人的基本能力、异化、解放、劳动和生产以及其他一些问题，实践派认为这并不是马克思的“不成熟的”思想，更不是青年马克思的胡思乱想，这些早期的哲学思考构成了其全部成熟著作的理论基础，而且至今仍然是南斯拉夫当时乃至整个转变时期之活生生的、根本的问题。

不言而喻，实践派也深刻地看到，不应期望存在一个超越历史时代的马克思，马克思的经典著作并没有回答当时的许多问题：如何解释社会主义革命发生在东方落后的乡村社会，而没有在西方发达工业国家发生这一事实？在一场表面的革命之后，如果出现

① ［南斯拉夫］普雷德拉格·弗兰尼茨基：《马克思主义史》（第一卷），胡文建等译，黑龙江大学出版社 2015 年版，第 101 页。

一个官僚体制的社会,那么这场革命真的是一场革命吗?在不太发达的国家怎样建设社会主义?国家的消亡意味着什么?没有市场的现代经济是否可能?什么是马克思主义的逻辑学、伦理学和美学?是否存在着一种马克思主义的人类学?与人们谈论的异化相关的人的本质是什么?如果这种本质是普遍的,那么历史如何可能呢?如果它是特殊的,我们怎样才能摆脱相对主义?如果人是一种实践的存在,而且在全部活动中,实践又首先是劳动和生产,实践的观点怎样才能成为一种批判评价的标准?历史进程是受独立于人的意识和意志的规律制约的,还是人创造了他们自己的历史,这二者在什么意义上可以统一起来呢?总体性、发展、自我实现、否定、超越这些规范的辩证概念的价值论基础是什么?怎样理解物质范畴才能既不抛弃唯物论,又不陷入康德前期的绝对二元论呢?

对所有这些问题以及许多其他问题都必须深入地研究和探讨。提出并正确回答这些问题,一方面有助于开辟通往全部现存文化的道路,构建一种涵盖社会生活多领域的实践哲学,另一方面也有助于建立一个能够努力从事集体的创造性工作的知识共同体。然而,实践哲学的现实性还可以以一种完全“经验的”方式来证明,如果人们遵循马克思主义哲学而不是马克思的哲学的历史,便涉及一个经验的过程。首先,这个过程向我们表明了对马克思哲学思想的各种最不相同的解释及其特殊的实践运用,从恩格斯、列宁、普列汉诺夫到伯恩斯坦,以及当时社会主义国家中的制度和体制形式,各种解释既一般地运用于工人运动之中,又特殊地运用于社会主义的“建设”之中;其次,这些十分具体的运用向人们表明了各种明确的或原理式的马克思的哲学根本就不存在,甚至有人说,马克思根本就不是一个哲学家,而只是一个科学家,即经济学家和社会学家,他根本就没有创立自己的哲学,他对哲学不感兴趣,他轻视哲学,把哲学排除在他自己的体系之外,他时常讽刺和挖苦哲学家,主张“消灭哲学”,所以,在马克思的思想预设框架内和基础上的哲学根本不可能,等等;最后,人们还会得出极端的观点,即马克思的哲学也仅仅是书斋式的学问,作为一种解释和预测历史进程的思想体系,它已经僵死了。以上理解也是当时一种流行的对马克思的解释,它显然是理论哲学的路径而非实践哲学。

因此,达到对马克思的观点的“正确”解释只能是相对的,然而马克思的哲学是众所周知的,以上看法都必须面对马克思的哲学思想,或以某种方式面对。问题不在于马克思哲学思想是什么,而是马克思哲学的精神如何走向当代,这就是实践派共同信守的,对待马克思思想遗产的根本态度,他们按照马克思精神的指引去反思南斯拉夫的社会主义实践,其理论成果就是一种马克思主义的实践哲学。

三、马克思哲学思想的实质

弗洛姆在为马尔科维奇《从富裕到实践——哲学与社会批判》的英文版所撰写的前言中提到,“正如反对被右翼社会民主党人和斯大林主义者同样歪曲了的马克思一样,回到真实的马克思乃是南斯拉夫马克思主义哲学学派的目标”①。可以说,南斯拉夫 20 世纪 50 年代至 60 年代是重新解释马克思的哲学思想的时期,也是建立一种新的实践哲学的理论基础的时期。这种实践哲学是马克思主义传统中的新哲学,既同那种僵化、教条的“辩证唯物主义”模式截然不同,又与拉布里奥拉、葛兰西所发挥的实践哲学有所区别。同时,这种实践哲学还试图汲取马克思以后的哲学和文化中的最重要成果,包括卢卡奇、布洛赫、法兰克福学派的核心思想,本书随后将谈到。这里仅阐述实践派如何把握马克思哲学思想的实质。

在马克思的哲学思想具有“连续性”的基础上,实践派指出了两点:第一点是批判精神。

1843 年 9 月,马克思在给卢格的信中说:

> 如果我们的任务不是构想未来并使它适合于任何时候,我们便会更明确地知道,我们现在应该做些什么,我指的就是要对现存的一切进行无情的批判,所谓无情,就是说,这种批判既不怕自己所作的结论,也不怕同现有各种势力发生冲突。②

1873 年,马克思在《资本论》德文第二版跋中说:

> 辩证法,在其合理形态上,引起资产阶级及其空论主义

① [南斯拉夫]米哈伊洛·马尔科维奇:《从富裕到实践——哲学与社会批判》,曲跃厚译,黑龙江大学出版社 2012 年版,英文版前言,第 2 页。

② 《马克思恩格斯文集》(第十卷),人民出版社 2009 年版,第 7 页。

的代言人的恼怒和恐怖，因为辩证法在对现存事物的肯定的理解中同时包含对现存事物的否定的理解，即对现存事物的必然灭亡的理解；辩证法对每一种既成的形式都是从不断的运动中，因而也是从它的暂时性方面去理解；辩证法不崇拜任何东西，按其本质来说，它是批判的和革命的。[①]

这两段引文分别出自马克思早期著作和晚期著作中，其中，对“现存的一切”和“现存事物”都要进行批判，因而，实践派可以“有根据”地说，马克思哲学思想的本质特征之一就是“批判”。马尔科维奇也指出，“马克思的批判思想是最完整的，而且是历史上人的理性之最发达的表达”[②]。在实践派看来，实践哲学本身是一种激进的、批判的意识，而这种批判意识正是人类全部实践活动的“试金石”。这样一种实践哲学的最终指向就是社会政治批判。

实践派的实践哲学并非抽象的哲学，事实上，在20世纪的50年代末至60年代初，这种实践哲学已经演绎为一种具体的社会批判理论，然而这种批判理论或批判哲学绝非破坏性的，它避免了南斯拉夫官方意识形态中保守和非革命的方面，因而能够显示出深远的历史意义。这种具体的批判当然不能仅限于对资本主义社会的批判，在实践派看来，资本主义的许多异化形式在社会主义社会中仍然存在，如果仅仅用异化来批判外部的资本主义社会，则无异于用意识形态的和神秘主义的方式来说明社会主义的问题，这只能是社会主义建设进程中的否定性力量而非建构性的。实践派对南斯拉夫社会中存在的官僚体制对个体权利的侵占、民族主义对社会主义的腐蚀、阶级不平等现象的批判是毫不留情面的，对当时南斯拉夫的政治权力同样毫不畏惧，这导致了其与当局不可避免的冲突。实践派也由此被称为“持不同政见者”，这种境遇在某种意义上与当年马克思所处的境遇十分相似，实践派也是“在一种十分完整的意义上激烈地、常常是充满英雄气概地进行反抗”[③]。

---

① 《马克思恩格斯文集》（第五卷），人民出版社2009年版，第22页。

② ［南斯拉夫］米哈依洛·马尔科维奇：《当代的马克思——论人道主义共产主义》，曲跃厚译，黑龙江大学出版社2011年版，第5页。

③ ［南斯拉夫］米哈伊洛·马尔科维奇、加约·彼得洛维奇编：《实践——南斯拉夫哲学和社会科学方法论文集》，郑一明、曲跃厚译，黑龙江大学出版社2010年版，导论，第3页。

对于马克思哲学思想的实质，实践派指出的第二点是人道主义的视野。

马克思在《1844 年经济学哲学手稿》中说：

> 共产主义是对私有财产即人的自我异化的积极的扬弃，因而是通过人并且为了人而对人的本质的真正占有；因此，它是人向自身、也就是向社会的即合乎人性的人的复归，这种复归是完全的复归，是自觉实现并在以往发展的全部财富的范围内实现的复归。这种共产主义，作为完成了的自然主义，等于人道主义，而作为完成了的人道主义，等于自然主义，它是人和自然界之间、人和人之间的矛盾的真正解决，是存在和本质、对象化和自我确证、自由和必然、个体和类之间的斗争的真正解决。它是历史之谜的解答，而且知道自己就是这种解答。①

马克思在《资本论》中说：

> 在资本主义制度内部，一切提高社会劳动生产力的方法都是靠牺牲工人个人来实现的；一切发展生产的手段都转变为统治和剥削生产者的手段，都使工人畸形发展，成为局部的人，把工人贬低为机器的附属品，使工人受劳动的折磨，从而使劳动失去内容，并且随着科学作为独立的力量被并入劳动过程而使劳动过程的智力与工人相异化；这些手段使工人的劳动条件变得恶劣，使工人在劳动过程中屈服于最卑鄙的可恶的专制，把工人的生活时间转化为劳动时间，并且把工人的妻子儿女都抛到资本的札格纳特车轮下。②

在这两个实践派常常援引的段落中，马克思阐明了应“如何批判”，即应以人为出发点和归宿，展现人道主义的哲学视野。实践派在批判斯大林主义僵化和教条模式的“辩证唯物主义”之后，对马克思的著作，特别是在马克思早期和晚期著作一致性的基础上重新表述了一种深刻而又彻底的人道主义思想。从马克思在《1844 年经济学哲学手稿》到《资本论》第一卷的分析中可以看出，马克思后期逐渐克服了抽象的、思辨的人道主义理论，摆脱了黑格

① 《马克思恩格斯文集》（第一卷），人民出版社 2009 年版，第 185 ~ 186 页。

② 《马克思恩格斯文集》（第五卷），人民出版社 2009 年版，第 743 页。

尔和费尔巴哈哲学思想的羁绊,而一种基于实践的人道主义思想,当然也包括对异化现象的批判,仍然贯穿从《德意志意识形态》到《资本论》的全部创作中,因而异化、人的本质远不是青年马克思思想中的不成熟因素,相反,它是其形成后期成熟著作的理论基础,而且,"当今的社会主义所提供的解决异化劳动和政治异化这些根本问题的实际办法,离一种真正彻底的批判,离资本主义社会中异化的真正超越还相去甚远"①。无批判,抑或无原则的批判都是不可取的,就当时的实际状况而言,异化问题仍是南斯拉夫当时社会中现实的和根本的问题。

马克思的人道主义批判精神本身具有鲜明的历史性,正如弗兰尼茨基总结的那样,"历史实践的范畴是马克思对人和历史的哲学解释的根本范畴"②。由此而来,历史性的人道主义批判必须关注现实的人的实际生活过程,并且基于人们的生存方式与基本的社会关系展开,最后拓展为社会政治制度或体制层面的批判,因而实践哲学的任务就是,按照马克思的出发点去反抗已经在世界范围内确立的、不合理的和不人道的资本主义社会制度。每一种关于未来的设想都必须与现实保持批判性的距离,这对于人们实践活动中的选择具有决定性影响。实践派认为,马克思改造了黑格尔的形而上学的异化思想,并将其加以经济的和政治的解释,也就是说,异化的主体是人及其劳动,而不是带有神秘色彩的绝对精神。在资本主义制度下,人的劳动必然是片面的、贬值的、重复乏味的和机械无聊的苦役。而南斯拉夫的社会主义制度下同样存在着某种形式的异化,同样需要按照马克思的人道主义精神对其加以变革。正如克雷舍奇所说,"社会的实际生活推进到了一种新的非人的状态,其中,人对人的非人性成了法则。社会主义时代作为一种真正社会化的社会,正开始代替斯大林主义的专政和政治社会,并以一种人道主义的哲学和一种复兴的形式显示着自身。这是一场马克思的真正教诲和哲学-人道主义理论的革命实现的复

① [南斯拉夫]米哈依洛·马尔科维奇:《当代的马克思——论人道主义共产主义》,曲跃厚译,黑龙江大学出版社2011年版,第16页。

② [南斯拉夫]米哈伊洛·马尔科维奇、加约·彼得洛维奇编:《实践——南斯拉夫哲学和社会科学方法论文集》,郑一明、曲跃厚译,黑龙江大学出版社2010年版,第219页。

兴。这种人道主义和复兴不是一种纯粹的理论要求和一种理想，而是代表了一种已经发挥其作用的政治社会化和人与人之间关系的人道化的精神”①。南斯拉夫实践派的哲学家们在其理论生涯中也正是这样去做的。

第二节　西方马克思主义哲学

南斯拉夫实践派通过国际性的学术交流活动近距离接触了卢卡奇、布洛赫、霍克海默、马尔库塞、弗洛姆、列菲伏尔等早期西方马克思主义的代表人物，其中，卢卡奇虽然未能参加科尔丘拉夏令学园的讨论会，但他长期担任《实践》杂志的编委直到辞世，与杂志编辑部保持着通信联系，围绕在卢卡奇身边的赫勒、马尔库什等人均参与了实践派组织的各种学术活动，积极为《实践》杂志撰稿，从而间接地将卢卡奇的影响带到实践派中间。斯托扬诺维奇说，“即使在精神最贫乏的时代，马克思主义也产生了一些著名的哲学家：格奥尔格·卢卡奇、恩斯特·布洛赫、安东尼奥·葛兰西、卡尔·柯尔施、赫伯特·马尔库塞、马克斯·霍克海默、埃里希·弗洛姆以及其他许多哲学家”②，由此可见西方马克思主义者在实践派心目中的地位和分量。

经典西方马克思主义的核心主张是围绕着几个主题形成并展开的，限于篇幅，本书无法全面展开这些深刻且丰富的思想，而只能将卢卡奇在《历史和阶级意识》一书中对物化的分析，葛兰西的实践哲学或实践一元论、文化领导权和市民社会理论，马尔库塞的许多批判性见解特别是他在《单向度的人》《理性和革命》两部书中所提出的见解，以从霍克海默、阿多诺到哈贝马斯为代表的法兰克福学派的社会批判理论，以及布洛赫和列菲伏尔的研究“相提并论”。

① ［南斯拉夫］米哈伊洛·马尔科维奇、加约·彼得洛维奇编：《实践——南斯拉夫哲学和社会科学方法论文集》，郑一明、曲跃厚译，黑龙江大学出版社2010年版，第128页。

② Svetozar Stojanović: *Between Ideals and Reality: A Critique of Socialism and Its Future*. New York: Oxford University Press, 1973, p. 3.

一、异化理论的重新发现

经典西方马克思主义兴起于20世纪的20年代，不论是卢卡奇、柯尔施、葛兰西和布洛赫等人，还是后来的法兰克福学派、存在主义的马克思主义，以及弗洛伊德主义的马克思主义，都有一个共同的特点，即注重从实践的视角，对马克思主义做人道主义的阐释，并用这种人道主义标准来衡量资本主义社会，对其展开多方面的批判。自1932年马克思的《1844年经济学哲学手稿》首次全文发表以来，这种对马克思主义的人道主义阐释不可阻挡地发展起来，并在其与第二国际的争论中直接影响了南斯拉夫实践派。众所周知的是，在《1844年经济学哲学手稿》中，马克思阐述了他的异化理论，包括劳动异化和交往异化等不同的主题，而西方马克思主义者正是率先示范了马克思异化理论的批判效力，从而通过发挥青年马克思思想中的黑格尔因素重构了马克思的哲学。

第二国际以来的马克思主义者去除了黑格尔哲学的辩证法因素，将马克思主义演绎为严格的经济决定论体系，并将其上升为"科学"的体系。柯尔施在《马克思主义和哲学》一书中，正是通过马克思主义和哲学的关系将马克思主义的发展划分为三个阶段，从而论证了马克思主义是哲学。卢卡奇的《历史和阶级意识》一经出版就立即遭到苏联马克思主义者的攻击，这本身也表明了双方对哲学性质的不同理解。作为哲学的马克思主义和作为科学的马克思主义的区别是对辩证法和异化的不同理解，西方马克思主义正是将异化和辩证法相结合，从而通过发挥青年马克思思想中的黑格尔因素重构了马克思的哲学。当时的许多人并未真正意识到卢卡奇的《历史和阶级意识》一书的创造性突破，同时也未能洞察卢卡奇这部天才著作中的一些片面性和弱点，他们只是以"仲裁者"的身份俯视卢卡奇的物化理论，卢卡奇的批判者德波林、季诺维也夫等人完全忽略了这本著作中关于辩证法问题，尤其是关于异化和物化问题的历史辩证法的丰富的新内容、新见解和新的理论动力。另外，许多评论者认为，实践派关于自然辩证法的基本看法来自于卢卡奇，但是许多文献资料显示，实践派对卢卡奇的观点既有继承的一面，同时也有超越的一面。例如，马尔科维奇在《今天的辩证法》一文中指出，"卢卡奇关于这一问题的看法，既不十分清楚,也没有一以贯之地予以坚持”①,他的分析和论证足以表明来自卢卡奇的启示的限度。

显然,德波林等人由于受到斯大林主义的独断论立场和偏见的影响而没能意识到,马克思主义哲学同样只能通过各种新探索和新思潮而得以发展,在这个意义上,卢卡奇的著作勾画了一种十分重要的模型。今天,我们可断言,卢卡奇开启了后来通过法兰克福学派和其他思想家而变为比斯大林时代所制造的辩证唯物主义和历史唯物主义的经院式结合更能代表“真正的马克思”的一种哲学路线。对马克思的思想来说,最重要的和最根本的是:马克思的哲学必须按照人、实践和历史来重新定向。例如,布洛赫就试图用一个无所不包的辩证的和历史的唯物主义思想来克服这一片面性,他的思想是以“乌托邦”和“希望”及其他一些本体论内涵来加以丰富的,这也是布洛赫富有独创性的哲学贡献。他的《希望的原理》是对人和历史,而且也是对自然的独特的富有创建性的理解,因而它标志着其根据马克思的精神,同时也根据马克思著述中所没有的新内涵和哲学见解对自然和人的存在所进行的哲学反思。不必继续列举西方马克思主义者哲学观的全部丰富内涵,例如:葛兰西的市民社会、列菲伏尔的日常生活批判、萨特的辩证理性批判等等,这些理论观点对于南斯拉夫实践派而言都是全新的,它们提供了重新诠释和理解马克思的视角,这与斯大林主义的解释迥然不同。例如,马尔科维奇就直接借鉴了弗洛姆的看法,他说,“我们必须考虑到一个重要的社会心理因素:逃避自由,即人的整个集体的一种几乎是受虐狂式的趋动……以逃避其不可承受的孤独和不安感,找到一个他们可能认同的有权的人,从而可能对他放下自由和责任的负担”②。

概括而言,早期西方马克思主义者批判和超越了自然辩证法和反映论的哲学立场,回到了马克思早期的异化论。就马克思的异化论这一主题而言,它来自卢梭,异化又是黑格尔著作中的概

① [南斯拉夫]米哈伊洛·马尔科维奇、加约·彼得洛维奇编:《实践——南斯拉夫哲学和社会科学方法论文集》,郑一明、曲跃厚译,黑龙江大学出版社 2010 年版,第 8 页。

② [南斯拉夫]米哈伊洛·马尔科维奇:《从富裕到实践——哲学与社会批判》,曲跃厚译,黑龙江大学出版社 2012 年版,第 145 页。

念,实践派认为,在马克思的著作中,异化也处于中心地位。异化不仅涉及个人的意识,而且也影响到他的社会存在的各个方面,即异化的社会中被异化的人。但是马克思的早期文本未能发表,使异化理论长期被尘封,以致卢卡奇提出物化概念时,人们赞誉他天才般地发现了另一个不同于斯大林主义的马克思。

在西方马克思主义者中,卢卡奇最早通过“物化”概念间接地表述出马克思的异化理论。在《历史和阶级意识》中,卢卡奇提出资本主义社会存在着普遍的、总体性的异化现象,这种异化根源在于技术理性主导的资本主义社会分工。技术理性遵循的是效率原则,其目标是社会物质财富总和最大程度的增长,当技术理性与资本相结合时,便产生了分工严密的资本主义生产体系,这不仅导致工人以“物”的形式被投入到生产过程中,从而丧失了其在生产过程中的主体地位,无法形成对生产过程乃至社会的总体理解,进而沦为资本主义机器生产体系中的一个零件或一个环节,而且使工人丧失了同劳动产品整体之间的有机联系,阉割了工人的创造性劳动,使其变为碎片化的和机械的操作性简单劳动,其结果是资本主义机器生产体系既泯灭了工人的个性,也使人受“物”的支配,人的价值屈从于物的价值,从而颠倒了人和物的关系。卢卡奇的理论目的在于:一方面,恢复马克思哲学思想中的主体性因素,强调人在历史中的能动地位;另一方面,揭示工人阶级在当代资本主义社会中的生存境遇,展现马克思哲学思想中的人的维度。卢卡奇的观点被后来许多的西方马克思主义者所继承和发展,在此基础上他们批判资本主义制度和生产体系造成工人阶级的总体性异化。

异化理论一经运用,就直接产生了批判的效力,卢卡奇的物化理论、法兰克福学派的技术理性批判和大众文化批判、列菲伏尔的受控的官僚社会的批判等都基于异化论或人道主义立场。西方马克思主义者面对资本主义社会经济剥削和政治压迫的现实,进一步指出了它是一个全面束缚人的自由和创造性的社会结构,是限制人的全面发展、泯灭人的主体性的社会,从而揭示了西方资本主义社会的非正义和不平等的实质,进而寻求西方社会主义革命的道路。具体而言,从卢卡奇到阿尔都塞的西方马克思主义者都致力于分析西方资本主义国家中社会主义革命的可能性与现实路径。列菲伏尔在《日常生活批判》中更是明确提出了异化的最后形式是发展成名目繁多的偶像，成为意识的偶像化形式和社会模式，进而使对资本主义的批判深入到日常生活的层面。弗洛姆和马尔库塞也将对资本主义社会的批判性分析延伸到社会心理的层面，从而通过“真实需要”和“虚假需要”等揭示出消费领域中的异化现象。马尔科维奇曾谈到，“真正的需要是那些其满足导致了重新认识和发展人之基本能力的需要。虚假的、人为的需要则是那些与这些能力的发展完全无关的需要，因而这种需要直接或间接地阻碍和窒息了人的基本能力的发展”①，这种表述就展现了马尔库塞对实践派的影响。再以资本主义的文化现象为例，资本主义的文化工业所造就的大众文化消解了人们的否定意识，因为文化工业制造的文化产品是一种以追求利润为目的的特殊商品，它具有平面化、齐一化和娱乐化的特点，它虽然使人在娱乐和欣赏活动中得到快乐，但却又使人们逃避现实，“逃避自由”，进而忘却对现存社会秩序的反抗，陷入异化的状态中。

对异化的分析重新开启了马克思所提出的问题，这个问题对西方马克思主义和社会主义来说同样重要。通过异化论来检验第二国际的经济决定论可以发现其有失偏颇之处，即其认为社会主义国家的经济发展和效率能够自动解决人类社会的一切管理问题的论断是错误的，认为经济发展和效率可以把人类的全部能力变为现实也是错误的。这样，在早期西方马克思主义者的示范和带领下，实践派将马克思的异化论演绎为一种哲学方法，并依此建构了一种实践哲学，进而展开对南斯拉夫现实的激烈批判。

二、社会主义国家结构的批判性分析

社会主义的历史使命出现于19世纪，它在走向21世纪的过程中经历了许多挫折和磨难，因而，人们要付出相当大的精力去冷静地解释社会主义所取得的伟大成就，更要诚实地反思社会主义过去未完成的使命——甚至今天仍未完成的使命。可以说，社会主义理论在20世纪初尚未建立起来，除了1871年巴黎公社的短暂一

① [南斯拉夫]米哈伊洛·马尔科维奇、加约·彼得洛维奇编:《实践——南斯拉夫哲学和社会科学方法论文集》，郑一明、曲跃厚译，黑龙江大学出版社2010年版，第30页。

幕,实质性的社会主义的历史实践尚不存在,因而对社会主义具有深远意义的结论,还是十分深奥的。西方马克思主义立足于现代资本主义社会的国家结构,提出了关于革命的设想,即工人阶级夺取政权,并利用这一政权和国家以实行劳动的经济解放,通过建立自由生产者的联合体而实现经济和政治的合理化,当然,国家也将逐步从历史舞台上消失。

国家结构问题是西方马克思主义哲学思考的核心问题之一。西方马克思主义者之所以把国家问题作为理论研究的重要问题有其理论上的基本原因:首先是因为卢卡奇、葛兰西和列菲伏尔等人在研究和解释马克思的著作过程中,特别是在阅读了其早期的《黑格尔法哲学批判》和《论犹太人问题》这两本著作以后得出结论——马克思对国家基本上持批判态度,这种批判的立场一直持续到他后期创作的《哥达纲领批判》和《资本论》。列菲伏尔甚至把《哥达纲领批判》视为马克思的政治遗嘱。尽管马克思所希望的不是巴枯宁所要求的那种使国家立即消亡,但是,他强调国家最终也还是要消亡的。然而,马克思对国家进行批判的所谓国家理论,直到他最后的著作中也没有得以确定和完善,甚至还有某些矛盾。列菲伏尔的四卷本著作《论国家》无疑是他在制定现代马克思主义的国家理论方面所进行的最宏大的尝试。他指出,"在马克思和恩格斯的著作中,没有一种'马克思主义'的国家理论,有的是好几种稍有不同的理论草图"[①]。确切地说,是"三种草图,是三种有时相互混杂的轮廓:第一种是'集体资本家的'、即'总资本家的'国家,这种国家把占统治地位的阶级利益或部分阶级利益强加在其它阶级、特别是劳动者阶级的身上;第二种是处于各个阶级之上的国家,这种国家具有寄生性和掠夺性;第三种是关心整个社会、管理市民社会的国家,这种国家甚至给市民社会带来好处"[②]。这种分析就为南斯拉夫实践派分析社会主义的国家结构提供了基础和可能。

总体看来,西方马克思主义者针对国家结构的分析可以直接引申出对类似法西斯主义的极权主义国家的批判,这种极权主义

① [法]列菲弗尔:《论国家》,李青宜等译,重庆出版社 1988 年版,第 101 页。
② [法]列菲弗尔:《论国家》,李青宜等译,重庆出版社 1988 年版,第 140 页。

国家的基本特征就是国家保留利润的动机，从而掌控主要的经济命脉，成为全部社会生活的主导性力量，这种国家结构的本质在资本主义国家和社会主义国家都是同质的，结果是广大人民与权力无缘或被边缘化。可见，这种针对“国家”的哲学批判不仅指向资本主义的国家机器，社会主义的国家主义同样在西方马克思主义者的批判视域之内。由此可知，社会主义国家应体现出不同于资本主义国家的特质，即权力的下放，人民地位的提升，而不是政党或官僚的统治。为此，西方马克思主义者提出“总体性”的社会主义构想，即社会主义必须增加物质财富，进而消灭贫困，而且要改变生存的性质，弗洛姆提出要从“占有”转向“生存”，创造出人们的真实需要。最后，西方马克思主义者通过科尔丘拉夏令学园这一学术平台了解到，现代东欧社会主义社会在解决取消政治异化这个重大的历史问题方面并没有取得进展。社会主义是一种比最发达的资本主义体制更能产生出多元主义和民主的体制。然而，在实践中，因为社会主义一直服从并依赖于对权力的绝对国家垄断，所以它甚至还没有达到资产阶级社会的政治民主水平。

马尔库塞、列菲伏尔等西方马克思主义者都曾指出，苏联的社会主义，包括苏联模式的无产阶级运动都易于导致官僚主义，这种研究已经从资本主义延伸到社会主义国家结构的批判性分析，他们认为，能够抑制官僚主义因素的措施主要是：第一，工人自治的民主形式；第二，所有公民直接参与的民主；第三，权力分散。这种批判不仅针对资本主义国家，实际上，已经建立的并按照国家控制的条件加以完善的现存社会主义也存在一些政治异化的极端形式，其政治民主和自由并没有真正确立。这些看法积极地启发了实践派的哲学家们。因此，社会主义国家并没有对资产阶级民主国家产生更大的吸引力。只有在南斯拉夫施行的社会主义自治制度中才显示出超越资产阶级民主的最初迹象，但这还远远不够，只有到公民有能力去影响高层社会组织的决策时，自治才会产生很大影响，而这种理论上的批判纷纷指向社会主义的国家结构，社会主义国家结构的发展方向绝不是政党官僚的专政，而是社会的自治，是人民参与国家的管理。在此，实践派发现，在南斯拉夫社会主义建设的初期，国家曾被认为是进行社会改造的重要工具。但是，不久人们就发现，在社会主义建设的过程中产生弊端是可能的，因为强有力的集权国家的建立本身已经成为一个目的，随之而使无所不包的国家干涉更趋严重，并使政府具有接近于集权主义的广泛职能。南斯拉夫的实践证实，一个发达的直接民主制度对于一个政治制度来说是成功地使党放弃在权力结构中发号施令之地位的基础和条件，同时也是由劳动人民或公民直接做决定，从而成为权力结构中一支重要力量的基础和条件。

葛兰西曾指出，"在俄国，国家就是一切，市民社会还处于原始的混沌状态；在西方，在国家与市民社会之间有一定的联系，国家一有风吹草动，市民社会的坚固结构立即挺身而出。国家只是外围的壕沟，后面屹立着一个强大的碉堡工事网"[①]。因此，东西方的国家结构存在着本质上的差别。随着科学技术的发展，资本主义的产业结构、阶级结构和社会结构，直至国家结构都发生了巨大的变化，资本主义社会中产生了大量的物质财富，使贫困状况得到了一定程度的改善，但是资本无限追逐利润的本性没有改变，从而极大地限制了资本主义本身的可持续发展。为了维护资本主义的社会制度，意识形态国家机器应运而生，葛兰西和阿尔都塞都曾对此进行激烈的批判。国家消亡的实质是向社会自治的进化，如果国家权力不归于人民，而是使其自身永恒化，那么国家就将脱离和背叛人民。从某种意义上说，实践派正是在社会主义制度框架中沿袭并拓展了西方马克思主义的国家理论。

三、作为工人运动的革命理论

一般说来，从卢卡奇到阿尔都塞的西方马克思主义者具有极强的时代感和问题意识，他们试图解决和回答的问题是：为什么在西欧社会主义革命会失败，而在俄国能够成功？那么，发达资本主义国家中如何进行社会主义革命，这种革命的希望在哪里？这也是西方马克思主义理论建构的最初动因之一。西方马克思主义从肇始到整个发展过程始终围绕着如何开展西方社会主义革命的问题。在西方马克思主义者看来，西欧革命失败的根本原因在于：西方的社会结构和资产阶级的统治方式完全不同于俄国，如果西方国家按照俄国革命的方式进行革命，则注定不会成功。

① 《葛兰西文选》(1916—1935)，人民出版社1992年版，第420页。

因为西方社会的市民社会较为发达，建立在个体独立性基础上的市民社会是一个相对发达的资本主义经济体系，尤其是经历了文艺复兴和启蒙运动以后，这种市民社会已经形成经济、政治和文化模式同构的社会形态。而在俄国却不存在国家和市民社会的分化，不仅俄国的资本主义程度发展较低，俄国还存在广泛的土地集体所有制，即农村公社，文化上也是以分化的小农为基本特征，带有很浓厚的封建色彩。因此，俄国的政治统治就是国家暴力机构，只要通过一场深入和广泛的暴力革命，一举打碎旧有的国家暴力机关，革命也就取得了成功。而西方发达资本主义国家的统治恰恰是“总体性的”或是全方位的，它与马克思所处的时代已经有所不同。与总体性的统治相对应，现代资产阶级的统治方式也发生了深刻的变化，已经从以政治国家机器的暴力统治为主转为文化意识形态统治，资产阶级的统治机构利用其所掌握的国家意识形态机器和大众媒体大力宣扬资产阶级的文化价值观，甚至在“自由”“平等”的旗帜下将其表述为人类的普世价值，以此削弱工人阶级的政治意识，使广大工人阶级不断接受并认同资产阶级的文化统治秩序，西方社会也由此产生了所谓的“阶级意识的危机”。例如，科学技术、消费主义文化在当代西方社会具有强大的意识形态功能，这种资产阶级的意识形态是通过控制人们的内心世界，而非利用暴力控制人的肉体得以实现的。因此，在西方社会中，思想文化或文化意识形态领域的斗争较针对国家政权的革命更加重要。这样，西方革命成败的关键在于：工人阶级的总体性的阶级意识的生成。

西方马克思主义哲学的“批判性”理论传统与马克思的哲学思想具有直接的亲缘关系，与西方其他的批判理论不同。一方面，西方马克思主义者在分析西方革命面临的实际问题时，始终坚持马克思的“实践”观点，卢卡奇和法兰克福学派都强调马克思的哲学在本质上是一种实践哲学，葛兰西甚至认为马克思和恩格斯是实践哲学的“创始人”，于是，重新理解和阐释马克思哲学思想的实质和内涵就成为西方马克思主义者面对的重大理论任务；另一方面，西方马克思主义者从未将马克思的哲学理解为僵化的、抽象的教条，因而理论探索和哲学表述绝不能停留在抽象的价值批判层面，而是从中提炼和总结出马克思的方法，将其运用于已经变化了的资本主义的社会现实,重新回答西方国家社会主义革命的可能性这一艰巨的历史难题。相反,第二国际和苏联的马克思主义哲学是一种过于“唯物”和“机械”的哲学,它立足于近代理性主义哲学思维方式来理解和阐释马克思哲学,其必然结果是形成一种“实证主义”或“科学主义”的马克思主义哲学的解释模式,并在一定程度上蜕化为经济决定论,或“革命的代数学”。严格说来,这样的解释脱离了人的“实践”来谈论历史规律,进而混淆了历史规律和自然规律的原则性区别,因为历史规律与具有严格必然性的自然规律完全不同,亚里士多德、康德和现代的伽达默尔都曾指出过这一点,本书的第五章对此还将重点论述。历史规律更像是一种统计规律,人在历史发展过程中具有主体地位,人的有意识的、理性的、非理性的选择都是历史的基本构成要素,如果无视人的主体性,忽视意识形态斗争和工人的主观精神对于西方革命的重要性,则必将弱化马克思哲学思想中的批判和反思的维度,进而客观上造成工人阶级意识的危机。换句话说,这样的阐释既无法说明马克思哲学变革的实质,也无法彰显马克思哲学思想中蕴含的人道主义维度和批判精神,更无法使工人阶级摆脱并超越资产阶级的意识形态视域和文化价值观的束缚,也就根本无法有效地指导西方国家的社会主义革命。于是,西方马克思主义者注重从哲学思维方式、哲学研究的对象、哲学的功能和使命等基本方面来表述马克思的哲学思想。在他们看来,实践哲学的思维方式是对近代理性主义哲学思维方式的彻底超越,将哲学的研究对象转换为“人类的社会历史”以及人类实践活动中的人和自然的关系,通过准确地揭示现实的人的生活境况,探寻人的自由和解放的道路。他们认为,马克思哲学和自然科学主要研究物质的物理、化学和机械属性不同,是以“人及其实践”为基础的哲学,因此,马克思哲学是关于人和社会、人和自然关系的系统性理论。这些看法都极大地启示了南斯拉夫实践派,实践派也得以在这种哲学的框架中去思考社会主义革命取得胜利以后,如何在社会主义体制中开辟人类的自由和解放之路。在这个意义上,弗兰尼茨基说,“当我们谈论社会主义革命时,意味的是什么?当然,不只是革命力量夺取政权,同样,也不仅仅指消灭生产资料的私有制,尽管所有这些都是更深刻的革命过程的条件。社会主义革命本质上意味着把人,劳动的人,置于历史事件的中心，而不再强加给他任何力量和统治；在经过这些在迄今为止的历史阶段中不可避免和无法克服的异化力量（国家、政党、教会，等等）的长期统治之后，人最终成为自己的历史、自己的生活、自己的发展、自己的思想以及具有创造愿望的和享乐的主人”①。

葛兰西曾认为哲学可分为两类：从另一种哲学中产生出来的哲学和从生活中产生出来的哲学，他始终坚持一种面向实际生活过程的哲学。那么，无产阶级的革命意识并非机械式地与社会经济发展平行或同步，因而要重新估价马克思主义关于经济结构与文化过程之间关系的基本看法。西方马克思主义者一致认为，要将马克思主义的焦点放在微观的社会体系的运行方面，放在日常生活的社会规范体系上，使日常生活成为社会变革的中心环节，也只有从根本上改变人们的日常生活状态，社会主义革命的意义才能实现，也只有通过“日常生活”批判才能弥合阶级解放和个人解放之间的断裂。具体说来，可以将马克思主义的经济批判意识、马克思对社会和历史进程中宏观动力的理解，同日常生活中的制约因素、个体个性发展的心理动力融合起来，重建社会主义与个人自由的同一性。葛兰西主张，有机知识分子辅佐现代君主，在意识形态领域开展阵地战，从而掌握意识形态领导权。

西方马克思主义认为，无产阶级已经被融入发达资本主义社会。在马尔库塞看来，发达工业社会已经取得了长足的技术进步，就生产而言，它创造了劳动的机械化形式和自动化形式，就消费而言，它创造了丰裕的生活方式，这在很大程度上改变了工人阶级的意识和态度，使工人阶级融入现代资本主义的生产体系中，因而无产阶级不再成为历史变革的动因，于是，马克思主义从资本主义向社会主义过渡的经典学说就失去了解释效力。哈贝马斯质疑的是：经典的马克思主义是否能够对当代资本主义进行根本性的批判？他的回复当然是“不能”。这是由于：“第一位的生产力——国家掌管着的科技进步本身——已经成了〔统治的〕合法性的基础”，“科学技术的进步变成了一种独立的剩余价值来源”，“马克思本人

① ［南斯拉夫］P. 弗兰尼茨基：《社会主义革命意味着什么?》，衣俊卿译，《国外社会科学》1988 年第 1 期，第 12 ~ 13 页。

在考察中所得出的剩余价值来源,即直接的生产者的劳动力,就愈来愈不重要了"。[①] 这样,生产力的发展取决于科技进步,而非生产关系的改变,晚期资本主义社会的生产关系不仅是"合理的",而且是"技术上必要的组织形式"。现代资本主义国家正是用经济调节和政治操纵的技术统治形式取代了马克思主义意义上的阶级统治。于是,在晚期资本主义社会中,国家管理经济,保持充分的竞争和就业之间的平衡、货币稳定和有效的财政转移支付,这就从根本上消解了革命的趋向。如果生产力不再是变革社会的决定性力量,就必须寻求其他的动力形式,哈贝马斯把包括语言、手势、造型等的"交往"凌驾于生产之上,并断言交往对生产处于优先地位。于是,历史成了语言、道德或道德规范的发展史,规范结构的发展成了社会进步的起搏器——因为只有它使实现有效的生产力或创造一种新的生产力成为可能。这样,哈贝马斯在经济和政治之外,确立了生活世界的基础性地位,从生活世界出发,重新唤醒发展和进步的革命性力量。总之,发达的资本主义平息了阶级冲突,创造了跨越社会阶级界限的合作或交往形式,使阶级矛盾隐而不显,革命也就无从谈起。这使得实践派必须重新思考社会主义革命的新形式,"真正的问题不是社会主义革命是否是必然的,而是它在历史上是否是可能的,在什么条件下它是可能的,以及为了实现这种可能性应该做些什么"[②]。这些针对资本主义社会所做的分析同样适用于南斯拉夫的社会主义现实,由此又展现了马克思哲学思想的开放性与当代性,革命也可以被看作是马克思哲学思想中的永恒主题。弗兰尼茨基说:"马克思的思想不只是哲学,它作为对资产阶级社会的综合批判和革命的思想是与当代的社会和革命运动深刻地交织在一起的。"[③]

总之,对于实践派而言,西方马克思主义者揭示了资本主义制度与人的自由全面发展之间的矛盾和背离,阐明了变革资本主义

① [德]哈贝马斯:《作为"意识形态"的技术与科学》,李黎、郭官义译,学林出版社1999年版,第69、62页。

② [南斯拉夫]米哈伊洛·马尔科维奇:《从富裕到实践——哲学与社会批判》,曲跃厚译,黑龙江大学出版社2012年版,第183页。

③ [南斯拉夫]P.弗兰尼茨基:《马克思主义多元化意味着什么?》,《国外社会科学动态》1988年第11、12期。

制度的必要性，而且将西方社会主义革命的策略重点放在培育工人阶级的阶级意识方面。同时，他们注重从哲学方面重构马克思主义，注重恢复马克思哲学思想的批判功能，维护马克思哲学的人道主义立场，他们注重建立马克思的哲学和现实生活的内在联系，注重分析西方社会发展进程中出现的新现象和新问题，包括社会结构的变迁、科学技术的双刃剑作用、文化和消费问题以及生态问题等，为南斯拉夫实践派重新理解马克思的哲学、思考资本主义和社会主义的命运等重大理论问题提供了更为广阔的理论视野。

第三节　现代西方哲学

南斯拉夫实践派之所以能够建构一种独特的实践哲学，不仅是因为他们关注南斯拉夫的社会主义建设的现实进程，从而通过批判斯大林主义，开拓了一条“回到”马克思的学术路径，也不仅是因为他们批判性地继承了西方马克思主义的观点，还因为他们有着特殊的学术背景资源，即现代西方哲学。

实践派的哲学家们大多有国外留学、访学和讲学的经历，从而可以近距离地接触西方哲学界的思想家。以彼得洛维奇为例，他很积极地参与西方哲学界的学术活动。1956—1957 年，他在伦敦求学，与阿尔弗雷德·艾耶尔教授合作完成了博士后研究，题目是《一致性与布伦塔诺的真理论》，而布伦塔诺正是现象学的先驱。在英国期间，他还结识了罗素并与其保持了紧密的联系，罗素逝世时，彼得洛维奇发表了纪念文章，罗素正是现代分析哲学的代表人物。1961—1962 年，彼得洛维奇获得“福特基金会”的研究资助，先后在哥伦比亚大学、哈佛大学、加州大学伯克利分校进修。1970—1975 年，他获得“洪堡基金会”资助，先后在科隆、弗赖堡、慕尼黑等地访学，直接接触了当时德国一流的哲学家，并同西方著名哲学家海德格尔有过交往和学术交流。1975 年以后，他担任德国锡根大学、挪威卑尔根大学以及美国韦利斯大学、密歇根大学、哥伦比亚的密苏里大学的客座教授。可以说，彼得洛维奇的学术经历反映了现象学、分析哲学和存在主义对实践派的影响。[①]

一、胡塞尔的现象学

现象学在20世纪初兴起于德国，20年代和30年代在德国达到繁盛时期，获得了支配性地位。现象学是与胡塞尔的名字联系在一起的，他彻底改变了欧洲大陆的哲学，是现象学"运动"的中心人物和最为彻底的代表，其他哲学流派都企图顺应现象学方法，并且用现象学方法表达。这一哲学流派也影响到实践派，甚至哈贝马斯将实践派归入"马克思主义的现象学"流派中。[②] 施皮格伯格在《现象学运动》中专门谈到了实践派，他写道：

> 在南斯拉夫，即使在某些马克思主义者中间，也可以感觉到对于现象学的兴趣，特别是那些以所谓实践派小组为代表的马克思主义者，该小组的活动范围非同寻常地伸展到西方，并拥有同时用英文出版的杂志。它以其极大的坚持性存在下来不是没有困难的。它的领导人有：彼特洛维奇（Gayo Petrovic），苏佩克（Rudi Supek），费利波维奇（Vladimir Filipovic）。其成员帕扎宁（Ante Pazanin）致力于按照马克思主义观点发展胡塞尔的现象学。彼特洛维奇企图推动人道的马克思主义和海德格尔思想之间的对话。杜布罗夫尼克是关于现象学与马克思主义的几次国际交流的城市，交流的论文由B. 瓦尔登费尔斯，J. 布鲁克曼和A. 帕扎宁编辑用德文分四卷出版（苏尔卡姆普1977—1979），书名是《现象学与马克思主义》（Phänomenologie und Marxismus）。各卷分别讨论概念与方法，实践哲学，哲学语言和科学理论。[③]

---

① 此外，马尔科维奇在科学哲学和逻辑哲学方面研究和写作达十年之久，其中有两年在艾耶尔教授的指导下进行研究工作，1956年他在英国伦敦大学又获另一哲学博士学位。弗兰尼茨基、彼得洛维奇、斯托扬诺维奇、马尔科维奇都曾任巴黎国际哲学研究院院士及美国和欧洲许多大学的客座教授。哥鲁波维奇曾在英国、挪威和瑞典等许多国家讲学。格尔里奇是科隆大学的客座教授，在德国和瑞士的许多学校开办过讲座。久里奇是维也纳大学的客座教授，凡此种种，不胜枚举。

② 参见［德］哈贝马斯：《理论与实践》，郭官义、李黎译，社会科学文献出版社2004年版，第302页。另见哈贝马斯：《认识与兴趣》，郭官义、李黎译，学林出版社1999年版，第24页。

③ ［美］赫伯特·施皮格伯格：《现象学运动》，王炳文、张金言译，商务印书馆1995年版，第904页。

既然现象学研究中都提到彼得洛维奇、苏佩克等实践派哲学家,并给出了“现象学+马克思主义”的“公式”,我们便不能忽略现象学与实践派的实践哲学之间的渊源关系。本书不打算给现象学下定义,因为现象学避免逻辑意义上或精确的定义,现象学的定义应该建立在对于我们的定义所要包含的现象的诸本质关系的直观把握之上,亦即胡塞尔提出的“本质直观”。

胡塞尔是现象学的奠基性人物,他是以数学家和物理学家的身份登上哲学舞台的,他对数学基础的怀疑指引出一条阐明“科学危机”的道路。他批判了对科学的天真信仰,反对将科学视为能医治当代百病和解决当代各种问题的万应灵药,而当时许多科学家也已不再坚持这种信仰,因为科学的惊人发现造成了与日俱增的混乱和诸多难解的伦理问题。虽然许多现代哲学流派都发现了“科学危机”,但是胡塞尔的现象学对科学的批判包含两个独特的且相互关联的要点:一是科学已经蜕变为实证科学,这是一种对事实的非哲学研究,这必将导致科学丧失对于人的整个生活的意义,特别是丧失其对于人的生活目的的意义;二是就科学本身而言,科学没有能力妥善处理绝对真理和有效性这样一些问题。胡塞尔所关心的不是科学在技术上的实际“效用”,那是显而易见的,他所关心的是科学使生活本身变得更有意义的可能性。1936年,胡塞尔在《欧洲科学危机和超验现象学》一书中提出了一个著名的看法:没有任何前提的科学是不可能的,科学的最初前提就在产生科学认识之前的或称科学之外的人与对象的原始关系中,即人的“生活世界”中。生活世界将会是特别明显的线索,用以研究行动中的意向性,胡塞尔断言“欧洲科学的危机”是由于忽视了科学所开始的生活世界。那么,为了发现生活世界及其结构,就必须悬搁科学,转而进行某种不可缺少的、特殊和初步的“还原”,这种还原会把我们从生活世界的结构带回到隐蔽的意向性功能,我们才能够去追寻生活世界所特有的特征和以它们为基础的其他客观性的构成。当然,胡塞尔本人对于生活世界的探讨只提供了初步的提示,即生活世界是“定向”的世界,它的“中心”是由人称代词标志的体验着的“自我”。生活世界作为唯一实在的,通过知觉实际地被给予的、被经验到并能被经验到的世界,是与人必然相关的具有意义的领域,胡塞尔一再强调运用哲学思想来分析社会、政治和伦理问题。

可以说，胡塞尔在晚期提出的“生活世界”概念足以改变西方哲学传统的方向，即西方哲学的现代“实践”转向。胡塞尔追求科学上高度严密的逻辑又导致了他对哲学“彻底性”的追求，在胡塞尔看来，与严格的科学相比，哲学的突出特征就是彻底性，这里的彻底性并非狂热的破坏性，而是寻求知识的最终根源，也就是到“事物本身”中，到通常意义上的现象中去找寻，因为人类的全部概念都以此为根据，这就是胡塞尔的“对象转向”。进而言之，胡塞尔试图通过他的现象学得到一种“无前提”的哲学，这里不是指取消全部前提，而是取消现象学意义上未被澄清、未被证实以及无法澄清、不能证实的前提。胡塞尔以原初的意识体验为出发点，通过内在反思将这些意识体验作为认识对象来把握，并通过本质直观获得其本质要素以及它们之间的本质结构。胡塞尔认为，对科学和哲学的责任并不只是个人的事，不利的科学和哲学研究的社会条件最后将变成灾难性的，因而胡塞尔越来越强调这种研究对于人类社会和文化的责任，而哲学家就是人类的“公仆”，他们通过检验文明的基础而重建人性，哲学的这种使命就是“复兴”道德。

现象学对科学的反思对于实践派的启示和影响是不可低估的，这种主张在实践派的著述中，尤其是在马尔科维奇的著述中十分明显。马尔科维奇指出，当代哲学不能按照古典哲学家的逻辑去思考理性、正义等问题，因为这样无法满足当代哲学的确证标准，“作为不合逻辑的臆测，缺乏足够的经验支持，它们既不能被证实也不能被证伪。作为一些尚未给定的事物，它们无法成为现象学描述的主题。作为对理想的可能性的自由探索，它们不能够被从现有的‘科学规律’中得出”[①]。按照实践派的看法，在任何的具体问题上，科学都不能帮助我们识破生活的奥秘，胡塞尔就是要通过现象学来弥合近代以来的自然科学与人文科学的分裂，把生活世界建筑在人类理性的反思基础上，从人们直接经验的“生活世界”出发，重新为人类生活提供意义、价值和真理。所以，实证科学的理性只是一个残缺不全的概念，它是完整理性的一部分和特殊形式，完整的理性既体现于认识论，也体现于价值论，亦是关于伦

---

① ［美］格尔森·舍尔编：《马克思主义的人道主义与实践》，姜海波等译，黑龙江大学出版社 2015 年版，第 23 ~ 24 页。

理行为的学说。此外,胡塞尔的语义学、共相(本质)学说、意识的意向性理论、现象学的直观、本质还原和超验现象学等都直接或间接地影响了实践派的哲学家们。

保罗·利科将康德的实践哲学与先验转向之后的胡塞尔的意识学说相联系。在《康德与胡塞尔》一文中,利科将胡塞尔现象学坚定不移地推向康德的实践哲学①,这一理论路径与南斯拉夫实践派还是存在较大差异的。与强调实践的"道德"内涵不同,实践派更强调人类认识和活动的历史性及其创造性,因为这种认识和活动既不是一种先天、有效和理想的现象学发现,也不是一种毫无根据的乌托邦创造。历史本身是对理想潜能的超越,是对人的环境不断的实践改造,同时也是人之不断的创造和自我创造。这种创造性的批判与现象学中的"本质直观"之间还存在很大的差距。借助胡塞尔的现象学成果,实践派将真理、价值和意义等问题有机地引入实践哲学的结构中,同时避免了"对于永恒本质的严谨描述"②。

二、海德格尔的存在主义

很多思想家放弃或回避现象学这个名称,海德格尔就是其中之一。海德格尔在思想发展的早期阶段是拥护现象学的,随着转向"本体论"或"存在思想",他几乎放弃了现象学,并且在《存在与时间》以后发表的著作中,海德格尔几乎只字不谈现象学。由此可见,海德格尔的存在主义与现象学是不同的哲学范式。海德格尔的存在主义对实践派的影响是十分明显的。理解他最难克服的障碍是语言,也就是说,如果不具备超乎寻常的德文水平,几乎无法透彻地领会海德格尔语言中所容纳的充分含义。这对实践派大多数哲学家来说并不困难,因为他们可以毫无障碍地阅读德文文本,他们基本熟悉海德格尔惯用的陈旧"词根",再通过多年的研究,甚至与海德格尔本人交流,实践派从海德格尔的思想中得到了诸多教益,对此,从实践派对海德格尔著作的引用中可见一斑。其中,

① [法]利科:《论现象学流派》,蒋海燕译,南京大学出版社 2010 年版,第 231 ~ 232 页。

② [美]格尔森·舍尔编:《马克思主义的人道主义与实践》,姜海波等译,黑龙江大学出版社 2015 年版,第 23 页。

彼得洛维奇、坎格尔加和格尔里奇受到了海德格尔极大的影响。

虽然海德格尔"没有"谈过实践哲学，他也没有写过伦理学或政治哲学的著作，但他的学生伽达默尔、阿伦特、列奥·施特劳斯恰恰是在海德格尔的影响下走上了他们各自的实践哲学道路，实践派也是在这个意义上受到海德格尔存在主义的影响。海德格尔存在主义思想中有三个基本的主题，即存在、真理和时间，本书在此仅论述关于"存在"的主题。海德格尔在《存在与时间》的开篇即指出：

> "当你们用到'是'或'存在'这样的词，显然你们早就很熟悉这些词的意思，不过，虽然我们也曾以为自己是懂得的，现在却感到困惑不安。"我们用"是"或"存在着"意指什么？我们今天对这个问题有了答案吗？没有。所以现在要重新提出存在的意义的问题。然而我们今天竟还因为不懂得"存在"这个词就困惑不安吗？不。所以现在首先要唤醒对这个问题本身的意义的重新领悟。具体而微地把"存在"问题梳理清楚，这就是本书的意图。①

海德格尔所关心的问题是存在与存在者之间的区别，他认为形而上学的任务注定是探讨存在者，而不是探讨存在本身这个更为根本的主题。从这段引文中可知，海德格尔自称在寻找的还不是存在本身，而是存在的意义，只有人的存在可以有或者没有意义。存在只有在其涉及人的存在或者深入到对人的存在的理解时才有意义。所以，涉及存在意义的问题就范围来讲是比较有限的，因为它只与"人"有关系。发表了《存在与时间》之后，特别是从1947年发表的《关于人道主义的书信》到1961年发表的《路标》，海德格尔始终关注人的存在，即"此在"问题，实践派哲学家们的求学经历与海德格尔的思想发展几乎同步，因此实践派追踪了当时的哲学前沿，并能够理解海德格尔在理论上的得失关键。

海德格尔的存在主义直接影响到实践派，并深深地植入到实践派的理论建构之中。这里仅举一例，彼得洛维奇深受海德格尔的影响，其主要建树体现在他关于实践哲学和"革命思想"的表述

---

① ［德］海德格尔：《存在与时间》（修订译本），陈嘉映、王庆节译，生活·读书·新知三联书店1999年版，第1页。

方面。在彼得洛维奇看来,实践哲学和革命思想在本质上是一致的,革命思想更能说明马克思思想的实质。在后期,彼得洛维奇得出的结论是:实现人与社会的革命性变革,使人成为一个真正的人,使社会成为一个完美的和真实的人类社会,只能通过革命的元哲学思想来实现。因为人是具有创造力的生物,人会对他的存在状态进行革命,或者说,革命是人的品质的重要组成部分,带有人的存在的性质。人使自身成为人的过程也就是革命的过程,以革命的方式走向未来的过程。从理论上看,革命概念是由彼得洛维奇发展了海德格尔的存在概念而得来的。在他的著述中,革命的三种思想、存在和人道主义是紧密联系在一起的。对该问题的海德格尔式的理解被转换成彼得洛维奇式的马克思主义哲学中的一种革命性的方式。彼得洛维奇的批判基于否定社会主义革命是普遍的和最终的之看法。革命思想还适用于日常生活的革命,它也可以被看作是一个重要的连续变化,包括社会、文化、宗教、经济和其他领域,因而彼得洛维奇的“革命”概念是海德格尔式的,并且是存在概念的一种变化的表述方式。

实践派的实践哲学中关于人、存在、实践等问题的观点都曾借鉴海德格尔的思想资源。海德格尔反对把人与事物的关系首先理解为认识关系,主张彻底超越实践与理论何者优先的传统逻辑,重新思考人的行为,他在《关于人道主义的书信》中提出“思是一种行为”①,它既不是理论也不是实践,思的行为更原始,它先于传统的理论与实践二分,这实质上是重新突显被传统实践概念遮蔽的人的始源行为。此外,海德格尔还谈到人的存在的各种不同的存在方式,特别是在写作《存在与时间》时,人的存在的各种存在方式是海德格尔研究的基础。在这个过程中,海德格尔区分“实存”“情绪”“烦”或者“向死而在”等存在状态,然而“存在方式”的概念与关于存在者的属性之间的区别在海德格尔发表的著作中并没有得到详细的讨论。实践派正是在这个未完成的思考基础上,建构了一种实践哲学。正如弗洛姆所说,“南斯拉夫马克思主义学派运用那些充分意识到过去一百年里的哲学运动的哲学家们的洞见和知

① 孙周兴选编:《海德格尔选集》(上卷),生活 · 读书 · 新知上海三联书店 1996 年版,第 403 页。

识,恢复了马克思思想的真正含义。但是,这种觉醒并没有使他们转变为'存在主义者'或'现象学家',因为他们知道,社会主义不仅有一副人道的面孔,而且有一个人道的身体。他们关注一种理论,其根基是人,而目标是一种社会主义社会,它为和谐发展的、独立的、自立的个人提供了基础"[①]。

三、分析哲学

实践派哲学家们对分析哲学在20世纪的进展十分关注,这有来自两个方面的原因:一是人的生存的意义和价值问题能否通过分析哲学加以澄明;二是马克思的哲学文本被许多人加以阐释,但这些阐释不仅复杂多样,而且语义含混并充满冲突和矛盾,能否用分析哲学的方法对其加以说明。

人们很容易就能将分析哲学与现象学、存在主义区别开来,分析哲学坚持一个基本的方法论原则,简言之,哲学问题可以被简化为思想的语言表达问题,因为世界在人的思想中,思想在语言中,人们如要检验对世界的认识是否正确,可以通过反思人类的语言得到答案。弗雷格创造了现代数理逻辑,成为分析哲学的思想先驱。罗素于1905年发表的《论指称》被看作是分析哲学形成的标志,这篇文章详细阐述了分析哲学的基本观点。在分析哲学家看来,全部哲学问题都可以归结为语言问题。例如,罗素明确提出哲学的任务就是逻辑分析,可以把一切哲学的真问题归结为逻辑问题,维特根斯坦也强调,"全部哲学乃是'语言批判'"[②],语言分析是哲学的首要任务,甚至是唯一的任务,哲学的目的就是对思想进行逻辑阐明,而许多以往的哲学问题根本不存在,哲学思想的混乱是误用和滥用语言的结果,因而分析哲学强调概念的明确性和推理的严密性,强调对哲学命题进行逻辑分析。同理,哲学研究的方法就是分析。分析哲学的主要分支逻辑学、语言哲学、科学哲学等采用了一些新的哲学方法,提出了一些新的哲学问题,摸索出一些解决问题的新途径,力求使概念和命题明确,推理符合逻辑且严

① [南斯拉夫]米哈伊洛·马尔科维奇:《从富裕到实践——哲学与社会批判》,曲跃厚译,黑龙江大学出版社2012年版,英文版前言,第3页。

② 涂纪亮主编:《维特根斯坦全集》(第1卷),陈启伟译,河北教育出版社2003年版,第204页。

密,这些主要成就集中在澄清语言表述中的混乱和含蓄。

许多实践派哲学家都认为,面对马克思主义的内部争论必须借鉴分析哲学,因为很多时候,争论是在概念尚未被澄清的情况下进行的。例如,马尔科维奇在批判斯大林主义对辩证法的理解时,明显是从分析哲学中吸取了理论资源,他说,“大多数关于辩证法的教科书的基本缺陷在于:首先,它们很少关注发展、进步、对立、质、量、必然性、决定论等等范畴的分析、正确解释或定义。这些概念仍旧是含混不清的、未加定义的和模棱两可的,而且它们之间的限定也是不充分的;即使是那些对它们进行定义的各种尝试,在逻辑上通常也是站不住脚的——在多数情况下,它们不是循环论证就是解释得比原来更加难懂。与此同时,当逻辑分析方法已经取得巨大进步的时候,这种缺陷就等于没有资格(谈论辩证法问题)”①。在实践派看来,哲学的目的之一是对思想的逻辑澄清,按照维特根斯坦的说法,哲学不是一种学说,而是一种活动,哲学活动的结果不是得出命题,而是对命题的澄清。从大多数实践派哲学家的行文方式上来看,他们都十分注重“分析”。

20 世纪以来,分析哲学也涉及实践哲学、伦理学和政治学等,并在 20 世纪后半叶逐渐成为显学,这一趋向在当代哲学的衍化中表现得尤为明显。分析哲学中晚近的人物虽然将实践提到重要地位,肯定概念语言的把握离不开实践,但同时又把实践主要理解为使用概念的活动,并以这种使用概念的实践作为语言意义生成的基础。实际上,罗素和摩尔代表的分析哲学流派,与随后兴起的逻辑实证主义、日常语言学派、历史社会学派和科学实证论都在不同程度上对实践派产生了直接的影响。实践派哲学家们也是在分析哲学的不同流派之间做出了选择。就实践而言,它不是指微观层面的行动,比如“我打开房门”“我驾驶一辆汽车”,这些都可以被看作是一个行动,具有一定的意向性,但不会把它理解为实践,实践更多的是在一种广义的社会历史层面上。从实践与语言的关系看,实践较语言具有更原初的性质,语言的意义既不是对象自有,也不是人单向赋予,而是在生活实践过程中生成的。然而,自从维

① [南斯拉夫]米哈伊洛·马尔科维奇、加约·彼得洛维奇编:《实践——南斯拉夫哲学和社会科学方法论文集》,郑一明、曲跃厚译,黑龙江大学出版社 2010 年版,第 3~4 页。

也纳学派通过意义的标准对合理性加以限制以来,分析哲学便从内部开始系统地关注"意义之谜"。从维特根斯坦对日常语言的分析,戴维森引入对"副词"的分析,到 1971 年罗尔斯在《正义论》中对"平等原则"和"差异原则"的分析,价值论已经进入分析哲学的理论建构,从而带来了对哲学的性质的重新认识。另外,20 世纪 70 年代以前,"分析哲学实际上没有谈论过马克思主义,马克思主义被认为在哲学上不值一驳";20 世纪 70 年代以来,重建、捍卫和修正历史唯物主义成为分析马克思主义的核心任务,它"是一种取代了西方马克思主义的新理论,正如西方马克思主义曾经取代第二国际的马克思主义一样"。[①] 科恩的成名作《卡尔·马克思的历史理论:一种辩护》是分析马克思主义的开拓性著作。科恩首先用分析哲学的方法来分析和澄清唯物史观的基本范畴和概念,科恩认为马克思早期文本中的概念是非常不清楚的,1850 年以后才开始变得明确,并且可以用分析哲学的方法来解析。

在分析哲学家看来,形而上学命题既不是分析命题,也不是经验实证的科学命题,而是毫无意义的伪问题。与分析哲学不同,现象学和存在主义都在一种体系化的哲学中突出了人的生存的意义和价值,因而嘲讽英美的分析哲学是"没有心肠的凡夫俗子",亦即指哲学分析只能寻求确定性,而不能有效地表述意义和价值。分析哲学的分析只是触及社会价值问题应在其中讨论的概念、判断和分析的框架,并未对涉及道德、法律或政治决策所遵循的一般原则提供答案,这种对分析哲学的"成见"一直是反对者批判的重点。实践派也是在此与分析哲学分道扬镳,他们运用分析的方法阐明了马克思理论著述中的人性、人的本质等形而上学问题,至于这种尝试是否成功,则取决于读者的判断。

分析哲学在 20 世纪的发展几乎和实践派哲学家们的求学经历重合。斯托扬诺维奇的博士论文《现代元伦理学》就是南斯拉夫第一本介绍英美分析哲学的著作。彼得洛维奇在《逻辑与数学》中概述了逻辑学的发展历程,肯定了以布尔为代表的数理逻辑对于哲学的贡献。同时,彼得洛维奇还撰写了《逻辑学》教程,在南斯拉

① [加]罗伯特·韦尔、凯·尼尔森:《分析马克思主义新论》,鲁克俭等译,中国人民大学出版社 2002 年版,第 2、26 页。

夫十数次再版，影响了实践派其他哲学家，甚至整个南斯拉夫哲学界。在南斯拉夫实践派，甚至在东欧新马克思主义代表人物中，彼得洛维奇的思维缜密和逻辑推理严密的特点是任何其他人物所不能比拟的，他的论述总是一环扣一环，问题分析层层深入，这无疑是受分析哲学的影响。

最后需要指出的是，实践派哲学家们并非全盘接受现代西方哲学，因为，所有哲学问题，无论是那些逻辑的问题，还是形而上学的问题，或是自然哲学的问题，都直接地或间接地带有一定的社会状况的标记，一种文化氛围的标记，某些人们所需要和想要的社会条件的标记。因而，演绎性的、非关系性的和非动态性的哲学只是纯粹的哲学。马克思主义哲学的发展需要借鉴西方哲学的资源，以破除教条主义，将马克思主义哲学当作"理论"来发展，而不是不可改变的哲学信条。但实践派也看到，分析哲学通过消解西方传统形而上学所具有的"是－应该"的内在结构，把哲学变成一种语言和逻辑分析，使哲学成为一种操作性的工具思维，从而否定了哲学应有的批判和否定的维度。在实践派看来，实践哲学，亦即一种社会批判哲学，它必须将对人们行为的分析具体化为反思的理性行为，因而必须深刻地理解语言在实践中的重要性，语言是使实践成为可能的中间环节。如果认识到自我反思以语言为中介，那么就必须承认，哲学家的分析和研究同样如此，并更为依赖概念所组成的"意义结构"，在哲学家试图阐明社会生活状况的同时，这种哲学表述也构成了对社会生活的介入。

第三章　实践哲学的理论建构

南斯拉夫实践派系统地表述了一种实践哲学，而且是西方哲学史上独树一帜的实践哲学。这种实践哲学与马克思的哲学思想，与西方马克思主义的哲学立场有着很近的亲缘关系，它有别于亚里士多德、康德、杜威和伽达默尔所代表的实践哲学，实践派的实践哲学不仅是哲学，它更是处于理论和现实交汇处的批判性反思。实践派的哲学家们从不同的视角阐发了实践哲学的本体论、认识论、方法论和价值论，从而完成了实践哲学的体系性建构。

实践派不是铁板一块的哲学流派，它由一些在不同领域中具有专长而基本观点又不甚相同的哲学家组成。如马尔科维奇所说，将实践派联结在一起的"是一种共同的实践态度，而不是一种理论学说"[①]。然而，这并不妨碍他们具有某些一致的基本观点。比如，实践派一致认为，哲学的性质是提出能指导人类活动的总体性的、人道主义的批判意识。由于它是总体性的，因而有别于各种不同的科学学科的零碎知识；由于它是人道主义的，因而为人的自由和创造的个性提供了广阔的前景；由于它是一种批判意识，它又比实证科学知识的一切简单总和要丰富得多。本章就实践派的一致见解来阐明实践哲学的理论体系，至于实践派内部的理论差异，本书已经无力论及了。

① ［南斯拉夫］米哈伊洛·马尔科维奇、加约·彼得洛维奇编：《实践——南斯拉夫哲学和社会科学方法论文集》，郑一明、曲跃厚译，黑龙江大学出版社 2010 年版，导论，第 18 页。

第一节 实践、存在和人:实践哲学的本体论

南斯拉夫实践派由于《实践》杂志而得名,刊名写作“praxis”而不是“practice”,这就表示实践派的“实践”概念的特殊内涵。《实践》杂志 1964 年第 1 期设专题讨论了有关实践范畴的定义问题,其中包括:波什尼雅克的《关于实践的思考》、彼得洛维奇的《实践与存在》、弗兰尼茨基的《关于实践的问题》、格尔里奇的《实践和教条》、苏佩克的《社会实践的辩证法》等文。可以说,“实践”概念是南斯拉夫实践派的实践哲学的核心范畴,与之相应,实践派提出了“人是实践的存在物”这一基本命题,作为实践哲学的“第一公设”,这一命题又可以合逻辑地引申出所有其他的命题,在这个意义上,该命题具有十分明显的本体论特点。然而,在这个命题中,“人”“实践”和“存在”往往被一些论者看作是循环论证,或称解释学循环,即用“实践”和“存在”来解释“人”,用“人”的“实践”来解释“存在”,用“人”的“存在”方式来解释“实践”。那么,如何理解实践、存在和人这三个最基本的概念,同时又避免循环论证呢?

一、实践概念的本体论意蕴

实践(praxis)来自希腊语,南斯拉夫人非常了解这个词,并能熟练地加以运用。然而,即便是南斯拉夫人在使用实践概念时,也赋予了它各种不同的,甚至是不兼容的含义。例如,说到实践,有时指的是去“做”某事,有时指的是最新或最近的“事件”,有时指劳动或活动过程中积累的“经验”,有时还指为了达到某种目的而反复地“练习”,等等。实践在日常语言中有很多含义,在哲学领域也是如此,柏拉图、亚里士多德、康德、黑格尔、费尔巴哈、马克思、詹姆斯、杜威、伽达默尔等对实践的理解也不尽相同。马克思从没有给“实践”概念下过详尽的定义,虽然这个概念在他的人本学理论中起着关键的作用,并且是他进行社会批判的基本标准。然而,从不同的、散见于各处的片段中可以得出结论,也可以按马克思的观点阐释实践概念。同时,实践概念在实践派的理论中举足轻重,“人是实践的存在物”更要求澄明实践的含义。

马尔科维奇的表述可以被看作是实践派的一致认识,他说:

必须把实践(Praxis)同关于实践(Practice)的纯认识论范畴区分开来。"实践"(Practice)仅指主体变革客体的任何活动,这种活动是可以被异化的。而"实践"(Praxis)则是一个规范概念,它指的是一种人类特有的理想活动,这种活动就是目的本身并有其基本的价值过程,同时又是其他一切活动形式的批判标准。也不应把"实践"(Praxis)同劳动和物质生产等同起来。后者属于必需的领域,是人类生存的必要条件,必然包括不同的作用、固定的操作、从属关系和等级制度。只有当劳动成为自由的选择并为个人的自我表现和自我完善提供一种机会时,劳动才成为实践(Praxis)。①

这段引文中包含着实践派对"实践(Praxis)"概念的基本理解,然而,为了阐明实践派所理解的"实践"概念,这里还需引证另一位实践派代表人物对"实践"概念的界定。彼得洛维奇认为,"实践首先是指人的一种特定的存在模式……这种模式是特定存在独有的……是一种超越人所有其他存在模式,且从根本上与之不同的模式"②。

马尔科维奇和彼得洛维奇给出的并非严格意义上的定义,似乎实践是一个无法定义的概念,马克思也没有给出严格的定义。那么,根据这些基本的界定,实践是一个复杂且具有内在结构的概念,我们可以通过界定实践的构成要素,揭示其规范性结构来理解和把握实践派的实践概念。

首先,"实践"是一种特殊的存在形式。实践派认为,实践作为一种存在形式是特殊的和独有的,它与山川树木、飞鸟走兽的存在形式不同,其中包含着制造工具、变革世界、革命行动、创造性活动、制定制度、批判反思、愿望和理想等诸多的内容,是一个从主体角度理解,并从主体出发去看待客观世界并在世界中活动的存在形式。这种理解显然符合马克思在《关于费尔巴哈的提纲》中的观点,即从"感性活动"的视角来理解"实践"。实践的特殊性是就无

① [南斯拉夫]米哈伊洛·马尔科维奇、加约·彼得洛维奇编:《实践——南斯拉夫哲学和社会科学方法论文集》,郑一明、曲跃厚译,黑龙江大学出版社2010年版,导论,第19页。

② [南斯拉夫]加约·彼得洛维奇:《二十世纪中叶的马克思》,姜海波译,黑龙江大学出版社2015年版,第103页。

生命的物体和动物而言的，它是一种特殊的活动，是某种特殊的潜力和力量的对象化。这种特殊性还体现在主体与外部世界的分化，形成“我－你关系”与“我－世界关系”，甚至活动本身也成为意识的对象，“动物和自己的生命活动是直接同一的。动物不把自己同自己的生命活动区别开来。它就是自己的生命活动。人则使自己的生命活动本身变成自己意志的和自己意识的对象”①，进而使实践成为“类”的存在形式。实践在自我肯定的同时，也满足了他人的需要。在实践中，个体直接地意识到实践及这种实践的结果可以丰富了另一个个体的实践，因而，实践十分明确地建立起个体之间的可用复杂的符号进行相互表达的联系，它同时又是社会存在，而“动物不对什么东西发生‘关系’，而且根本没有‘关系’；对于动物来说，它对他物的关系不是作为关系存在的”②。可见，就动物而言，实践是一种特殊的存在形式。

其次，“实践”是普遍的存在形式。它是各种活动及其各个方面的总体，在这种总体的活动中，经济的、政治的、科学的、哲学的、道德的和艺术的活动彼此相互关联、相互渗透。实践本身寻求的是超越片面的、残缺的和狭隘的之存在方式。生产的、享乐的、经济的、政治的活动就是一些否定性概念，它们指的是一个分裂的，在不利的历史条件的压力下分解了的活动的不同方面。实践当然也包含着基本的和基础的层面，如生产或劳动，又如人类的第一个实践活动是生产满足自己衣食住行需要的活动，但这仅仅是基础或起点，这一实践过程的完成不能直接导出“饱暖思淫欲”的结论，而必须建构一个实践的普遍性或总体性视域。具体地说，人能够把所有其他生物的活动和生产模式融汇到自己的活动中去，从这种意义上说，实践带有普遍性：人由鸟类而知飞翔，由鱼类而知游泳和潜水，属于某一个别国家、阶级、种族、区域、文明的人，能够在他的活动中学习、模仿其他所有人活动中的某些部分，而不管这些人属于什么社会集团、什么区域和什么历史时期。例如，某一地域的医药发明可以拯救其他国家和地区的许多生命。于是，就人自身而言，实践是普遍的。

① 《马克思恩格斯文集》(第一卷)，人民出版社2009年版，第162页。
② 《马克思恩格斯文集》(第一卷)，人民出版社2009年版，第533页。

再次,实践是自由的、创造的存在形式。实践既包括主体,即活动的人,也包括客体,即人在其中的活动,并通过这种活动不断被改变的客观世界。与实践无关的世界是空洞的和无意义的,也是毫无价值可言的。外部环境固然具有先在性,但它更应被理解为先前的人的活动的产物和结果,正如马克思在《德意志意识形态》中表述的那样,“历史的每一阶段都遇到一定的物质结果,一定的生产力总和,人对自然以及个人之间历史地形成的关系,都遇到前一代传给后一代的大量生产力、资金和环境,尽管一方面这些生产力、资金和环境为新的一代所改变,但另一方面,它们也预先规定新的一代本身的生活条件,使它得到一定的发展和具有特殊的性质。由此可见,这种观点表明:人创造环境,同样,环境也创造人”①。历史的发展就是人的意向和能力在给定的环境中受到阻碍,进而寻求突破和改变,从而实现从异化到实践的过渡。实践不是某种客观结构的次生现象,实践的主体与外在客观世界是同构的,并在一定条件下能够改变外在客观世界与他们自身的行为方式。彼得洛维奇说,“实践是一种自由的、创造的活动”②,也可以说,实践是由自由的活动者创造的。还可以有很多的命题来表述这种存在形式,比如,实践是历史的存在、未来的存在、理性的存在等等,当然,这些表述仍需详加解释,但实践派一致肯定的是:“自由”和“创造”是实践结构中最重要的要素。实践意味着这种存在方式是自由的,自由也同时意味着实践的方式。实践是自由的,并且是在双重意义上自由的。它是自由的,是因为它摆脱了来自外界的强制,它从某种外界自然力量、掌权者或某种不得不然的压力下,被迫以同一方式总是从事同一事情的情况下解放出来。它是自由的,因为它是为了自我完成和自我决定。实践以“自我决定”为基本特征,即人自觉地、有目的地、能动地投身于实践,通过实践来实现自由选择的可能性,最终才能实现“自我完成”。因而,“实

① 《马克思恩格斯文集》(第一卷),人民出版社 2009 年版,第 544 ~ 545 页。

② [南斯拉夫]米哈伊洛·马尔科维奇、加约·彼得洛维奇编:《实践——南斯拉夫哲学和社会科学方法论文集》,郑一明、曲跃厚译,黑龙江大学出版社 2010 年版,第 151 页。

践本身最深刻的规定就是:改变、创造对象和自己的历史"[①]。

最后,实践是理想性的存在形式。理性是人的理性,人不仅靠本能,靠"试错"的方式行动,同时他能发现他置身其间的自然和社会过程的结构,他能运用理性思考和推断未来,谋划和制定目标,并寻求实现这些目标的最佳手段。除理性外,需要、爱好、兴趣、理想、信念和价值观等非理性的情感因素同样不能被忽视,可见,作为规范性概念,实践包含了人所特有的理想和价值,它是人实现其生命的最理想的潜在可能性的一种活动,因而"实践"就是目的本身,是自我决定和自我完成的活动,它是指人的最理想的历史可能性。实践还有明确的审美性质,它是除其他法则外还"服从美的法则"的一种活动。同时,实践的概念是一种理想的极限,是人自发地努力以求的一种生存的可能性。它不是某种纯义务论意义上的理想,这种理想只在柏拉图式的哲学中存在,由此引申出实践哲学的价值论维度,我将在随后的行文中加以阐述。

二、存在概念的本体论视域

理解"实践"仍需基于对"存在"和"人"的理解,实践派必须进一步厘清存在概念在实践哲学的本体论建构中的作用和意义。在元理论的层面上,实践哲学首先以实践与存在的关系为关注之点,人既通过实践使本然的存在成为现实的世界,也通过实践而成就人自身,二者从不同的层面改变了存在,以实践与存在的关系为指向,实践哲学展现了本体论的向度。对此,彼得洛维奇的论述极具代表性。他在 1964 年发表于《实践》杂志的《实践与存在》一文中指出,实践是最复杂的存在形式,对实践进行分析和定义的道路充满荆棘而且没有尽头,很难给出完全的和完满的定义。为了进一步澄清实践概念的含义,彼得洛维奇通过实践与存在的关系来界定实践。

这里首先不能忽略哲学史上关于"存在"问题的思考。从早期巴门尼德、柏拉图对存在的追问,到中世纪关于上帝存在的本体论证明,就已经彰显了存在作为哲学问题的深刻性和复杂性。然而,

① [南斯拉夫]P. 弗兰尼茨基:《人道主义解说》,载《人道主义、人性论研究资料》(第四辑),商务印书馆 1965 年版,第 65 页。

将“存在”微观地凝聚在“人”的周围，却是德国古典哲学的贡献。

在康德的著述中，存在不是固定的术语。他经常使用 das Sein（存在，“Being”）、das Dasein（存在，“existing”）以及 die Existenz（存在，“existence”）并交互使用。康德认为，存在并不是任何概念的“特性”，因此我们并不能仅仅根据概念而将存在归类于宾词。只有结合感知的作用，我们才能确定感知客体是否存在。若是纯粹的思维客体，则无论以何方法都不能确定其是否存在。例如，在有关上帝是否存在的本体论证明中，康德恰如其分地说明了存在不是什么：“‘存在’（Sein）显然非一实在的宾词；即此非能加于事物概念上之某某事物之概念。此仅设定一事物或某种规定，一若其自身存在者。”①

康德所表明的“本体论证明无法验证上帝是否存在”遭到了黑格尔的批判。黑格尔认为，康德曾有一个著名的“一百个银币”的例子，黑格尔指出，我们应该区分一百个银币和上帝。世间万物的最终存在不同于概念，正是存在与概念的组合形成了上帝的概念。对黑格尔来说，存在是万物中“最微不足道”“最抽象”的事物，他在《逻辑学》中说，存在“是无规定性的直接性，是先于一切规定性的无规定性，是作为最原始的环节的无规定性东西”②。但是，黑格尔关于存在的第一个规定性并非同时也是最后一个规定性，“这种纯粹的存在现在是纯粹的抽象，因而是绝对否定的东西，而这种绝对否定的东西同样直接地来看，就是无”③。但是，“无”并不是黑格尔对存在的最终定义，只有绝对概念才是存在。按照这种方式，在黑格尔的作品中，“存在”似乎至少包含两种含义：其一是简单类型的存在，并不以其他事物为先决条件；其二是复杂类型的存在，包含其他所有事物。彼得洛维奇认为，在这两种情况下，我们都无法找到理解存在的方法。

费尔巴哈反对黑格尔对康德的批判。费尔巴哈认为，康德有关一百个想象的银币与一百个真实的银币之间存在差别的看法十分合乎情理。“因为前一百元只在我的头脑中，而后一百元则在我的手中，前一百元只是对我存在，而后一百元则同时对其他的人存

---

① ［德］康德：《纯粹理性批判》，蓝公武译，商务印书馆 1960 年版，第 433 页。

② ［德］黑格尔：《逻辑学》，梁志学译，人民出版社 2002 年版，第 168 页。

③ ［德］黑格尔：《逻辑学》，梁志学译，人民出版社 2002 年版，第 170 页。

在——是可摸得着，看得见的。只有同时对我又对其他的人存在的，只有在其中我与其他的人一致的，才是真正存在的，这不仅仅是我的——这是普遍的。”[①]因为，“存在这样一种东西，不只有我个人参加，而且有其他的人，尤其是有对象参加的。存在就是作为主体，就是独立存在”[②]。但是，我们实施什么活动才能弄清什么是主体，什么是客体，以及什么既是主体又是客体呢？如果只有感知与感觉才能让“我”成为主体，那么抽象的思维存在并不具备存在的概念。“存在并不是一种可以与事物分离开来的普遍概念，存在与存在的事物是一回事。存在只能间接地被思想，只能通过作为事物本质的基础的属性而被思想。存在是实体的肯定。是我的实体，也就是我的存在。”[③]费尔巴哈特别指出，仅通过思考得出的存在并不真实，而且有关存在的问题并不仅仅涉及理论。“关于存在的问题，正是一个实践的问题，一个涉及我们的存在的问题，一个关于生死的问题。”[④]费尔巴哈认为，“新哲学”与“旧哲学”之间产生的根本性的区别也就显现了：在旧哲学中，不被思想的东西，就是不存在的；在新哲学中，“我”是一个实在的感觉的本质，即“我”的实体本身。

为论证存在与本质的不可分离性，即“我的存在就是我的本质”，费尔巴哈写道：

> 鱼在水中存在，但是你不能将鱼的实体与它的这种存在分离开来。语言已经将存在与实体混同起来了。只有在人的生活中，而且只有在不幸的，反常的情况之下，存在才会与实体分离——才会发生一种情形，即并非在有了他的存在的时候也就有了实体，而正因为这个分离，所以当人们实际存在，即具有肉体的时候，并不也就真正存在，即具有灵魂。只有你的心灵存在的时候，你才存在。但是凡是实体——违背

① 《费尔巴哈哲学著作选集》（上卷），生活·读书·新知三联书店 1959 年版，第 155 页。

② 《费尔巴哈哲学著作选集》（上卷），生活·读书·新知三联书店 1959 年版，第 155 页。

③ 《费尔巴哈哲学著作选集》（上卷），生活·读书·新知三联书店 1959 年版，第 157 页。

④ 《费尔巴哈哲学著作选集》（上卷），生活·读书·新知三联书店 1959 年版，第 159 页。

自然的情形除外——存在的地方，就是事物存在的地方。①

马克思引用过上述费尔巴哈的观点，也在《德意志意识形态》中谈论了费尔巴哈有关存在与本质的同一性的观点：

> 我们举出《未来哲学》中的一个地方作为例子，来说明费尔巴哈既承认现存的东西同时又不了解现存的东西，这一点始终是费尔巴哈和我们的对手的共同之点。费尔巴哈在那里阐述道：某物或某人的存在同时也就是某物或某人的本质；一个动物或一个人的一定生存条件、生活方式和活动，就是使这个动物或这个人的"本质"感到满意的东西。任何例外在这里都被肯定地看做是不幸的偶然事件，是不能改变的反常现象。这样说来，如果千百万无产者根本不满意他们的生活条件，如果他们的"存在"同他们的"本质"完全不符合，……在实践中，即通过革命使自己的"存在"同自己的"本质"协调一致的时候予以证明。②

尽管引文有删减，但是马克思的思想仍然十分清晰，即费尔巴哈为了确定存在与本质之间的一般关系，而以鱼的存在与本质的关系入手开始研究，并以此方面为基础，探寻人的存在与本质之间的关系。相反，马克思认为，只有从人的存在与本质的视角来解答这个问题，才有可能弄清存在与本质之间的关系，才能想出解决该问题的一般方法。马克思认为，人类存在与本质之间的关系是弄清普遍存在与本质之间关系的关键，弄清存在的含义应从人入手，而非从鱼入手。按照彼得洛维奇的说法，"应从最复杂的、最丰富的存在方式——人类实践入手，而非从最简单、最虚无的存在'方式'入手"③。

此后，海德格尔也像马克思一样，认为存在的基本含义与人的存在含义联系在一起。在《存在与时间》中，对人的存在的分析和解答应当先于对存在的分析和解答。彼得洛维奇进一步认为，"海德格尔在《存在与时间》中指出的路径，他自己也并未走到终点。

---

① 《费尔巴哈哲学著作选集》(上卷)，生活·读书·新知三联书店 1959 年版，第 157～158 页。

② 《马克思恩格斯文集》(第一卷)，人民出版社 2009 年版，第 549 页。

③ [南斯拉夫]加约·彼得洛维奇：《二十世纪中叶的马克思》，姜海波译，黑龙江大学出版社 2015 年版，第 162 页。

当他解答了有关人的存在含义的问题,即将解答有关存在的基本含义的问题时,他停住了脚步”①。可见,马克思与海德格尔都认为有关存在的问题离不开人的存在。但是他们对于人的存在意义的答案却不相同,海德格尔认为,人的存在的意义是时间性,而马克思认为人的存在意义是创造性活动,也就是实践。因而,对存在的思考最终回到人自身,或者说人在历史中的存在才真正诠释了存在,并使存在得以“澄明”,可见,存在和人是不能被分别定义的,关于实践的定义也就离不开人的存在。

三、人的概念的本体论定位

由上可知,实践是人的实践,理解存在必须先理解人的存在,这样,实践派的哲学观中就包含着把人作为一切哲学研究的出发点和归宿的根本理念。苏联教科书中的辩证唯物主义观点,即认为哲学的基本问题是物质和精神的关系问题,被实践派认为是抽象的、与历史无关的和二元论的观点而遭到摒弃。根本的问题是,如何在创造一个更加人道的世界的同时实现人的本质。而对于“人”的理解是实践派最为异彩纷呈的部分,实践派的哲学家们从多维度、多视角对“人”的概念及其本体论定位做出了精致的论述。对人来说,实践是一种根本的可能性,但在某种不利的历史条件下,这种可能性的实现会受到阻碍。个人的实际存在和潜在本质之间的这种差异就是异化。哲学的基本任务就是对异化现象进行批判的分析,并指明走向自我实现、走向实践的实际步骤。实践派认为,这就是公认的马克思主义人道主义的共同基础。

第一,实践派一致认为,人是实践的存在物。如果把人看作是“制造工具的动物”,就会导致关于人的庸俗经济主义的理解和科学实证的决定论模式。虽然马克思在《资本论》第一卷中引用了富兰克林的“人是制造工具的动物”这一定义,也引用了亚里士多德的人是“一个政治动物”,但是实践派哲学家们发现,马克思同时也指出这两个定义不属于他本人。马克思评论道:

> 确切地说,亚里士多德所下的定义是:人天生是城市的

① [南斯拉夫]加约·彼得洛维奇:《二十世纪中叶的马克思》,姜海波译,黑龙江大学出版社 2015 年版,第 163 页。

> 市民。这个定义标志着古典古代的特征,正如富兰克林所说的人天生是制造工具的动物这一定义标志着美国社会的特征一样。[①]

在马克思看来,人的本质既不是政治活动,也不是工具制造,人更不是经济动物。实践派哲学家们进一步指出,人是一种自由的、有创造性的,即实践的存在物。而且关于人的观点在马克思那里“起着决定性的作用”[②]。例如,弗兰尼茨基认为,“人是唯一现实地、实践地(也就是说,有意识地)对待自己客体的生物”,“人从规定来说是实践的生物”[③]。马尔科维奇认为,“人在本质上是一种实践的存在,即一种能够从事自由的创造活动,并通过这种活动改造世界、实现其特殊的潜能、满足其他人的需要的存在”[④]。马尔科维奇还坚定地认为,用实践一词可以把人的概念说得极为透彻。通过实践规定人并不存在形而上学本质,它是一个生动的、辩证的规定,因为实践本身的深刻规定就是改变和创造自己的历史。或者说,实践并不仅指涉人的概念,也不仅仅指涉个体,实践指称的是一个“能动者”,包含着对主体的能动性的精确理解。这样解释马克思人的概念乃至马克思主义哲学,有助于使马克思的思想在理论和实践方面获得新的生命,这样解释可以提出许多有趣的理论问题,而这样的解释在苏联教科书体系中却没有位置,以致被歪曲和遗忘。在实践派的理论中,人的概念和实践概念处在同一层次,人是实践的存在物,实践构成人的本质和存在方式,这是实践派哲学家们共同认可并坚持的基本观点。为了强调其理论的特质,实践派特意选用来自希腊语的 praxis 而不是 prictice,以区别苏联的马克思主义和实用主义。

第二,实践派认为,人是历史的存在物。当实践派把人定义为实践时,未能回答所有的问题,或许仅仅是开始。人们会问:什么是实践?如果实践是活动,作为人的活动与动物活动的实践的区

① 《马克思恩格斯全集》(第四十四卷),人民出版社 2001 年版,第 379 页。

② 《关于马克思主义人道主义问题的论争(译文集)》,中国社会科学院哲学研究所《哲学译丛》编辑部编译,生活 · 读书 · 新知三联书店 1981 年版,第 142 页。

③ [南斯拉夫]P. 弗兰尼茨基:《人道主义解说》,载《人道主义、人性论研究资料》(第四辑),商务印书馆 1965 年版,第 64、65 页。

④ Mihailo Marković , Gajo Petrović: *Praxis: Yugoslav Essays in the Philosophy and Methodology of the Social Sciences*, D. Reidel Publishing Company, 1979, p. XXVIII.

别是什么？对此，彼得洛维奇将作为社会历史的人定义如下："人是一个自我创造的存在物，始终创造和改变自身和他的世界，他必须是始终变化的。"①如果人的本性是创造和自我创造的活动，通过这些活动人历史地创造着他的世界和他自身，并且，如果他希望成为人，他就永远不能中断自我创造的过程。这也意味着人永远也不能彻底完成，意味着人在任何时候都不会达到永恒和完善。因此，人表现为开放的、从来没有被最终确定的、历史的存在物。正是因为人是实践的和历史的，他也是未来的。彼得洛维奇指出这一点，是为了让人们可以清楚地看到马克思与黑格尔的差异，对黑格尔而言，人的活动首要是自我意识的活动，它的最终目标是关于人和绝对精神的最终阐释。人的哲学知识同时也是绝对精神的自我认识，它意味着人的历史的终结。对于马克思来说，人是积极的存在物，但他的活动不是绝对精神的自我认识，而是对世界和人自身的改变和创造，这是永无止境的过程。因此，在马克思看来，人永远是未完成的并且永远不能被最终定义。

第三，人是自由的、创造的存在物。既然人本身是一种历史的产物，它就是未来历史进程的基础。人固然是客观存在的，但是这种客观存在并不表现为一种封闭的、固定的、不变的复合体，而是表现为人类行为的一种开放的、动态的、矛盾的领域，其中某些依赖于历史的因素将会实现并成为人类活动之全新结构的基础，而其他一些因素则将继续潜伏并最终消失。人的存在就总体而言是不受限制的，因为它包括了一种普遍的人类结构，包括了一种可能的人的未来。其中，人的自我意识不断生长、不断创造新的现实，它不等同于先前的结构。人类认识和活动的历史，既不是一种先天、有效和理想的所予的现象学发现，也不是一种不可能的乌托邦创造。历史是对理想潜能的超越，是对人之环境的不断的实践改造，同时也是人之不断的创造和自我创造。人只有作为自由的存在物才能为历史所决定。自由和创造表明，主体通过自身的活动设定新的条件，而不是重复具有外在规定性的行动。这种活动是自我实现的活动，是实现和拓展人的基本能力的活动，是满足真正

① Gajo Petrović："Marx's Concept of Man", *Interpretation of Marx*, edited with an introduction by Tom Bottomore, Basil Blackwell, 1988, p. 144.

的人的需要的活动。因此，彼得洛维奇说，“人的本质究竟是什么？我认为照马克思的全部哲学概念的精神看，这个本质只能被理解为历史地被创造的人的可能性”①。

总之，人在本质上是实践的存在物，即能够进行自由的创造性活动的存在物，人通过这种活动来改造世界，认识自己独特的潜在才能并满足其他人类个体的需要，进而展现其历史性。鉴于此，实践派哲学家认为，马克思人的概念不可能仅仅是一个概念。构想人是什么就意味着构想人已经是什么。人的概念就蜕化为完全静止的、非历史的和神秘的概念。但是人不仅是他所是的那样，首要的是他能够做什么以及应该做什么。如果所有时代的人都一样，也就没有历史；如果人的本质是先天的，那么后天的生活条件、教育和文化就不起任何作用，也就无法解释人的行为何以发生重大的转变。按照马尔科维奇的理解，人的本质概念本身是规范性概念，但“不应拒斥描述的人的本质概念，而应把它当做构建一个既包括了描述成分又包括了规范成分的理想概念的事实基础”②。马克思关于人的概念不是一个纯粹的概念，而是一种人道主义的视野，它已经突破了各种决定论、宿命论、历史主义和实证主义的边界。

综上可知，“存在”是最大的概念，实践是“存在方式”之一，是最真实的存在，实践的存在方式就是“人”本身。尽管这里仍未完全去除循环论证的嫌疑，但是作为实践哲学的本体论建构，存在、实践和人已经成为“第一命题”被确立起来。实践派从实践内在的主－客结构、主体间性和实践不同于其他存在的存在方式来揭示人的独特的生存方式，并且领悟到在实践的展开过程中所生成的人的世界对于一般的存在方式的意义，并以此来揭示实践的本体论含义。正因如此，实践派反复强调不能把实践视作认识论的范畴。对于实践派的论述，我们不能简单地把它看作是“循环论证”，如果按照这种逻辑，实际上无论什么样的世界图景都是人的认识的结果，无论如何建构一种世界图景，都在一定意义上是一种“循

① ［南斯拉夫］G. 彼特罗维奇：《马克思的异化理论》，载《人道主义、人性论研究资料》（第四辑），商务印书馆 1965 年版，第 21 页。

② ［南斯拉夫］米哈依洛·马尔科维奇：《当代的马克思——论人道主义共产主义》，曲跃厚译，黑龙江大学出版社 2011 年版，第 91 页。

环论证”。如果我们追问一下,哲学史上各种关于存在、世界、物质、精神、人、实践等著名的学说,尽管他们断言自己的论证是周延的,不需要借助范畴之间不可分的相互关联和相互定义,但是实际上都内在地、隐含地包括这样的交互作用的结构。这也是哲学史上的很多论证都被休谟和康德斥为“独断论”的原因。因此,在实践派看来,实践、存在和人是不能被分别定义的,这实质是人的存在的一种非给定性和自我相关性,而这正是“实践”作为人的存在方式的根本规定。正是在这个意义上,彼得洛维奇强调,“根据马克思的精神,就实践是一种自由的、创造的活动而言,它是人之活动的结构。作为一种实践的存在,人是一种自由的和创造性的存在”①。

第二节 真理与反映:实践哲学的认识论

人类社会发展过程中,认识是基本的哲学问题之一。如果有人问“什么是真理”,就会引出认识论的难题,因为若不知“真理”的含义,那到底在问什么?若已经知晓真理的含义,为何多此一举呢?可见,“什么是真理”是一个具有歧义的问题,也是认识的目标之一。真理的不同含义不能仅仅归结于“正确”与否,仅仅准确定义真理的含义并不能称为哲学,而应展现“本体论的”真理,从而使“人类学”“伦理学”“美学”“逻辑学”以及“认识论”成为可能,这就属于哲学任务。南斯拉夫实践派的实践哲学在理论上就是完成这个任务,即将真理和反映作为重要的哲学范畴,从而表述了实践哲学的认识论。

一、批判反映论

实践派对认识论的理论建构是从批判“反映论”开始的。1955年,马尔科维奇在其博士论文《现代逻辑学中的形式主义》中最先指出直观唯物主义“反映论”的弱点。在20世纪60年代初,实践派曾和辩证唯物主义派就“实践”和“反映”等哲学问题展开激烈的

---

① [南斯拉夫]米哈伊洛·马尔科维奇、加约·彼得洛维奇编:《实践——南斯拉夫哲学和社会科学方法论文集》,郑一明、曲跃厚译,黑龙江大学出版社2010年版,第151页。

论战,从而完成对反映论的认识论批判。

实践派对反映论展开哲学批判的"原本"是列宁的《唯物主义和经验批判主义》,可以说,列宁的这部著作不论在我国,还是在西方马克思主义学界一直都是最具争议的著作。在这部著作中,列宁立论的关键在于:要成为彻底的唯物主义者,就必须承认外在客观世界独立于人的意识而存在,列宁将其表述为"在人类出现以前自然界是否存在?"和"人是否用头脑思想?"等问题,他断言存在先于人的意识,因为人类意识本身是在自然界长期发展和进化过程中逐渐产生的,因而人类的感觉和观念是对客观世界的"反映"。实践派认为,这部著作是列宁在机械论、形而上学、朴素实在论、决定论,甚至是独断论的立场上写的,它与马克思的认识论毫无共同之处,彼得洛维奇直接指出,"反映论与马克思有关人的理论互相矛盾"[①]。在实践派看来,反映论根本不是有关真理或知识的理论,而是有关思维、意识或大脑的理论。其实质在于:精神是人脑的功能及其对外界的"反映"。根据列宁和巴甫洛夫的观点,人类全部的精神生活从本质上来讲是一种"反映",而且各种形态的意识只是对客观世界的不同形式的主观反映。但是,仅有意识并不能组成反映,必须有作为反映对象的物质,同时具有类似感知的性质,也具有反映的特性。反映是物质世界的基本属性,只有较高形式的反映才是人类精神生活的本质。所以,反映论在本质上是一种庸俗的或机械的唯物主义理论,是一种维护现存状况的理论。

那么,反映论中包含哪些致命的难题呢?马尔科维奇、波什尼雅克、彼得洛维奇、苏佩克等人在1960年的布莱德会议上都曾论及这个问题,概括起来如下:

首先,反映论必将导致哲学上的"二元论",这是将"反映"看作是认识论的最基本范畴,将实践视为真理标准的直接后果,这种观点将外部自然看作是现成的客体,把主体看成是现成的主体,这是一种机械唯物主义的二元论,即区分纯主体和纯客体的二元论。实际上,任何将外在客观世界和观念加以区分的企图都不可避免地会导致一种形而上学的二元论,它只能破坏理论与实践、存在与

---

① [南斯拉夫]加约·彼得洛维奇:《二十世纪中叶的马克思》,姜海波译,黑龙江大学出版社2015年版,第52页。

思维之间的辩证统一。如果把反映解释为能动的过程来修正反映论，就会陷入能动与反映的诡辩，导致一种折中主义的理论，而不能充分地协调认识的各个要素之间的内在联系。在此，反映论的根本缺陷是建立在近代主客二分的思维结构基础上，将认识问题和实践问题在理论的原点处截然分开，这种理论倾向在哲学史上已经持续了 2 000 年。能动的反映论虽然也强调认识来源于实践，但这种实践仅仅是物质性的、物质方面的，或是物质领域的，人类的意识、精神和理论被看作是纯粹的认识，实质上仍是割裂了认识和实践。

其次，反映论并不是一个表征人的活动的理论，因为"反映"不是人类意识才具有的唯一特征，植物的反映、低级动物的知觉、高等动物的感觉和心理，甚至无机界中的物体所发生的相互作用也可以称为反映。区别在于：动植物的内部反映与它的直接的物质生命活动是混沌未分的原始统一状态，人的反映是可以用符号、语言来表征外部事物，使内部的心理和思想活动与外在活动分离开，从而超越具体的生存境遇的，这种区分是就实践的主体而言，而非实践的主体和客体之间的区分。

再次，将反映理解为"与对象相符合"是有限度的，即反映只有在同感性认识相关时，反映论才能成立，但是，经验认识可以成为反映的结果，而类似"数学"一样的理论认识就完全不能称为反映。实践派在此还引入人类学的许多成果来证明反映论的缺陷，如在原始社会的集体实践中，物质活动、符号活动与精神活动是紧密交织在一起的，符号活动、精神活动还与原始的巫术、礼仪等结合在一起，是人们改造自身生活环境、抵御并征服异族部落甚至自然力量的重要手段，因而符号活动与物质活动是几乎等价的实践活动。而许多的符号活动不能从反映的角度来理解，也无法在自然界中找到反映的"原型"。

最后，反映论不是马克思主义的哲学理论。在这个意义上，彼得洛维奇指出，反映论与马克思关于人是创造性的实践存在的观点相互矛盾。更重要的是，反映论与意识、知识以及真理现象不能协调一致。反映论既不能说明并解释意识反映现实的方式，又不能说明和解释选择的对象为什么是此而不是彼。此外，反映论还不能解释意愿与情绪反映了什么？爱恨嫉怨只是对相应的同一个事物的不同形式的反映吗？等等。

总之，反映论是机械的、消极的、保守的和静止的，是类似柏拉图的感觉论的一种“神话理论”，它根本无法“拯救”。“反映”既不是哲学的基本范畴，也不是哲学的基本范畴“之一”。

二、实践“置换”反映

实践派强调超越反映论，并不是简单地否定反映论，而是寻求对它的扬弃。虽然反映论不乏正确的因素，但就反映论将认识、思想和理论归结为对客观世界的反映而言，实践派认为是失败的和不自足的。那么，超越反映论就需要建构一套更具解释力的哲学认识论来替代它。实践派对反映论的激烈批判中包含着更为深远的意义，也就是将认识问题归为实践问题，从而完善并深化马克思主义哲学认识论的深层理论结构。而反映论的根本缺陷是无法修正的，因为建立在近代主客二分的思维结构基础上的反映论无法超越这种两分模式。引入“能动的”反映论虽然也强调认识来源于实践，但实质上仍是割裂了认识和实践。因而实践派指出，“为了挽救反映论，一些马克思主义者坚持认为反映是一种创造性行为，但是，‘反映’这一术语其实来源于物理领域，意思是‘声波、光波、热量等经过其他物质分界面后进行反射的现象’。Odraz（反映）实际上是 sraz（碰撞）产生的结果，且该结果能准确预测出来，毫无创造性可言”[①]。于是，反映论关于认识机制的探讨仍然停留在古典哲学的水平上，而要发展马克思主义哲学就必须敢于超越经典作家的个别论断，这样才能完善马克思主义哲学的体系。

面对反映论意义上的认识论，实践派所采取的基本立场是：一个能够获得认同并富有一定解释力的基本理论不可能一无是处，即使是完备的理论也是可以被超越的，正如爱因斯坦的相对论超越牛顿力学那样。因而，反映论也可以被看作是人类认识史上的一个环节加以扬弃和超越，实践派重新回到马克思的哲学文本中寻求答案。在《关于费尔巴哈的提纲》中至少有三条涉及认识论问题，马克思写道：

① ［南斯拉夫］加约·彼得洛维奇：《二十世纪中叶的马克思》，姜海波译，黑龙江大学出版社 2015 年版，第 175 页。

从前的一切唯物主义(包括费尔巴哈的唯物主义)的主要缺点是:对对象、现实、感性,只是从客体的或者直观的形式去理解,而不是把它们当做感性的人的活动,当做实践去理解,不是从主体方面去理解。因此,和唯物主义相反,唯心主义却把能动的方面抽象地发展了,当然,唯心主义是不知道现实的、感性的活动本身的。费尔巴哈想要研究跟思想客体确实不同的感性客体,但是他没有把人的活动本身理解为对象性的[gegenständliche]活动。因此,他在《基督教的本质》中仅仅把理论的活动看做是真正人的活动,而对于实践则只是从它的卑污的犹太人的表现形式去理解和确定。因此,他不了解"革命的"、"实践批判的"活动的意义。①

人的思维是否具有客观的[gegenständliche]真理性,这不是一个理论的问题,而是一个实践的问题。人应该在实践中证明自己思维的真理性,即自己思维的现实性和力量,自己思维的此岸性。关于思维——离开实践的思维——的现实性或非现实性的争论,是一个纯粹经院哲学的问题。②

哲学家们只是用不同的方式解释世界,问题在于改变世界。③

根据马克思的论述,实践派认为,"唯物主义者"把现实看作是哲学深思的对象,从而无视"'革命的'、'实践批判的'活动的意义"④,这里必须要克服主体和客体是两个一成不变的和对立的要素的局限性,这样,哲学面对的不是一个个的经验事实,而是许多的过程的集合。

可以说,认识论是从奥古斯丁、阿奎那,经培根和笛卡儿再到黑格尔的哲学思考的主导模式,但是正如马克思所深刻揭示的,在思想、意识、认识是否符合外部对象的哲学框架中,不能完整地阐明对象的起源、性质,特别是其历史构成。这样的认识论所能达到的唯一和最高的水平就是对异化的准确认识,正如古典政治经济学并没有表述"劳动"的规律,而仅仅表述了"异化劳动"的规律那

① 《马克思恩格斯文集》(第一卷),人民出版社2009年版,第499页。
② 《马克思恩格斯文集》(第一卷),人民出版社2009年版,第500页。
③ 《马克思恩格斯文集》(第一卷),人民出版社2009年版,第502页。
④ 《马克思恩格斯文集》(第一卷),人民出版社2009年版,第503页。

样。或者说，认识论所能达到的唯一和最高水平就是准确地理解“异化的人”的生存状态的水平，而不是人的生存。坎格尔加在谈到意识形态问题时指出，理解意识形态概念主要的、基本的和最大的错误是将其囿于认识论的框架内。意识形态是人类存在的形式和方式，因为意识形态的问题就是真实人类实践的问题，那么真理和意识形态就不仅仅是真实和虚假的认知问题，作为一种真实的或意识形态的，同时也是异化的存在，人的生存活动会深深地渗透到现存的现实本身之中，并不断对现实进行质疑。

从马克思的论述中，实践派强调的是“实践高于反映”，应该从“实践”中引申出认识论的其他范畴，而不是从反映中引申。这样就出现了“从反映到实践”与“从实践到反映”的重大理论分歧。具体而言，在反映论看来，思维和意识一定要面向现实，真理的标准就在于同现实相吻合。但是，实践派深刻地指出，“现实”和“事实”完全不同，事实属于过去的经验，现实事先并不存在，而是经由思维产生的。实践不能被作为认识的环节引入认识论，而是相反，认识是实践的一个组成部分，是实践的内在阶段或环节。换句话说，外在客观世界是给定的，甚至社会环境也是每一代人留给后一代的，但是，何者能够成为认识的对象则是人在实践中确立的，它是作为人在各种可能性中自觉和自由选择的结果，因而，感知并非简单的沉思和对各种现象的被动反映，而是人根据各种实践做出的选择和解释。在认识过程中，人通过实践首先设定认识对象，从而形成认识主体和客体的分化，这种分化不是固定和静止的，而且人在认识过程中不断地再生产出认识的主体和客体。历史过程就是人的有目的的、自由的、创造性的活动过程本身，“历史不过是追求着自己目的的人的活动而已”[①]。因此，在实践派看来，实践的结构中包含着主体整合外部信息的认识活动，它与改造外部世界的活动是融合在一起的，对外表现为物理学意义上的做功和使用工具，对内表现为语言或概念工具。人在认识一个未知的客观现象时，是通过一种实践框架来实现和完成的。而这种实践框架恰恰是前所未有，而且与人的活动相生相伴的。完整的实践框架绝非来自于自然界，不能在物质的层面上展开，更多是在思想的层面得以展

① 《马克思恩格斯文集》（第一卷），人民出版社2009年版，第295页。

开。这种实践是逻辑在先，反映论则是逻辑在后，或者说，人能认识什么依赖于人在思想中发明了什么，发明决定了人能认识什么，而不是人认识了什么之后去发明什么。也可以说，人是通过可能性去实现“现实性”本身。那么，发明对于认识的优先性就是实践对于认识的优先性。还可以说，实践中包含着主体不能有意识地反映出来的因素或成分，例如人的潜意识和许多非理性的因素。

三、真理是实践的体系

与此相关，实践派主张，“实践”是人类的真理，或者说真实的生活是革命地改变世界的生活，那么，实践派就将真理视为了人类的特性，而非思维或命题的属性。进而言之，在实践派看来，对世界的一种解释或称认识不会改变世界，无论从逻辑还是经验方面来看都是不可能的。问题在于：当人类开始解释世界时，他就已经改变了他的世界观。由于改变了世界观，他就不由自主地改变了自己与世界之间的关系。而且，由于改变了观念与行为，与他存在不同关系的人也受到了影响，他们的观念与行为也会发生变化。例如，当我们的思想中接受并理解了“科学发展观”，那么从此，人们的行动或实践就会伴随科学发展观的理念。从原则上讲，哲学理论不可能对世界毫无影响，因为哲学理论与对世界的解释本身就属于这个世界发生的变化，甚至是创造。实践派认为，人是一种具有某种独特的存在方式的存在，而这种方式就是实践，也就是自由的创造性活动。在实践派看来，放弃反映论并不意味着接受唯心主义或主观主义。关键在于如何理解思维，而思维作为人类实践与创造性活动的一种形式，一方面，它属于某种存在，是以万物存在形式中的一种形式而存在的；另一方面，思维如果涉及非存在的事物，它还是从本质上说明、改变并丰富了存在本身。因此，如果赞同人是创造性的实践存在物的观念，那么得出的结论就是：思维并非不存在，而是人类存在的一种方式，也是改变与创造世界的一种方式，也可以说，思维是人类实践活动的一种形式。人的思维就是能够而且必须从积极的未来、从可能性的行动立场出发，也就是从实践本身的立场出发，超越现存的一切。

这样，实践派就通过认识论的理论建构将“实践”提高到了马克思主义哲学的中心和关键的位置上。其中，一方面，实践是第一位的、具有优先性的，发现、认识、解释和反映都是第二位的和从属性的，并由实践本身的功能来决定的，人能够认识什么和解释什么，取决于实践框架的结构和功能，甚至语言也能决定人的认识的限度；另一方面，实践框架是由人发明和创造出来的，不能归结为对客观世界的反映，反映仅仅是实践框架的功能之一。对此，培根用了一个生动且形象的比喻，他说："实验家象蚂蚁，只会采集和使用；推论家象蜘蛛，只凭自己的材料来织成丝网。而蜜蜂却是采取中道的，它在庭园里和田野里从花朵中采集材料，而用自己的能力加以变化和消化。哲学的真正任务就正是这样，它既非完全或主要依靠心的能力，也非只把从自然历史和机械实验收来的材料原封不动、囫囵吞枣地累置在记忆当中，而是把它们变化过和消化过而放置在理解力之中。这样看来，要把这两种机能，即实验的和理性的这两种机能，更紧密地和更精纯地结合起来……我们就可以有很多的希望。"[①]虽然培根针对的是经验论和唯理论之间的争论，但其主旨却与实践派对反映论的反对和批判异曲同工。同样是关于蜜蜂，马克思也有类似的比喻，马克思说，"蜘蛛的活动与织工的活动相似，蜜蜂建筑蜂房的本领使人间的许多建筑师感到惭愧。但是，最蹩脚的建筑师从一开始就比最灵巧的蜜蜂高明的地方，是他在用蜂蜡建筑蜂房以前，已经在自己的头脑中把它建成了"[②]。

例如，要理解"物质是在时空中运动着的"这一命题，就必须理解"物质""时间""空间""运动"等概念，这些概念又属于某一特定的理论体系中，而这个命题只有在这个理论体系中才能获得它的真实意义。那么，真理并非指命题本身是否符合实际，因为实际本身仍然是我们建构的一种体系，它本身仍是一个概念或是范畴。真理在此应指称容纳"命题"的体系，这一体系实质上就是人类的实践框架，命题可以是真理性命题，是真理的组成部分而不是真理本身，真理中包括事实，但不能归结为事实。

实践派同时强调，要将社会历史领域的真理，与自然科学或数学中的真理区分开。自然科学研究以发现自然客体的内在结构及其变化、演进的规律为最终目的，这种研究中不包括人的意识和情

① ［英］培根：《新工具》，许宝骙译，商务印书馆 1984 年版，第 75 页。

② 《马克思恩格斯文集》（第五卷），人民出版社 2009 年版，第 208 页。

感。数学真理本身是一种对生活实践活动的形式化的表达及在此基础上的逻辑运演，是一种严格的定量研究。社会历史领域的真理则完全不同，这里需要首先排除搜集和整理历史事实与历史文献的学科，它不属于真理，只能是真理的组成部分，是真理体系的构成环节或要素。社会历史是由人创造的，人既是历史"戏剧"的编剧，同时又是演员，担任着剧作者和剧中人的双重身份。在历史认识中，人始终要超越其认识对象，只有超越认识对象，构造出对未来历史的设计才能通向未来，而对未来历史的设计就是实践哲学所要阐发的深层理论结构。对历史的设计，就是对人的生存状态的重新设计，也是对人的实践结构的设计，这样，历史真理的产生过程是漫长的和循序渐进的，是人类社会实践结构的发展过程，而在这种历史设计的过程中，"真"并非唯一的和最高的标准，"善"和"美"在某种意义上高于"真"并处于优先的地位上。

如前所述，实践派的一个重要理论来源是胡塞尔的现象学，虽然在实践派的论著中，胡塞尔的名字并未被经常地提及，然而这种影响是根深蒂固且不可忽视的。尤其在对真理问题的思考中，胡塞尔对真理概念的阐释，构成了实践派批判斯大林主义的反映论和从实践的视角来解读真理的重要理论依据。可以说，追求真理是胡塞尔的现象学最基本的动力之一。从《逻辑研究》到《形式逻辑和先验逻辑》，胡塞尔对真理概念的理解和阐释也在发生变化。在《逻辑研究》中，胡塞尔把真理等同于思想的客观性，即想要获得某种真正的知识就是要掌握、占有客观的事物，也就是获得某些独立于我们的事物。但是，如果真理是知识，那么它是具有主观性的，至少是与主体发生某种联系的。针对这一矛盾，在《现象学的观念》中，胡塞尔从主观主义的立场出发试图解决这一问题。然而，除非胡塞尔放弃对他来说最重要的观点，也就是他的理论起点，即真理的客观性，否则，他无法解决真理存在的主观与客观之间的矛盾与张力。然而马克思提出的是一种唯物主义的真理观，将真理与实践概念相结合从而将人类的认识活动理解为一个从相对真理和谬误逐渐向绝对真理趋近的过程。由此，这种真理绝对不是对现实世界的一种反映，而是一种相对的，关于革命性的社会实践的真理。这种真理除了利用现实存在的可能性，更致力于创造新的可能性以最终实现"人的本质"。在马克思的理论中，真理概念是一种异质性的概念,存在着各种真理。探究一种抽象的-普遍的真理是一种错误的做法,寻求一种唯一的真理标准,将这种标准作为可以有效衡量所有知识领域的标准同样也是错误的。

实践派认为,按照马克思的理解,真理是关于实践的真理,那么真理必然存在于日常生活的实践之中,因此,除了有哲学的真理、科学的真理,还有一种日常生活活动的真理,真理从而扩展为一个体系。日常生活作为真理产生的一个来源,可以提供一种统一的真理概念。与日常生活相关的真理作为一种统一的真理概念不同于抽象的真理,它的统一是建立在对诸真理的一致性的承认和包容的基础上的。只有与检验总体社会实践结构紧密联系在一起,通过说明各种异质性的人类认识领域之间的差异性、相似性和相互之间的联系,只有在这个复合体中它们彼此合流并在历史过程中得以实现,一种完全充分的关于真理的答案才能被提供。

真正的日常生活的真理要反对被胡塞尔实用化的趋势。换句话说,日常生活的真理不能停留在实用层面上,而是有待于被提高到哲学层面。胡塞尔的现象学虽然关注生活世界,但由于胡塞尔对真理进行的这种抽象的-普遍的阐释,导致哲学真理与其他领域的真理是彼此分裂的。胡塞尔忽略了哲学真理与其他真理之间存在的相互关系,用一种包含的关系抹杀了真理的丰富性,而作为日常生活活动的真理不仅要拒斥实用化倾向,更要重新建立起诸真理之间的联系,包括日常思维与哲学思维之间的联系、纯粹道德意义上的乌托邦与客观科学真理之间的联系。由此,向日常生活回归的真理将重新成为多样的、包容的、全面的真理,从而为日常生活提供价值导向。

第三节　异化论和辩证法:实践哲学的方法论

每一种哲学都有自己的方法,即一系列引导哲学家解决问题的原则,不管他是否意识到这些原则。一些哲学家意识到了自己的方法并使之从属于批判的考察,而另一些哲学家则盲目地运用自己的方法。实践派显然属于前者。

一、辩证法的方法论意义

辩证法是哲学中,尤其是马克思主义哲学中的一个重大问题,在20世纪,卢卡奇以来的马克思主义者更是围绕着辩证法问题展开了旷日持久的争论,直到今天,这种争论仍未终结。简言之,伯恩斯坦、考茨基等第二国际的领导者在解释马克思主义时"祛除"了其中的辩证法因素,从而使马克思主义缺失了哲学的维度,蜕化为一种实证性的"经济决定论"。斯大林代表的苏联教科书体系尽管强调辩证法,但又将辩证法推向了另一个极端,即以自然辩证法为基本的蓝图。在第二国际与斯大林主义之间还存在很多的"中间"观点,而南斯拉夫实践派关于辩证法所取得的理论成果及其核心观点具有世界性的学术影响,实践派同样处在争论的旋涡之中。在实践派看来,"自然辩证法"是不自足的概念,仅仅是与人的活动动机相冲突的机械论模式,它导致斯大林主义并未能领会辩证法的核心与实质。

而辩证法问题也是南斯拉夫国内两大马克思主义派别,即"实践派"与"辩证唯物主义派"激烈争辩的两大基本问题之一,另外一个即为"反映论"问题,本章的第二节对此已经做了相关阐述。就辩证法问题而言,几乎全部实践派哲学家都明确表示了对自然辩证法的拒斥,彼得洛维奇、马尔科维奇、坎格尔加等人观点较为彻底和激进。实践派批判自然辩证法的核心要点是:辩证法不能脱离人本身。首先,坎格尔加引用马克思在《1844年经济学哲学手稿》中的论述来说明马克思对"纯粹的"自然界的看法,即"被抽象地理解的、自为的、被确定为与人分隔开来的自然界,对人来说也是无"①。也就是说,从人类实践活动的视角看,与人无关的自然界可以说是不存在,它并不与人构成认识关系,或者对象性关系。而与人相关的自然一定是"人化自然",是人的对象化活动的产物和结果。因此,没有人的自然辩证法是关于"无"的辩证法,这不但是不可能的,而且是毫无意义的。也就是说,自然辩证法不能独立于人的实践领域之外。其次,马克思的辩证法与恩格斯的辩证法存在较大差异,正是恩格斯把辩证法理解为关于一切运动的最普遍

---

① 《马克思恩格斯文集》(第一卷),人民出版社2009年版,第220页。

规律的科学，而且辩证法适用于包括自然、人的思维和社会历史在内的一切领域。彼得洛维奇指出，马克思虽然也关注辩证法，特别是在《资本论》中充满了辩证法，但马克思关注的是人的活动过程本身所展现出的辩证法，远不是自然辩证法或自然辩证法的延伸。他写道，"马克思对自然辩证法的态度如何？马克思常常在各处谈辩证法的规律不仅运用于社会，也包括自然，但是马克思对自然辩证法从未感兴趣到为此专门写作的程度。进一步推论可以认为，马克思把人作为世界的创造者的看法本身就使得自然辩证法不能成立"[①]，对此，实践派纷纷选择了马克思。再次，对自然辩证法这一概念本身需要进行深入剖析，根据马尔科维奇在《今天的辩证法》一文中的分析，人们可以在三种意义上理解自然辩证法：(1)与人无关的、自在的自然过程；(2)对这种自然过程的理论表述；(3)人在实践中对自然的认识和改造。马尔科维奇甚至认为，包括卢卡奇在内的许多论者并未对此进行区分，从而导致争论的复杂化且愈演愈烈。显然，(1)是不存在的，在理论上也不能自圆其说。(2)作为自然科学领域的探讨或许是可以成立的，但与社会历史进程完全不同。只有在(3)的意义上，即将人对自然界的认识和改造归为人的实践活动的领域，抑或是历史领域，辩证法才能成立，即人的实践的辩证法。

这样，实践派哲学家们有一个共同的基本倾向，即拒绝自然辩证法，试图重新找回黑格尔的方式去理解辩证法。同时辩证法要同人的自由的、有意识的创造性实践活动联系起来，因而实践派主张的是人的辩证法。马尔科维奇认为，"当前马克思主义的基本哲学问题是：如何使辩证法成为人道主义的辩证法，而使人道主义成为辩证法的人道主义"[②]。所谓辩证法的人道主义化就是辩证法从客观的和自在的自然过程的辩证法转向人的历史活动本身的辩证法，人的自由的、有意识的活动的辩证法，实践的辩证法。总之，将人置于辩证法的核心，辩证法也只能是人的活动的辩证法，人改造自然、创造自身的活动过程本身就是人的存在的辩证法，或者说是

---

① ［南斯拉夫］加约·彼得洛维奇：《二十世纪中叶的马克思》，姜海波译，黑龙江大学出版社 2015 年版，第 20 页。

② ［南斯拉夫］M. 马尔科维奇：《马克思的辩证法和今日的人道主义》，载《人道主义、人性论研究资料》（第四辑），商务印书馆 1965 年版，第 27 页。

人的实践活动过程本身显现为辩证法。恰如弗兰尼茨基所说，“正是辩证法要求对于人的哲学解释要找到那个历史杠杆赖以支撑的阿基米德支点。马克思在实践范畴中找到这个支点，而在人本身找到了杠杆”①。

实践派试图恢复辩证法批判的、革命的本质，并以此解决南斯拉夫社会中有关人的一些重要问题。辩证法首先是批判，但不是概念的批判，而是对现实社会关系的批判。马克思早在1844年于巴黎期间写下的手稿中就提到黑格尔的辩证法，认为黑格尔辩证法的神秘之处在于把人的异化的各种现实，包括宗教、私有财产、国家、市民生活统统理解为抽象思维的异化，因而也只能在思想中克服异化。马克思正是通过人的概念修正了黑格尔的辩证法。基于此，实践派把批判的矛头指向恩格斯以来的自然辩证法，并把自然辩证法看作是辩证法的去人化和非人道化。在实际生活中，人一方面寻求自由，另一方面又设法逃避责任，因而展现出矛盾的特性，在人的本性中也存在种种潜在的对立倾向，哪一个倾向会成为现实则要看每一个时代的历史条件，而这个过程本身就是人的存在的辩证法。

实践派发现，斯大林主义的辩证法存在极为严重的理论偏颇，具体表现为教条、封闭和僵化，使这个术语受到了严重的损害，从而背叛了辩证法的本质。这种辩证法所使用的主要概念，如发展、进步、对立、质、量、必然性、决定论等都是模棱两可和含混不清的，对这些概念之间关系的限定也极为不充分。由此，其主要缺陷在于把辩证法的诸原则无批判地、教条地理解为现实的绝对规律，它独立于人及人类经验。这些规律所表达的观点则被认为是神圣的、普遍的、绝对正确的和已被证明的，最终成为一种意识形态的信条，或者类似宗教的教义。这样，辩证法就不是把整个世界理解为一些复杂的事实，不是理解为一些复杂的过程，而是将其解释为主要是一种普遍的本体论理论，它表达了世界中的完全独立于人和人的实践的永恒的变化模式。一方面，表达辩证“规律”的命题一直被认为是通过科学事实来阐述的，而且是绝对真的；另一方

① 转引自衣俊卿：《现代性焦虑与文化批判》，黑龙江大学出版社2007年版，第233页。

面，如果辩证法被还原为现存世界的一般结构和认识已经存在的事物的方法，那么马克思哲学思想的所有能动性便被忽视了。

马克思在《资本论》第二版“跋”中对辩证法的两重性做了很好的阐述：

> 辩证法，在其合理形态上，引起资产阶级及其空论主义的代言人的恼怒和恐怖，因为辩证法在对现存事物的肯定的理解中同时包含对现存事物的否定的理解，即对现存事物的必然灭亡的理解；辩证法对每一种既成的形式都是从不断的运动中，因而也是从它的暂时性方面去理解；辩证法不崇拜任何东西，按其本质来说，它是批判的和革命的。①

马尔科维奇、苏佩克等实践派成员多次指出，辩证法不是一系列“规律”，“马克思把辩证法看做并用做一种彻底的批判思维的方法和革命的创造历史的方法”②。但遗憾的是，马克思从未阐明他的方法的原则。实践派从《1844 年经济学哲学手稿》《政治经济学批判大纲》和《资本论》的结构中挖掘出这些方法，并试图以一种创造性的方式运用它们。当然，这必须要有一定的理论修养，特别是要全面了解黑格尔的《逻辑学》和《精神现象学》。

从马克思对辩证法的论述中，实践派提炼出一个基本的方法论原则，即反对一切形式的教条主义，永远向批判性的反思开放。没有任何哲学命题能够在权威、信仰或希望的纯粹哲学表达的基础上被接受。它必须一方面被理论上的普遍性论据所支持，另一方面又必须被经验证据所证明。同理，实践或行动也不能通过诸如权威、传统或制度而被理性地证明，所有的实践，必须向质疑与批评开放。哲学的实践在其理论建构过程中，需要合理性、一致性、批判精神、开放性，创造性的理论不会为草率的实验辩解，崇高的目标不会为堕落的、邪恶的意义辩护。

那么，与斯大林主义的辩证法不同，实践派主张，辩证法“不能仅仅被理解为一种获得知识的方法，一种建构一幅普遍的图景……的方法。它还必须被理解为一种研究和解决人道主义问题的方法，归根到底，被理解为一种决定人类行动的目标与适当手段

① 《马克思恩格斯文集》(第五卷)，人民出版社 2009 年版，第 22 页。

② ［南斯拉夫］米哈依洛·马尔科维奇：《当代的马克思——论人道主义共产主义》，曲跃厚译，黑龙江大学出版社 2011 年版，第 19 页。

的方法”[①]。历史归根结底是人的活动，是开放的，既然人能够在实践中超越自身的现存状况，那么未来的历史进程就是不确定的，至少是处于确定性和非确定性之间的，“辩证法的关键范畴不是必然性而是可能性”[②]，人的活动境况的改变同时存在着多种可能性，即使在同一个民族，或者同一个文化传统中，情况也是如此。

就辩证法的方法论意义而言，首先，辩证法考察的是事物运动和变化的整体，因而必须与零碎的、分析的研究方法相区别，不能脱离人的动机、需要、爱好、兴趣等个性因素，而将实践理解为一般的、普遍的人的活动。其次，辩证法强调能动的、历时的和历史的维度，因而必须与一种静态的、共时的、以结构为主导的研究方法相区别。再次，辩证法是内在的、主体性的和包容性的，必须与旨在通过外在的、对象的、异质的因素来说明各种事物或现象的哲学方法相区别。最后，辩证法是一种批判的思维方法，它指出了给定东西的本质局限以及克服这种局限的各种可能性是它和那些强调实证知识，即要求对给定的实在有一种可靠洞见的哲学方法的区别。在哲学语境中，“辩证法就意味着：(1)理论和方法；(2)方法论”[③]。

马克思辩证法的本质创新在于它的实践取向与批判取向。在黑格尔那里，人被归结为自我意识；但在马克思那里，人则被当作了一种实践的存在，即一种能够根据人的规划实际地改变世界的自由的、创造的、感性的活动。由人创造的、历史的现实，将成为所有有意义的研究和所有理论的主题。在黑格尔那里，历史在过去当中；而在马克思那里，历史则是人的环境和人自身之持续不断的产物。马尔科维奇指出，“没有比‘辩证法’更好的名称来命名这样一种综合了行为主义和现象学、结构主义和历史主义的本质特性

---

① ［南斯拉夫］米哈伊洛·马尔科维奇、加约·彼得洛维奇编：《实践——南斯拉夫哲学和社会科学方法论文集》，郑一明、曲跃厚译，黑龙江大学出版社 2010 年版，第 4 页。

② ［南斯拉夫］米哈伊洛·马尔科维奇、加约·彼得洛维奇编：《实践——南斯拉夫哲学和社会科学方法论文集》，郑一明、曲跃厚译，黑龙江大学出版社 2010 年版，第 37 页。

③ ［南斯拉夫］米哈伊洛·马尔科维奇、加约·彼得洛维奇编：《实践——南斯拉夫哲学和社会科学方法论文集》，郑一明、曲跃厚译，黑龙江大学出版社 2010 年版，第 7 页。

的复杂方法了”[①]。因为一个想要改变世界而不只是解释世界的哲学家,不会止步于达到对存在的可靠认识。他还要考察可能存在的现实可能性,并致力于那些完全符合人的某些客观需要的可能性的实际实现。因此,一种革命的社会哲学既是知识和评价,即发现一般的真理,也是一种彻底的社会批判。因此,辩证法不仅是一种获得实证知识的一般理论和方法,而且是一种否定和扬弃现实的革命理论和方法。当后者被忘却的时候,辩证法便处于成为一种合理证明人类存在的既定历史形式的工具,即意识形态工具的危险之中。

在马克思之后,辩证法主要被解释为对一种方法,即一套既成的公式的抽象阐述。这种方法可以通过大量的科学结果来阐明,而且它是意识形态的一个神圣的和不变的组成部分。这样,马克思主义辩证法就开始了其异化的、意识形态的生涯,这是不可避免的。除了把辩证法改造为在政治上和科学上都受到限制的纯粹的方法论之外,人们有理由期待辩证法作为一种具体地、活生生地、批判地考察人类现实的方法而得到进一步的发展。一方面,这种期待可能符合马克思的原初观念;另一方面,由于马克思的主要著作的出现,现实和我们关于它的知识在20世纪都改变了。马克思很清楚,一种服从于其应用的方法和理论是相互依赖的,因此,一种方法的应用就是它的自我发展。

在实质上,辩证法区别于其他基本类型的批判思维的地方就在于人在历史中的自我实现,辩证法就是这些可能的思想基础之一。依据这种辩证法,实践派展开了对现实世界毫不留情的批判,但批判不是为了破坏,而是在更高的程度上超越它。马尔科维奇认为,批判的辩证法必须遵循总体性原则、历史性原则、自决原则、矛盾原则和超越原则。[②] 辩证的理论和方法在理论预设上强调一种综合的实践活动,在这种活动中,哲学的、科学的、政治的、道德的和艺术的活动彼此渗透:在个人生活和公共生活之间,思想、语

① [南斯拉夫]米哈伊洛·马尔科维奇:《从富裕到实践——哲学与社会批判》,曲跃厚译,黑龙江大学出版社2012年版,第21~22页。

② [南斯拉夫]米哈伊洛·马尔科维奇、加约·彼得洛维奇编:《实践——南斯拉夫哲学和社会科学方法论文集》,郑一明、曲跃厚译,黑龙江大学出版社2010年版,第31~43页。

言和行动之间,目的和手段之间,现在的行为和未来的理想之间,不存在任何鸿沟。辩证的实践寻求的是超越那种片面的、残缺的和狭隘的存在模式的对立两极,即工艺人、政治人、经济人、消费人等等的行动方式;它是一种说明客观状况及其一切限制的行动方式,而且在其不屈从于盲目的外部力量,而是以对最佳的客观可能性的选择为基础的意义上,它是一种自由的行动方式。可见,辩证法的方法论意义在于,克服机械决定论,维护一种历史的、非宿命论的方向感,并不断改变不合理的和不人道的生存方式。马尔科维奇说,"因此,辩证法包含着一种明确阐述了的方法论,一种无保留的方法,一种世界观,一种活动方式和'为我们'的世界。辩证法可以在这些层次及其相关方面——辩证方法论,辩证理论和辩证方法,辩证实践,关于事物本身的辩证法——进行思考"①。

二、异化论的方法论意义

马克思《1844 年经济学哲学手稿》的出版是马克思主义哲学史上一件极不寻常的大事件,20 世纪著名的马克思主义者无一例外地都谈论过这部未完成的手稿,同时这部手稿的理论定位也是饱受争议的问题。本书第一章中曾提到,1953 年,南斯拉夫出版了波什尼雅克、弗兰尼茨基编译的《马克思恩格斯早期著作选》,它推动了南斯拉夫的哲学家们去研究本来意义的马克思主义和探讨长期被人们忽视的马克思关于人、人的异化和人的解放的人道主义思想。最终,实践派与苏联的马克思主义不同,他们肯定手稿的地位,高扬马克思异化论的理论价值,他们甚至认为,异化论是马克思哲学思想中最重要和最核心的内容。从另一方面看,实践派哲学家们极为关注人的存在的历史境遇以及南斯拉夫的自治、社会主义市场经济、政治民主的作用、社会主义文化的性质等重大理论问题,他们正是通过异化论对社会主义社会中的现象做出了充分的解释和说明。可以说,在实践派眼中,迄今人类的最大问题就是人的异化,因而实践派也十分重视马克思的异化理论,如日沃基奇甚至说:"当代世界的基本的人道主义问题均包含于马克思的异化

① [南斯拉夫]米哈伊洛·马尔科维奇、加约·彼得洛维奇编:《实践——南斯拉夫哲学和社会科学方法论文集》,郑一明、曲跃厚译,黑龙江大学出版社 2010 年版,第 7 页。

理论之中”，而且，“整个马克思主义是一个伟大的异化理论”。[1]

“异化”在日常生活、社会科学和哲学中有许多不同的含义。在日常生活中，异化一般是指背离以前的朋友；在法律上，它一般是指财产的出让或转让，即买卖或赠送；在医学和精神病学中，它一般是指诸如精神失常，即偏离正常状态；在心理学和社会学中，它一般用来指个人认为自己同社会、自然、别人或者自己相背离的感觉和心理。异化的含义是从这个词的词源所启示的最宽泛的意义演变而来的，简言之，它是行为或行为的结果变为与某物或某人的疏离。在哲学领域中，有些人认为，基督教关于原罪和赎罪的教义，是异化理论的雏形。另一些人则认为，异化的概念肇始于《旧约》中关于偶像崇拜的概念。还有一些人认为，异化可以追溯到柏拉图关于现实世界是“理念”世界的不完善的影像的见解。但是关于异化的哲学讨论在卢梭和黑格尔的著作中较为典型。实践派认为，黑格尔、费尔巴哈和马克思是最初明确论述异化问题的三位思想家，他们的解释构成了当代哲学、社会学和心理学界关于异化的一切讨论的出发点，其中最为重要的是马克思的异化论。在马克思的哲学中，异化是一个一般性的哲学概念，它基于一种对人性和人的本质的理解。因此，它超越了社会生活的各个领域以及研究这些领域的各种科学，例如经济学、社会学、政治学、历史学、心理学和人类学等等。针对当时苏联学界的观点，即异化是青年马克思的不成熟理论，彼得洛维奇指出，“如果我们仔细阅读马克思的‘成熟的’著作，我们就会发现‘被否定的’异化理论不仅含蓄地而且明白地，不仅它的内容而且它的词汇都出现在这些著作里”[2]。

对于“异化”的理解，实践派的哲学家们基本一致，而且内容丰富。

第一，异化是人的自我异化，人的异化不是从上帝那里异化，也不是从自然中异化，更不是从人的理念中异化，而是人从自己的本质或本性中异化。异化的根源也必然在于人自身、人的活动、人的本质之中，而不是在人之外。坎格尔加的一个典型命题是：“离

① 转引自衣俊卿：《现代性焦虑与文化批判》，黑龙江大学出版社 2007 年版，第 206 页。

② ［南斯拉夫］G. 彼特罗维奇：《马克思的异化理论》，载《人道主义、人性论研究资料》（第四辑），商务印书馆 1965 年版，第 17 ~ 18 页。

开人无所谓异化”，在他看来，自然只是自在地存在，不存在异化，只要谈异化就必然是人的异化，“只有在对象性的外化过程中，即在人成为人（或自然成为人的自然）的过程中，才可能有真正的人的异化，即人的自我异化”。[①] 异化概念不能离开人的本质，在此，“人的本质”既不是一种永恒的观念，也不是实际存在的一部分，而是历史地创造的人的种种可能性的总和，或者说，人的本质本身具有历史性，而不是某种先验的和抽象的预设。这样，当我们说一个人使他自己同他的人的本质相异化时，就是说一个人无法实现他的历史地创造的人的可能性。同理，说一个人并没有同他自身相异化时，也就是说这个人处于符合他的种种可能性的限域内，而在实现种种可能性的过程中，他又不断地创造出新的和更高的可能性。实践派认为，当马克思谈到异化时，他所思考的不是各种抽象的可能性，而恰恰是人的历史地给定的可能性。可见，所谓的自我异化是一种对人类生存状况的价值判断，它是指人无法扬弃外部世界的自在性与给定性，难以实现对自身的超越，人的实践活动蜕化为反复的、机械的、被动的活动，从而无法确证人的本质力量。异化的根源在于人自身，在人的实践活动中，而不在人之外。

第二，社会主义社会中也存在异化。在实践派之前，从卢卡奇到法兰克福学派的西方马克思主义理论家已经针对资本主义社会中的异化现象进行了深入和广泛的批判。虽然资本主义世界为人类摆脱异化提供了更多和更大的可能性，但仍未解决异化问题，甚至在资本主义制度框架下，异化问题不可能得到根本性的解决。总体而言，一般从他们官僚统治、技术统治和意识形态统治等三个基本的视角来分析当代资本主义社会中的异化现象，对此，国内外很多学者都曾论述过。实践派的突出特点是分析社会主义条件下的异化问题。具体而言，南斯拉夫社会主义的经济领域存在异化，国家所有制导致政府成为社会的“总资本家”，市场经济改革同时带来了自私、拜金、仇富和道德滑坡等异化形式，这与社会主义的本质完全不符。政治领域的异化集中表现为官僚制大行其道，这就涉及根本的社会主义体制问题。在思想文化领域，个人主义、个

① 转引自衣俊卿：《现代性焦虑与文化批判》，黑龙江大学出版社 2007 年版，第 207～208 页。

人崇拜、阶级崇拜、教条和僵化的观念遍布大街小巷同样是异化。因此，实践派将对社会主义中异化现象的批判作为实践哲学的现实旨归，本书的第四章将全面展开实践哲学的社会批判维度。

第三，异化伴随人类实践活动过程的始终。那么，异化是人作为人的一个本质性的、不可消除的特性呢，还是只是存在于人的发展过程中的历史阶段之一？存在主义者就认为，异化是人的存在的一个结构性的要素。如果迄今为止的全部历史都是人的异化的历史，那么就可以继续追问：历史的特征是异化的逐步消减，还是异化的不断加深呢？许多人在进化论的视角下，相信人类社会一直在进步，因而异化也一直在消减。但是，还有许多哲学家和社会学家却发现，当代社会中的异化在不断增加，实践派甚至认为，在当代的资本主义和官僚社会主义的社会中，异化比过去任何时候都要深刻得多，也广泛得多。还有第三种意见，即异化在某些方面有所减少而在另一些方面则有所增加，与此相对，有些人坚持认为，异化不能简单地用"增加"和"减少"这样的方式来回答。人们通常认为马克思把异化理解为一个需要被扬弃而且必然要被扬弃的历史阶段，原初的人存在一个非异化的状态，随着历史进程人将自身异化，但最终仍将返回自身，恢复到非异化的状态。彼得洛维奇借助海德格尔的观点得出了不同的结论，他列举了恩格斯在《家庭、私有制和国家的起源》中的相关论述证明，马克思本人认为人迄今始终是自我异化的，不存在原初的非异化状态，但并不因此永远是异化的，因而不是黑格尔的"正、反、合"的逻辑。所以，异化在马克思看来是一种现象，并非人的历史的暂时的特征，而是贯穿人类历史始终。弗兰尼茨基也认为异化是必然的现象，因此是纵贯人类历史各个发展阶段中人类生活的结构。人必定意识到自己是一切历史进程和历史关系主要的和唯一的创造者，而且这种意识会随着时代发展日益深化，从而顽强地、竭力地去克服异化现象。马尔科维奇认为，人能够分析事物和形势，并做出相应的不同判断，人能够想象不同的行为方式的后果，并不断修正，使自己的行动与目标相适应。人一直在争取获得更多的自由，为了打破技术、政治和社会界限而努力，可得到的却是奴役，目前的社会主义社会也未见扬弃异化的前景。由此，马尔科维奇非常悲观地认为，"当代文明的特征表明，大多数人迄今所过的是一种异化了的，不光彩的生活”①。

实践派的异化理论一方面与人的生存状况紧密相连，另一方面也并未停留在抽象层面，而是深刻地介入到南斯拉夫的社会生活中，对官僚制、意识形态、科学技术等进行具体的批判。实践派认为，“自治”是使当代世界摆脱异化的唯一的和可能的出路，因此，他们将消除异化的希望放在社会主义的自治制度中，并按照异化论的思维方式和逻辑去不断修正南斯拉夫社会主义改革进程中的负面现象。这样，异化论在南斯拉夫实践派的理论中就成为一种思维方式和社会批判方法。实践派认为，作为马克思异化概念主要内容的“人的本质”概念是不充分的，这不是就它所包括的而言，而恰恰是就它所不包括的来说。马克思给探讨人的本质的哲学人类学家们留下了一些价值判断。按照马克思的精神，实践派进一步强调，必须进一步区分异化、对异化的意识和对待异化的态度。无论是人从未意识到它，还是这一意识被他的潜意识压制了，一个人的活动和创造物的确可以在他尚未意识到的时候与他相异化。人可能对他的异化如此忽视，以至于根本不知道一个特定的实体是他的创造物，他也许甚至把自己看作是那一实体的创造物，例如，像在宗教中一样。在这个意义上，异化论本身具有直接的方法论意义。

鉴于此，弗兰尼茨基认为，“异化不是资产阶级社会的问题，因为那个社会本身只能作为异化社会而存在。异化之所以成为社会主义的中心问题，是因为社会主义只能在克服和消除异化的条件下存在和发展”②。斯托扬诺维奇也指出，“在社会主义中有异化吗？似乎这还不够，一些东欧的马克思主义者甚至已经大胆地给出一个答案：是的，有异化”③。在这个意义上，对社会主义病症的医治手段或方法就是异化理论。只有通过异化的辩证法才能为南斯拉夫的社会主义道路开辟符合人的本性的前景。

---

① 《哲学译丛》编辑部编译：《关于马克思主义人道主义问题的论争（译文集）》，生活·读书·新知三联书店 1981 年版，第 184 页。

② ［美］格尔森·舍尔编：《马克思主义的人道主义与实践》，姜海波等译，黑龙江大学出版社 2015 年版，第 54 页。

③ Svetozar Stojanović：*Between Ideals and Reality：A Critique of Socialism and Its Future*. New York：Oxford University Press，1973，p. ix.

第四节 人道主义：实践哲学的价值论

南斯拉夫实践派的实践哲学中包含着价值论的向度，这是从马克思哲学的立场和精神实质中凝练出来的，这仍要从那场著名的、影响范围极大的、广为流行的学术争论谈起。

20世纪50年代末至60年代初，恰值实践派兴起，马克思主义学界中关于"认识论断裂"的讨论成为波及全世界的哲学思潮。以阿尔都塞为代表的结构主义者认为，1845年以前，马克思受费尔巴哈思想的影响，是一个人道主义的"青年"马克思，随后，马克思从费尔巴哈的总问题转向黑格尔的总问题，并于1846年写作《德意志意识形态》之后转变成注重科学的"成熟"的马克思。当然，实践派也认同，1846年的确是马克思思想发展的转折点，它标志着一种卓越却抽象的理论向一种对社会生活的具体科学研究的过渡，马克思的治学方法和术语都发生了很大的转变。马克思本人也在《德意志意识形态》中强调，"在思辨终止的地方，在现实生活面前，正是描述人们实践活动和实际发展过程的真正的实证科学开始的地方。关于意识的空话将终止，它们一定会被真正的知识所代替。对现实的描述会使独立的哲学失去生存环境，能够取而代之的充其量不过是从对人类历史发展的考察中抽象出来的最一般的结果的概括。这些抽象本身离开了现实的历史就没有任何价值"①。

但是，马尔科维奇强调指出，"仔细考察一下就会看出，治学方法和侧重点上的差别，不能成为将黑格尔主义者和人道主义者的青年马克思与似乎既摆脱了黑格尔主义，又摆脱了人道主义而采取'纯科学'立场的成熟马克思对立起来的根据"②。在此，问题的关键是：如何看待人道主义思想在马克思全部著述中的地位和作用。毫无疑问的是，马克思确实在1846年以后克服了抽象的，具有纯粹思辨性质的人道主义，但基本的人道主义思想，特别是对异化的批判，仍然是贯穿从《德意志意识形态》到《资本论》的创作过程的主线。这里仅举一例就可以说明问题，马克思在《资本论》中

① 《马克思恩格斯文集》(第一卷)，人民出版社2009年版，第526页。

② [南斯拉夫]马尔科维奇：《马克思论异化(上)》，《现代外国哲学社会科学文摘》1990年第5期，第1页。

说，“在资本主义制度内部，一切提高社会劳动生产力的方法都是靠牺牲工人个人来实现的；一切发展生产的手段都转变为统治和剥削生产者的手段，都使工人畸形发展，成为局部的人，把工人贬低为机器的附属品，使工人受劳动的折磨，从而使劳动失去内容，并且随着科学作为独立的力量被并入劳动过程而使劳动过程的智力与工人相异化；这些手段使工人的劳动条件变得恶劣，使工人在劳动过程中屈服于最卑鄙的可恶的专制，把工人的生活时间转化为劳动时间，并且把工人的妻子儿女都抛到资本的札格纳特车轮下”①。马克思的这段论述与其早期著作相比更为具体，它以对19世纪中叶英国工人生活状况的大量实证调查为依据，然而其中基本的人道主义思想与其早期著作没有任何实质性的变化。此外，《资本论》中的发展、进步、否定、超验、正义、剥削、自我决定等范畴无一不充满了价值诉求，马克思所阐释的历史的意义恰恰是潜藏于每个个体之中的“人性”的最终实现。马克思在《资本论》第三卷中设想一种新的社会形式对抗资本主义，在那里，社会化的人亦即联合起来的生产者，将在“最无愧于和最适合于他们的人类本性的条件下”②进行生产。但是，马克思与同时代的乌托邦思想完全不同，乌托邦总是脱离实际，天真和任意地构建人类理想社会生活的详细蓝图，反之，如果乌托邦传统是提升现有生活状态的价值观念的守护者，那么这种价值诉求始终根植于马克思的思想中。可见，没有人道主义的哲学基础，马克思无法完成对资本主义的批判，更不可能去设想当时不曾存在，至今亦未能实现的共产主义社会。

一般说来，马克思的“哲学”并未遵循传统的哲学学科，马克思也并未系统地提出存在论、认识论、逻辑论、伦理观、美学观等，而是将这些与“社会学的”“经济学的”“政治学的”及其他思想深度融合。马克思提出的“实现”和“消灭”哲学，“解释”和“改变”世界，又使马克思哲学思想的“本质”成为一个见仁见智的难题。对于这个问题，彼得洛维奇指出，“仔细比较马克思说过的话并不能得出正确答案，唯有通过创造性思维，以马克思的思维方式，与马

① 《马克思恩格斯文集》（第五卷），人民出版社2009年版，第743页。

② 《马克思恩格斯全集》（第四十六卷），人民出版社2003年版，第928～929页。

克思一起思考并研究马克思的指导思想,才能得出正确答案”[①]。

实践派一致认为,马克思哲学的本质是“实践哲学”,是不仅追求理论还要求实际行动以改变世界,并同时参与其中的“理论”。不过,断定马克思哲学是实践哲学还远远不够,必须详加解释,从而避免错误的理解。如果实践派将马克思的哲学定义为实践哲学,则意味着实践来源于理论内容本身,且意味着从理论过渡到实践就是该理论的核心观念。因此,将马克思哲学定义为实践哲学并不是维持纯理论,而是将理论转变成行动,从而给世界带来革命性变化。问题的答案可以简化为:马克思的哲学是革命的实践哲学,其核心理念就是“自然主义的人道主义”或“人道主义的自然主义”,也是指人作为实践存在,凭借其自由创造力,塑造且改变世界及自身。例如,马克思说“这种共产主义,作为完成了的自然主义,等于人道主义,而作为完成了的人道主义,等于自然主义”[②]。这样,“马克思的哲学”或“马克思主义哲学”衍生出两种哲学观,其一是“实践哲学”或“自然主义 - 人道主义”,其二通常被描述为“辩证唯物主义”。那么二者是什么关系?这两个术语指的是同一个哲学观吗?还是指同一哲学观的两个不同方面?还是指两个观念,且其中一个是另一个的一部分?或是指两个不同但相互补充的观念?或是两个完全不相关的观念?或是两个互相排斥的观念?实践派认为,“实践哲学”与“辩证唯物主义”是两个不同的观念,且这两个观念“在逻辑上不互补,也并不是简单地互不相同,而至少是在某种程度上互斥”[③]。

马克思的哲学之所以是其所是,是因为它为我们的时代提供了基本的理论可能性,以及现代人对自身和对世界的人道主义理念——对可能发生或应该发生的事进行参与和创造,而不是被动地证实某种外在于人的活动的原理。即使辩证法是一种一般的哲学方法,它也不能仅仅被理解为一种获得知识的方法,一种建构一幅普遍的社会历史图景的方法。它还必须被理解为一种研究和解

① [南斯拉夫]加约·彼得洛维奇:《二十世纪中叶的马克思》,姜海波译,黑龙江大学出版社2015年版,第47页。

② 《马克思恩格斯文集》(第一卷),人民出版社2009年版,第185页。

③ [南斯拉夫]加约·彼得洛维奇:《二十世纪中叶的马克思》,姜海波译,黑龙江大学出版社2015年版,第49页。

决人道主义问题的方法，归根到底，被理解为一种决定人类行动的目标与适当手段的方法。这就预设了辩证法作为历史实践之确定结构的基本意义。

马克思证明了人的存在被分割为经济、政治、道德、宗教、风俗等方面，这种分割本身就是自相矛盾的，因此，用完整的人超越这种存在，就是马克思人道主义纲领最重要的元素之一。当然，他的理想并不是一个被简化为单一维度的、无差别的人，而恰恰是以一种更加多样化而非敌对的方式实现自身的完整个体。彼得洛维奇认为，没有人道主义，就不可能有真正的革命，同样，没有革命的态度，真正的人道主义也是不可想象的。革命的人道主义是唯一完善无缺的人道主义，而人道主义的革命也是唯一真正的革命。因此，革命的人道主义和人道主义的革命在本质上是一致的，是不可分割的。①

马尔科维奇在《工业文明社会彻底人道化的可能性》中阐述了当今世界上非常不人道的状况，重点探讨了使世界人道化的可能性。他认为，在政治舞台上称王称霸的社会集团的存在，是当代社会所有非人道现象的根源。因此人类彻底解放的基本前提就是废除政治权力和经济权力始终集中在某个社会集团手里的制度。因此，人只有作为一种自由的存在，才能为作为其自身的本质和存在的历史性所决定。如果把这种决定看成是纯粹的机械论，或像康德一样把这种自由看成其纯粹而抽象的对立面，那么这种观点仍然停留在德国古典哲学的土壤中。然而，历史过程正是对这种关于历史运动的机械论的实践的否定过程，因此，它是一种发展，人在一定方面并不再生产他自身，而是生产他的主体性，人并不寻求某种已经生成的东西，而处于正在生成的绝对运动中。人在本质上是不可限定的，因为人绝对不是已有的存在，他不是被赋予的，而首先是生成，即不断再生的，通过其活动向人类整体证明其开放的可能性的，这种来源于新的、未知的未来的整体就是尚未被认识的、自由的、有意义的存在。正如不通过这种限定涵盖自由就不可能在理论上确定什么是自由一样，同样，只凭借自由也不能规定作

① 《关于马克思主义人道主义问题的论争（译文集）》，中国社会科学院哲学研究所《哲学译丛》编辑部编译，生活·读书·新知三联书店1981年版，第141～177页。

为自由之载体和创造者的人。

如果社会科学没有充分意识到它的人道主义的前提，那它就不能是批判性的。否则，它就会成为政治的一种辩护形态或职业托词。当不加批判地假定各种社会目标时，社会主义中的科学也会轻易变为一种操纵人民的有效手段。换言之，社会主义中的政治也必然会在对立的两极之间摇摆，尽管政治仍是一个充满偏见和异化的领域，但就它是革命的而言，它同时也实现了人道主义纲领，是扬弃政治异化的有机组成部分。

革命已经历史地证明了自身，并反复证明了它自身就是人之历史存在的唯一现实的方式，若没有哲学，这些社会科学就不能确保一个更宽广和更充分的视角或提供基本标准去评价普遍性的社会进步。社会主义革命必定不只是政治的、经济的或道德的革命，甚至也不只是社会的革命，它必然是总体的人道主义革命。马克思主义者的唯一责任就是要寻求人道主义的真理和真理的人道主义，马克思主义者不仅对思想与现实、理性与存在之间的关系感兴趣，而且对相反的关系也有兴趣。马克思给"人的本质"赋予了一个动态的而非静止的结构，它包含着人类尚未实现的某些潜能。所以，在马克思看来，"本质"不仅是一个认知术语，而且也是一个有价值倾向的术语。没有这种期盼，就不能对真实的历史有决定性的超越，而只能停滞不前。这种意义上的乌托邦是马克思激进的和批判的社会与历史理论的一个合理维度。

> 共产主义是对私有财产即人的自我异化的积极的扬弃，因而是通过人并且为了人而对人的本质的真正占有；因此，它是人向自身、也就是向社会的即合乎人性的人的复归，这种复归是完全的复归，是自觉实现并在以往发展的全部财富的范围内实现的复归。这种共产主义，作为完成了的自然主义，等于人道主义，而作为完成了的人道主义，等于自然主义，它是人和自然界之间、人和人之间的矛盾的真正解决，是存在和本质、对象化和自我确证、自由和必然、个体和类之间的斗争的真正解决。它是历史之谜的解答，而且知道自己就是这种解答。
>
> ……
>
> 因此，对私有财产的积极的扬弃，作为对人的生命的占

有，是对一切异化的积极的扬弃，从而是人从宗教、家庭、国家等等向自己的合乎人性的存在即社会的存在的复归。[①]

“人的类存在”概念是人的规范性概念，而不是人的描述性概念。把实践看作是人的一种带有明确美学性质的自由行动，在这种行动中人使自己所有的潜在能力对象化，并肯定作为一个个性的自己，也满足他人的需要，这个观念是马克思对市场经济条件下异化劳动所做的全部批判中一个关键性的观念，而且肯定是一个价值观念。马克思的剥削理论肯定是从一种普遍的人道主义观点来谴责资本主义的，它探索了建立一个任何特定集团都无法取得支配地位的无阶级社会的可能性，这也是一种价值观念。

实践哲学并不完全排斥乌托邦，乌托邦与确定的知识相比更多是空想的产物，它与对人的历史潜能和人的需要的研究相比更多是对于希望与信心的表述，但乌托邦不能被视为毫无价值的精神生活的产物，恰恰相反，乌托邦是公正、自由、团结，以及创造力等真正和普遍的人类愿景的宝库。在实践派看来，一种历史的批判理论将保留乌托邦，它在本质上是一种对于目前不合理和不人道的社会结构的否定态度。这种批判理论将不再是纯哲学，它将超越经济、政治和文化上的局限，展开具体的跨学科研究，而且它的理论视域将会由实践哲学所规定，即由对人、人的能力和需要，以及人的发展潜能的哲学框架所规定。苏佩克在《革命存在的伦理悖论》一文中指出，社会主义作为一种运动将是长期的和持续的过程，因而“革命”远未终结，社会主义中的人仍是革命者。然而，作为一种革命存在，人们会遇到三个伦理“困境”、“矛盾”或称“悖论”。其一，革命行动是有终极目标的/革命行动是一种实现目标的手段；其二，集体会使个体充满自信/集体会使个体自愿放弃个性；其三，革命者渴望团结（真实的）/革命者反对团结（形式的）。[②]尽管如此，苏佩克还是认为，这些矛盾能够产生一个广阔的历史视野和一种人与人之间更人道的态度，由此凸显了实践哲学的价值论内涵。日沃基奇认为，意识形态是一种特殊的不准确意识，它是以满足社会总体利益的形式呈现出来的局部利益的反映。在特定

① 《马克思恩格斯文集》（第一卷），人民出版社 2009 年版，第 185 ~ 186 页。

② 参见［美］格尔森·舍尔编：《马克思主义的人道主义与实践》，姜海波等译，黑龙江大学出版社 2015 年版，第 113 ~ 127 页。

的社会背景下,当表现阶级利益的时候,它是革命的;当隐瞒阶级利益的时候,它就是反动的。意识形态总是和一定的价值观紧密联系在一起,在这个意义上,自由主义经历了向官僚意识形态的转变,斯大林主义同样背离价值观而成为一种官僚意识形态。作为意识形态灌输的一种手段,自由主义和斯大林主义都被用于创造自由的假象,都被用于促进现实的伪理性化,都被用于消解对现实的批判意识。但是,一个没有理想的时代,或者一个理想崩溃的时代,也是一个重新生成批判意识和反抗力量的时代。

本章所涉及的内容较为复杂,不易梳理清楚,我在此需要做一些总结和简要的补充说明。南斯拉夫实践派将人看作实践的存在物,而实践是自由的创造性的活动,自由的创造性的实践的最高形式是革命,即彻底消除自我异化的社会和自我异化的人,通过辩证的批判来实现真正的人道的人类共同体和自由的人。在这个意义上,南斯拉夫实践派的实践哲学是一种关于现存的人的生存状况的批判意识,是人类在历史中对自身的认识,并始终力图将一个物化的、异化的世界改变为人的世界。

对此,马尔科维奇总结道:"批判的社会哲学的本体论原则、认识论原则和价值论原则构成了一个前后一贯的统一体。一种在人的有限的实际存在和人的潜力与真正需要的总体性之间作出了区分的人的概念,一种彻底批判的、旨在超越理论和现实中给定的局限的研究方法,以及一种把人的自我实现当做其终极标准的价值理论,显然是相互支持和相互补充的。辩证的人道主义乃是任何一种继承了马克思主义传统的现代社会哲学的哲学基础。"①

① [南斯拉夫]米哈伊洛·马尔科维奇:《从富裕到实践——哲学与社会批判》,曲跃厚译,黑龙江大学出版社 2012 年版,第 41 页。

第四章　实践哲学的社会批判维度

20 世纪 50 年代末至 60 年代初，南斯拉夫实践派确立了人道主义的哲学立场，构建了实践哲学，并借此超越了辩证唯物主义的理论框架，本书第三章正是对此的系统阐释。20 世纪 60 年代中期，实践派的研究重心发生了转变，即作为实践哲学的革命的和批判的人道主义不能停留为一般的哲学争论或纯学术的理论探讨，而应当从一般的理论问题研究转到对具体的社会现实问题的关注，从对人的存在方式的一般性哲学沉思转为对当代世界和人所面临的现实困境的批判分析。实践派一致认为，马克思的哲学在本质上是一种批判的社会历史理论，只有通过人道主义的指引，人们才能洞察并能够指出它与历史相互交错的复杂方式，才有可能通过新的途径理解马克思的哲学。而这种新途径基于一个重要观点：认识到理论和现实的局限性不可能一下消除殆尽，如果对这种局限性的起因一无所知，也就不可能消除这种局限性。正如马尔科维奇所说，“作为一种抽象的哲学，20 世纪 50 年代发展起来的南斯拉夫人道主义已经让位于一种具体的社会批判理论并成为社会批判的观点”①。由此，南斯拉夫实践派的实践哲学必然展现出社会批判的维度。

本章各节基于实践派对“自治”的哲学反思。迄今，南斯拉夫是世界上唯一曾经施行了自治的现代民族国家，自治最终虽然惨淡收场，但它毫无疑问是人类历史上一次伟大的实验，是社会主义

① ［南斯拉夫］米哈伊洛·马尔科维奇、加约·彼得洛维奇编：《实践——南斯拉夫哲学和社会科学方法论文集》，郑一明、曲跃厚译，黑龙江大学出版社 2010 年版，导论，第 3 页。

改革的一次重要的探索和实验，对它的评价不能以成败论英雄，而是要仔细甄别其中的得失关键。自治总是受既定的社会状况、技术水平、生产结构、政治体制的性质、文化水平、人类行为的现存传统和习惯制约的，因而，实践派对自治的反思横贯经济、政治和文化领域。在全部20世纪的马克思主义者中，东欧的新马克思主义者对社会主义体制、道路和改革的探索是最多的，其中南斯拉夫实践派的成果又是最为丰富的，于是本章将通过经济、政治和文化三个领域来揭示实践派的实践哲学的社会批判维度。

第一节　实践哲学的经济批判维度

不论在实践上还是在理论上，南斯拉夫的社会主义都具有其特殊性。在实践上，它是工人自治、广泛使用市场经济以及南斯拉夫共产主义者联盟牢固掌握政权三者独特的结合。其中最引人注目的当然是"自治"。1950年起，南斯拉夫开始实行自治制度①，自治首先是在经济领域实行的，即在企业实行工人自治，以后逐步扩大到社会生活的所有领域，即从工人自治发展为社会自治。实践哲学的社会批判维度就体现在对自治社会主义理念的积极倡导和对南斯拉夫自治制度的不彻底性和不完善性的批判性反思中。那么，按照马克思的指引，自治制度首先是一种经济运行的制度或体制，是劳动者成为经济活动的"主人"的制度设计。南斯拉夫社会主义自治制度是在否定苏联模式过程中创建的，许多方面与苏联

① 南斯拉夫的自治起源于战争期间，当时，游击队员需要寻求一种能够管理解放区的方法，后来，伴随着对建立在合法个人利益和强烈物质刺激之上的经济增长和技术发展的追求，这种管理模式就变得愈加务实了。南斯拉夫建立社会主义制度以后，其自治制度的发展经历了三个历史时期：第一时期为工人自治时期（1950—1962年）。1949年，南斯拉夫在215个企业中进行工人自治的试验，选举产生了工人委员会，让其参与企业的管理。1950年6月，南联邦国民议会通过《工人自治法》。它规定所有国有企业都是全民财产，并由工人代表组成的工人委员会和该委员会的执行机构，即管理委员会去直接管理。这一法令的颁布标志着自治制度的建立。第二时期为社会自治时期（1963—1970年）。1963年，南斯拉夫联邦议会通过第三部宪法，规定除党和军队外，所有国家机构和社会事业单位均应实行自治原则，将工人自治扩展到了社会自治。第三时期为联合劳动自治时期（1971—1991年）。1970年，联邦议会通过宪法修正案，要求各经济部门按联合劳动原则进行改组。在经济方面主要实行联合劳动原则，加强契约协调。关于南斯拉夫自治制度的历史可参阅约翰·R.兰普：《南斯拉夫史》，刘大平译，东方出版中心2013年版。

体制相比是反其道而行之的。南斯拉夫社会主义自治制度的建构在一些方面较为成功,如广泛发动群众参政议政的代表团制、为工人提供生产管理机会的联合劳动制、在社会主义经济制度中首先推行市场经济制度等方面。自治以不同于苏联的形式决定着南斯拉夫社会进一步发展的进程,但是,工人自治也带来了重重矛盾和严重后果,如市场关系的泛滥和无序、显著的社会贫富两极分化、居高不下的失业率、大批工人被迫流向西方资本主义国家寻找职业、显著的经济和政治领域的自由化倾向和民族主义倾向等等。

实践派对于南斯拉夫经济运行模式的哲学反思是极具特色和启示意义的,彼得洛维奇对于西方马克思主义回避马克思的政治经济学表示不满的重要一点是:"没有《资本论》的异化论"与"无视异化论的经济学"一直处于不相关的背离状态,而解决这个难题一方面在于"消化"马克思的经济学文本,另一方面在于对社会现实的真切把握。总体看来,实践哲学的经济批判是宏观经济学的分析框架,其批判的焦点是所有制、市场经济等重大的和基本的经济问题。实践派的研究也"惊动"了南斯拉夫的经济学界,《社会主义政治经济学:一种马克思主义的社会理论》的作者霍尔瓦特曾获诺贝尔经济学奖提名。他在书中援引彼得洛维奇、马尔科维奇、弗兰尼茨基等实践派哲学家的思想,运用异化和物化概念为社会主义政治经济学奠定了哲学、心理学和道德基础,由此可见实践派在南斯拉夫国内的影响力。

一、国家所有制和社会所有制的关系

南斯拉夫的社会主义实践并不具备马克思提出的社会物质与文化的基础,因而需要独立探索新的形式。第二次世界大战后最初的几年,南斯拉夫也是按照苏联的模式进行社会主义改造,建立了国家所有制。当然,国家所有制也有着"权威"的理论来源,马克思和恩格斯在《共产党宣言》中指出:"无产阶级将利用自己的政治统治,一步一步地夺取资产阶级的全部资本,把一切生产工具集中在国家即组织成为统治阶级的无产阶级手里,并且尽可能快地增加生产力的总量。"[①]马克思和恩格斯的这段论述可以被看作是对

① 《马克思恩格斯文集》(第二卷),人民出版社 2009 年版,第 52 页。

“国家所有制”的表述。一旦取得政权，革命运动就会对生产资料、对生产和全部社会生活的管理进行国有化。可以确定，这是所有社会主义革命都已经历的一个阶段，是社会主义的初级形式，也被称为“国家社会主义”。1948 年，苏南关系破裂以后，南斯拉夫开始探索一条不同于苏联的所有制形式，即“社会所有制”。在南斯拉夫，最早提出“社会所有制”思想的是铁托。他在 1950 年关于《工人自治法令》的讲话中指出，工人自治法的最重大历史意义，在于它是包含着关于社会所有制、劳动者的权利和义务的社会主义生产关系的全部纲领。

实践派的主要观点集中批判南斯拉夫社会主义所有制的两方面现实：一是国家所有制的弊病和遗毒，二是社会主义自治制度下的社会所有制的不足。

在革命胜利之初，建立国家所有制是十分必要的，它可以在组织新社会的经济生活中起主导作用，但是它并不意味着工人与社会资本的一切形式的异化的终结，也不会自动地取消社会上一部分人操纵工人阶级和整个基本劳动阶层的全部条件和可能性。实际上，生产资料的国有化还没有完成根本性的生产关系的社会主义改造，通过消灭资本家，使企业全部国有化，劳动者的地位还没有出现本质的变化，仍然存在着“从事”劳动的人和“指挥”劳动的人之间，被统治者和统治者之间，被剥削者和剥削者之间的区别。在管理企业的行政官员背后不再有资本家，但这些官员也因此而成为官僚者，虽然消除资本的统治和消灭资本家是重要的，但对于仍然是统治对象的劳动者却是不重要的。实践派哲学家们认为，苏联所施行的高度集权的“国家所有制”并没有消灭体现资本主义剥削关系的“异化”现象，甚至为保留这种“异化”现象提供了肥沃的土壤。在苏联，广大工人阶级并没有成为劳动的真正主人，其症结就在于国家所有制。国家所有制形式中孕育着一种基本矛盾的萌芽，即把工人及其劳动与对社会资本和劳动的其他客观条件的直接管理相分离。这种状况一方面成了国家及其决定机构对管理社会资本和制订国家计划进行全面垄断的源泉，另一方面也是使工人对国家资本的命运漠不关心的原因。在斯大林体制中，官僚主义国家是社会的主人，而且根据自己的利益对所有制有最高的支配权。这种国家所有制是代表国家机器的集体所有制。官僚主义体制中的国家所有制甚至不是间接的社会所有制。结果证明，生产资料和劳动产品既不是任何社会团体的财产，也不是国家机器的财产，从间接意义来说也不是社会的财产。这会是没有主人的财产吗？实践派的回答是否定的。在以苏联为代表的国家主义社会中，统治阶级是生产资料的集体所有者，这个阶级中的各个成员占有剩余价值，这是由他们在国家等级制度中的地位决定的。事实上，他们全面参与生产与剩余价值的分配，进一步而言，统治阶级的独特性在于：它的经济权利来源于政治权利，这甚至与真正的资产阶级处境相反，资产阶级是通过经济权利获得政治权利。

国家在不断地再产生这种垄断地位的同时，也不断再产生出这种垄断地位同工人利益之间的矛盾，尤其是同工人渴望劳动解放、自由劳动、平等地决定其劳动条件、资料和成果的历史愿望之间的矛盾。所以，国家社会主义是一种社会经济关系，它不仅以国家所有制和国家对积累和分配的垄断为特征，而且其本身就在维护既得的雇佣关系，因此，必须在生产关系方面再进行一次飞跃。所以，弗兰尼茨基说，"国有化仍然意味着，工人阶级同自己劳动的产品相分离，同积累、计划和对扩大再生产的管理相分离。因而，尽管社会主义力量掌权，工人阶级实质上却处于雇佣关系中，在经济上和政治上处于异化的地位。也就是说，仍然是某人以工人阶级的名义实行管理，而不是工人阶级自己直接管理自己的整个社会生活和整个社会"①。而且，"只有当以自治方式组织起来的劳动者不仅在指导整个国家发展上而且对社会的政治组织残余和在许多职能上已消亡的国家的残余有着主导的作用时，自治社会主义社会关系才能战胜国家社会主义关系"②。

关于所有制问题，包括实践派在内的南斯拉夫理论界普遍认为，国家所有制是社会主义公有制的低级形式，社会所有制则是它的高级形式。对生产资料的国家所有制必将逐渐过渡到社会所有制的高级形式。只有当社会所有制取代国家所有制以及社会自治取代国家管理之时，人们才能谈论成熟的社会主义。对马克思来

---

① ［南斯拉夫］普雷德拉格·弗兰尼茨基：《马克思主义与社会主义》，杨元恪、陈振华译，黑龙江大学出版社 2014 年版，第 63 页。

② ［南斯拉夫］普雷德拉格·弗兰尼茨基：《马克思主义与社会主义》，杨元恪、陈振华译，黑龙江大学出版社 2014 年版，第 63 页。

说，成熟的社会主义是一个由自由生产者联合体所构成的社会，这些自由生产者根据一个共同的、合理的计划有意识地进行工作。在这样的社会之中，工人阶级不断发展它自己的自治权力，同时推动发展普遍的、整体的社会自治。自治发展的第一步就是从国家所有制转变为直接生产者管理下的全民所有制。这一转变实际上是由间接公有制向直接公有制的转变。因此，国家所有制实际上是转折性的事物。

作为与私有制相区别的社会所有制，是一种已经给社会科学家们带来很多困难且非常复杂的现象。斯托扬诺维奇认为，马克思曾在理论上细致地探讨了"废除私有制"的过程，但是在当时的南斯拉夫，探讨所有制的社会化而非现实的社会所有制也许更为恰当。在南斯拉夫，废除私有制的过程以私有财产的国有化为开端，国家仍将不可避免地在所有制的配置和控制上发挥某种作用，并且会持续到未来相当长的一段时间内。那么，自治和所有制之间是什么关系呢？如果社会自治被还原为团体自治，那它是社会所有制吗？如果暂时不考虑国家，社会所有制就暗示着"社会团体"在某种程度上决策和配置财产，这与社会所有制还有差距，因为从前的主导因素是国家，现在则是自治的团体，所以，社会所有制就有了一种被还原为国家所有制或团体所有制的倾向。团体所有制和团体自治一方面要求国家所有制，另一方面又要求国家管理，如果国家所有制对团体自治的所有制没有设定严格的界线，那社会就不能发挥作用。事实上，这仍是两类特殊的团体所有制，国家所有制中的"普遍主义"倾向不可能真正超越团体自治的"特殊主义"，同样，通过特殊的小团体试图超越国家也是纯粹的幻想。实践派指出，仅仅确立新政权和主要生产资料国有化的政治社会革命，仍然停留在资产阶级时期的历史阶段范围内。在这个范围里，占主导地位的主体是带有自己政治结构的阶级，在那里不仅是经济异化，与之相伴随的总是明显的政治异化和思想异化。只有革命力量意识到自己的历史局限性，认识到国家主义垄断及其危险性，因而开始推动社会主义自治制度的施行，经济异化才能被逐渐消除。社会主义革命是以自身的发展否定和超越资产阶级社会形态的，而在新的社会结构中会生发出一种没有压迫和剥削的新的社会经济关系，一种谅解和团结的新关系，一种新的人道主义，这种社会结构只能是自由生产者个体的联合体。

马克思在《资本论》中指出:“从资本主义生产方式产生的资本主义占有方式,从而资本主义的私有制,是对个人的、以自己劳动为基础的私有制的第一个否定。但资本主义生产由于自然过程的必然性,造成了对自身的否定。这是否定的否定。这种否定不是重新建立私有制,而是在资本主义时代的成就的基础上,也就是说,在协作和对土地及靠劳动本身生产的生产资料的共同占有的基础上,重新建立个人所有制。”①这段话又可以被看作是马克思对“社会所有制”的表述。南斯拉夫实践派认为,只有消灭在所有制关系方面的私人垄断、国家垄断等一切垄断形式,使生产资料真正由社会所有,才能彻底消灭“异化”现象。马克思的异化劳动理论不仅适合于说明资本主义制度的矛盾,而且也是认识苏联国家所有制矛盾的锐利武器。根据马克思的论述,只有真正的社会自治达到了个人所有制的程度,才可能会探讨真正的社会所有制。任何其他类型的所有制都不是以个体的充分民主为前提条件的。

既然具体的社会主体必然在某种程度上拥有处置社会财产的权利,那么他们把这种财产还原为某种团体财产,即要么是国家的财产,要么是自治团体的财产,这个危险将永远存在。南斯拉夫的经济实践已经表明,即便是社会上最强大的自治团体也具有一种歪曲国家决策的倾向,因为它们本质上是促进自己特殊利益的代表机关。可见,社会所有制的概念正如社会自治的概念本身一样,反映了一定社会的基本冲突。社会自治可能被还原为团体自治,这实际上把社会所有制当作团体所有制,或者伪装成社会所有制的其他形式的团体所有制。因此,一方面,有必要使社会财产尽可能地接近个人或团体,即使之不断具体化;另一方面,同时又有必要超越狭隘的或垄断的配置财产方式。用实践哲学的术语来表达的话,可以说,具体的普遍性连续受到来自特殊主义和抽象的威胁,如果不使个体利益日趋真实,普遍也只能是抽象的和思辨的。

人们以不同的方式理解社会主义,在大多数情况下,把它理解为社会的经济制度。在这种社会的经济制度中,由于生产资料的国有化,私有制被废除;劳动义务和分配权利,按照各尽所能,按劳

① 《马克思恩格斯文集》(第五卷),人民出版社 2009 年版,第 874 页。

分配的原则进行调整。而在实践派看来,社会主义不仅是一种社会的经济形态,而且是一种新的生活方式。在这种生活方式中,人将真正地成为人,社会主义是一个真正人性的和人道主义的社会,它为每一个人的自由发展和创造性的发展展示着可能性。但是,对于社会所有制的理解,南斯拉夫理论界就产生了很大的分歧。南斯拉夫许多学者和政治家从社会所有制的性质与作用出发对其进行说明,如 1974 年南斯拉夫宪法这样表述,社会所有制是作为人与人之间社会主义经济关系的表现,是自由联合劳动的基础,是工人阶级在生产和整个社会再生产中的统治地位的基础,也是用自己的劳动取得用于满足人的需要和利益的个人财产的基础。

南斯拉夫在夺取政权和强制实行自治的时候,通过宪法在政治上剥夺私有生产资料,由此而产生了将经济基础完全"社会化"的错误。从现有生产关系的立场看,这种政治生产管理结构不符合生产的内部要求。自治制度是在生产资料公有制的基础上发展起来的,因此,生产资料公有制跟社会主义自治制度密不可分,它是物质财富和精神财富进一步发展的基础,与此同时,还要发展人们的意识,使人们认识到,劳动的人道化,对劳动成果的正确态度和人际关系的人道化,既关系到每个社会成员的利益,同时又是每个社会成员的任务。

联合劳动中人道主义和人的自由具体表现为劳动权和劳动自由,这已经作为南斯拉夫自治共同体中的每个成员所不可剥夺的权利而被载入南斯拉夫社会主义共和国的宪法中。这样,社会主义自治就规定了对社会有益的劳动是每个成员的权利和义务,即他们必须和可以按照自己的能力和可能来求得自己的完善和为整个社会的发展而工作。重要的是,要使选择工作的自由,工作中的管理职能和执行职能相结合条件下的自治,以及对工人及其劳动成果的控制的逐步废除尽可能快地从理论原则变为社会历史发展范围内的社会现实,变为实现劳动和人的解放以及一切人之间的真正人道化关系的一个阶段的社会现实。

人际关系的人道化,在收入分配和社会地位方面表现得最为具体。每个联合劳动组织中的工人有权在必须按照劳动成果、按照法律和自治条例来分配收入的问题上参与决定。这样,在社会主义自治社会中,联合工人的个人利益、工人联合劳动组织的利益和社会共同体的利益就可以实现相互结合和彼此依赖的关系。单个人和社会共同体的利益和关系的相互结合,脱离了工人个性的意识是不可能发展的,也就是说,这种相互结合是建立在个人的本质特征的基础之上的。联合劳动组织中的工人有决定收入分配的权利和义务,这就迫使他们往往就那些对他们自己生活和劳动以及整个社会的物质方面和其他方面条件的建立具有直接或间接影响的关键性问题发表意见和采取决定。工人就能够参与对科学、文化、社会保险、保健以及满足个人需要和社会需要的其他形式的发展的决定过程。正是在这些事情上体现社会主义工人自治联合的人道主义实质,实现劳动和人的解放。这个过程要表现人道主义和社会主义团结精神的社会主义自治社会的原则,联合劳动中的人道主义和人际关系人道化,其出发点是尊重工人的个性、尊严和品德,尊重他们在社会上的地位和正确的主张。

在这个意义上,自治的含义就清晰了:把对企业的全部管理掌握在自己手中的联合体即各级委员会,它不仅通过自己的发展,而且通过它们的垂直的建设开创未来的新局面,各级委员会将成为整个社会基础的和决定性的机构。所以,自治思想中包含着一个重要因素和目的,即人的历史行动首先是人的社会产品,不能与人分离,而劳动者自己既要掌握自己的生产又要支配自己的产品,并同历史上形成的这种分离状态的神秘化决裂,这也是马克思在《1844 年经济学哲学手稿》中的洞见。虽然实践派哲学家们不否认启发或灌输的重要性,但任何教育都不能彻底解决历史觉悟的不足和缺陷,而只能由人类历史实践中的变革来解决,这恰恰是南斯拉夫实践派的实践哲学的精神。换句话说,人只有通过自己历史实践的革命化,只有通过废除产生神秘化的现实的社会经济关系,人们才能充分认识到,自己是历史的缔造者,从而认识自己的生活和命运。鉴于此,自治思想的批判矛头便会指向私有制或国家所有制及其各种变化的形式,因为它们过去和现在都在阻碍工人阶级和劳动者去消除其历史生存中的分离,即劳动领域和管理领域的分离,从而消除自己在经济方面的异化。

总之,从实践哲学的视角看,弗兰尼茨基深刻地指出,自治思想的基本含义是:劳动者将成为自己劳动的主人,祛除异化,采取实际的措施限制并废除国家和团体权利,以便使人自身真正成为劳动的监护人，从而让劳动者一劳永逸地在历史上成为成年人。这种社会主义自治当然不是建立在生产资料私有的、集团所有或国家所有的原则之上，而是建立在社会所有的原则上，建立在高度发达的生产力水平之上。弗兰尼茨基称这种自治为"共产主义的萌芽，这个萌芽是未来人与人之间关系的还不发达的形式。只有这样社会主义才有权被称为社会主义即共产主义的第一阶段和低级阶段"①。

二、计划和市场的关系

计划和市场是现代经济运行的两大基本模式。从斯密提出"看不见的手"以来，计划和市场的关系就是长期争论的焦点。哈耶克极力主张市场并反对计划，强调计划是"通往奴役之路"，然而，20 世纪 30 年代面对凯恩斯时，哈耶克败下阵来，从而失去了一流经济学家的地位。凯恩斯主义所主张的"计划"也因为"石油危机"展现出不可避免的局限性。这些经典的讨论或多或少地影响到实践派的哲学家们，实践派的黄金时代正处于世界范围内计划和市场的争论进入白热化的阶段，因此，实践派对南斯拉夫社会主义经济改革的批判也必然涉及这个问题。面对南斯拉夫的经济改革，西方学者关注的是："我们要问，南斯拉夫进行的是否真的是市场社会主义的实验，如果是的话，那么，它的衰退和瓦解是否构成了市场社会主义失败的证明。"②麦克莱伦曾谈到，"南斯拉夫模式最令人瞩目的方面是，在存在相当分权化的经济体制和浓厚的以市场为导向的社会主义条件下，他们对工人自我管理的高度重视"③。事实上，在南斯拉夫理论界曾经有过"计划"和"市场"之争，甚至铁托和卡德尔也参与了争论。但是经过自治改革的实践，理论界基本放弃了市场经济和计划经济两者择一的思路，而是主张把二者有机结合起来。从理论上看，凯恩斯第一个认识到经济

① ［南斯拉夫］普雷德拉格·弗兰尼茨基：《马克思主义与社会主义》，杨元恪、陈振华译，黑龙江大学出版社 2014 年版，第 135 页。

② ［美］约翰·罗默：《社会主义的未来》，余文烈等译，重庆出版社 1997 年版，第 77 页。

③ ［英］戴维·麦克莱伦：《马克思以后的马克思主义》，李智译，中国人民大学出版社 2004 年版，第 165 页。

学思想中的两个主要误区:一是经济能通过市场机制成功地进行自我调控;二是一个不受控制的市场可以确保最大化地挖掘经济潜能。这二者均是一厢情愿。

在当时,计划和市场都是整个南斯拉夫经济活动的主要调节器,市场被看作是刺激和扩大再生产的基本条件,计划则被看作是保证社会主义的特征。但是"市场和计划都还悬在社会的真空之中"[①],这是国家控制的必然结果。然而,无论是市场还是计划都不能充分地影响公共生活,甚至不能影响经济事件。无论是政治机构还是自治组织都不足以成为社会和道德的调节器,不能对无组织的市场行为和国家制度的武断倾向施加压力,真正的批判性力量只能来自哲学。因此,南斯拉夫实践派首先警告在社会主义中推崇市场的自由主义者们,批评他们是在粗鄙地重蹈凯恩斯之前资产阶级经济学的覆辙。为了取代被摧毁的计划经济模式的神话,他们走向了另一个极端,他们试图创造一个不受控制的市场,也是一个消除和扬弃异化的新神话,这也与马克思的一贯观点不符。因为社会主义共同体的观念与市场盲目力量的奴役是不相容的。以此而论,不发达的国家过渡到社会主义,不可避免地会导致计划经济模式,然而,这并不是社会主义的应有之义,对此,弗兰尼茨基指出,"国家和政党作为一种独立的力量,垄断着对主要生活问题的决策权,从而削弱了工人阶级的权力,减少了工人阶级对他们的劳动成果联系在一起、并同扩大再生产和经济计划相关的许多问题发表决定性意见的机会"[②]。

从政府和市场的关系上看,南斯拉夫社会主义体制中的企业并未以竞争和利润的最大化为基础而经营,其经济运行过程受到南斯拉夫政治当局的严重干预而缺乏独立性,因而也不能发挥市场的积极作用。不但各个企业之间的竞争受到严重妨碍,不能刺激生产力的发展,而且"软预算约束综合征"无所不在,几乎涉及全部的国有企业,即企业的经理人不为损失负责,因为投资决策往往

① [南斯拉夫]米哈伊洛·马尔科维奇、加约·彼得洛维奇编:《实践——南斯拉夫哲学和社会科学方法论文集》,郑一明、曲跃厚译,黑龙江大学出版社 2010 年版,第 259 页。

② [南斯拉夫]米洛斯·尼科利奇编:《处在 21 世纪前夜的社会主义》,赵培杰等译,重庆出版社 1989 年版,第 309 页。

是由地方加盟共和国的政治当局做出并强加到企业的。国家最终将为企业的经营不善和经济损失负责。地方政府弥补这些损失的做法就是大量地发行新货币,因而出现了较为严重的通货膨胀。

在自治体制中,虽然南联盟中央政府并不直接干预企业,但权力移交给了地方政府,地方政府直接干预企业。从经济建设的总体布局上看,南斯拉夫的联邦制意味着六个共和国的每一个都试图保持自给自足,其结果是在全国范围内造成投资项目重复,很多没有效率。不同的加盟共和国中的许多企业生产同一种产品,本来是可以导致这些企业竞争的,但是各加盟共和国设置贸易壁垒,各自保护它们的地方企业,从而又抑制了市场竞争的力量。同时,在各加盟共和国之间的资本流动也同样受到阻碍。由于企业的经理人不能随意解雇工人,所以工人中缺勤和偷懒的比例很高,工人的生产积极性也不高。在实践派的哲学家们看来,这种经营管理体制的大部分致命特征都由于地方政治当局坚持对企业的控制所引起。在最一般的意义上,南斯拉夫自治实验的失败应归因于那些控制联邦和各加盟共和国国家机器的人不愿意允许企业自治和不鼓励竞争。由此可见,"如果自治只实行于地方一级,而指导则来自中央的官僚式的计划的,这就会引起种种矛盾,如计划需要权威与纪律往往与个人主动性不能相容,地方自治的独立决策又似乎会造成混乱,因而与计划不能相容,等等。从根本上看,只有在自治推向中央的过程中这些矛盾才可望得到解决"①。当然,在这个过程中,需要有高度发达的社会科学以便做出完善的计划,同时,工人集体与生产者本身都需具备高度的教育水平和文化素质,以及社会主义觉悟。

有一点需要在此澄清,经济发展受阻和经济丧失活力并不是南联盟政治专制的必然结果,因为韩国在朴正熙执政的时代是典型的政治专制,但这并没有阻碍经济的迅速发展。国家层面的计划本身也并非不对,因为在新加坡、韩国也有集中的计划。两种专制类型的主要差别在于对待竞争的态度,对待培训专门管理人员的态度,对待企业自治的态度。哈耶克很早就指出,如果政治当局

① [南斯拉夫]马尔科维奇:《社会主义与自治》,《马克思主义研究参考资料》第35期,1980年6月。

控制企业的投资和人事决定，那么，他们就不可能同时使企业经理对企业的损失负责。在当时的南斯拉夫，微观层面自治机构或工人委员会与宏观层面的权力体制（国家、政党、职业政治家和官僚）并存，它们彼此又是不相容的，这反映的是计划和市场的紧张关系。如果经济上的计划是出于某种政治目的，或者以强化国家所有制来巩固政治专政为目标而实施，那么它就需要被否定。在南斯拉夫，把个体的工人自治自然地拓展和整合进一个整体是对“国家”的一种实际否定，它不但拒斥各种自上而下的计划，而且可能废除职业政治家。因此，国家的体制就导致执政者要全力操纵工人委员会并通过动摇其物质基础，通过无数的计划和“账单”减少基层决策的规模，通过党组织不断地进行干涉，通过对经理施加压力，通过在全社会层面上抵制去职业化，并通过延缓主要政治功能的真正民主化，来阻挠社会主义自治的进一步发展。马尔科维奇从南斯拉夫的经验中得出的根本教训是：“自治绝不应被等同于去集中化，而且地方的、原子化的、分化的自治制度不可能认真地挑战官僚的权力。”①

于是，在对抗高度集中的计划经济模式的过程中，社会主义的自治机构应该得到整合。工人委员会是直接实现工人民主管理的基本细胞，它可以有充分的自由决定生产什么，在投资和生产方面与谁合作，如何组织生产劳动的过程并对其实施管理，企业向什么方向发展，以及在对整个社会的需要做出必要的贡献之后如何分配收入。对于这种自治体制来说，最大的危险之一是：有可能形成一些由经理、企业行政首脑和政治官员组成的小的寡头群体，这些群体倾向于对工人委员会实施全面控制。这种“精英”的力量有着特殊的源泉。首先，它会得到企业以外的各种政治因素的充分支持，以便其获得较大的生产和决策权，并在必要的时候交换其毋庸置疑的忠诚和服从。其次，可能通过适当的选择，以及对材料的解释来操纵工人委员会。最后，它的组织很完备且坚如磐石，而工人委员会则不然。但工人在委员会中居大多数，可以在不同程度上制约那些“精英”，而且有权在委员会中不再选举他们或者替换他

① ［南斯拉夫］米哈伊洛·马尔科维奇：《从富裕到实践——哲学与社会批判》，曲跃厚译，黑龙江大学出版社2012年版，第211页。

们,甚至从企业中完全解雇他们。随着社会主义自治体制的不断发展,工人就会取得政治经验,并意识到阶级斗争的新形式,从而制约这些小的非正式的寡头群体的权力。自治的一个决定性局限因素是由政治官僚控制的政治组织。官僚倾向于和企业经理"做交易",企业中的专家治国论者则通过忠诚来换取保护。南斯拉夫的经验表明,一个无知无能的经理人需要许多政治保护,这就是官僚宁要奴才不要贤人的原因,而且官僚还通过他们的政治组织直接操纵企业中的工人。关于官僚主义政治体制的问题,本章的第二节将会详细论述。

在实践派的黄金时代,也就是 20 世纪的 60 年代中期以后至 70 年代中期,南斯拉夫各加盟共和国的经济运行过程中出现了消极的倾向,尽管原因很多,而且各个加盟共和国的情况也各不相同,然而,一个共同的,也是特别重要的原因,就是经济管理体制过于"集中"。这种通过行政指令集中起来的经济管理体制是苏联在 20 世纪 30 年代建立起来的。这种管理体制的最大特点是中央计划无所不包,且带有指令性,企业在产、供、销等各方面无自主权,而只能无条件地执行中央下达的计划。"通过国家经济计划的手段,国家实现了其自身的特殊经济利益。作为生产资料唯一真正的所有者,国家加强了其自身的政治理性主义效力。"①但是,在社会主义发展的初期阶段,特别在资金严重不足的情况下,建设工业化国家只能采用高度集中的管理方法,这样做也是有效的,它可以保证重要经济部门和重点企业的发展。然而,高度集中的经济管理体制不能加以绝对化,不能不顾南斯拉夫的现实基础和物质条件,不能无视南斯拉夫多民族的文化背景,随心所欲地应用这种管理体制。实践派也是放眼东欧社会主义建设的全景来思考,他们发现,在 20 世纪 50 年代末至 60 年代初,东欧各社会主义国家通行的、苏联在 20 世纪 30 年代建立起来的高度集中的经济管理体制已经达到了自己的极限。换句话说,这种来自上层的和必须执行指令的经济管理体制与各国业已达到的生产力发展水平和工人管理生产的能力很不适应,因而又成为这些国家经济中出现消极倾向

① [南斯拉夫]米哈伊洛·马尔科维奇、加约·彼得洛维奇编:《实践——南斯拉夫哲学和社会科学方法论文集》,郑一明、曲跃厚译,黑龙江大学出版社 2010 年版,第 120 页。

的主要原因之一。过于集中的行政领导体制阻碍经济发展,这个“一统就死”的道理是不难理解的。因为各国的生产日益专业化,社会分工愈来愈细,新的生产部门、新的行业不断出现。在这种情况下,原来的行政化的集中经济管理体制和领导方法就不利于发挥企业的自主性,很显然,自上而下的计划任务或行政命令往往脱离实际,结果导致计划任务根本无法完成,从而影响整个国民经济有计划、按比例地发展。行政化的集中经济管理体制和领导方法之所以阻碍经济的发展,还在于这种领导体制往往导致粗放式经营,进而导致资源的浪费和破坏。由于缺乏真正的市场竞争压力,南斯拉夫的自治共同体常常对其产品的使用价值漠不关心。而且,自治不仅受到国家主义的威胁,也受到乌托邦式的人性图景的威胁,工人们天真地期望,即使没有任何竞争,自治团体在任何给定的时刻也都能合理地进行生产。在一个没有竞争的体制中,各个自治共同体之间的联合就由于官僚的存在而变得希望渺茫。实践派认为,目前所建立的自治还不是马克思所设想的自由生产者联合体。它仅仅是扬弃异化劳动和建立未来的自由生产者联合体的决定性因素,是由资本主义经过社会主义初级阶段过渡到马克思的自由生产者联合体的一个中间环节。

然而,为了维持一个给定社会的社会主义特征,必须要把市场置于严肃的计划、调控和协调的框架之内。否则,经济与道德彼此之间就将会继续敌对下去,经济向利己主义的方向拉,道德则向团结的方向拽。若没有联合的生产者们对经济走向的合理控制,马克思意义上的社会主义就是无稽之谈。

可见,南斯拉夫实践派从实践哲学出发,完全融入对现实问题的讨论,体现出实践哲学的经济批判维度。实践派“噤声”以后的1979年,卡德尔在《南斯拉夫计划制度》一书中确立了南斯拉夫新的“计划市场体制”,即南斯拉夫经济是以市场经济为前提的,但并不否认计划的作用。简言之,南斯拉夫计划体制的主要特点是以劳动者自治协议为基础的计划体制,这种计划与中央集权的模式不同,它是通过权力下放来制订计划,计划是劳动者的“工具”,要符合劳动者的生活、劳动、经济和社会的需要及利益。按照这个原则,南斯拉夫的计划体制是以基层自治劳动组织、联合劳动自治组织、社会共同体和地方共同体为计划的主体,采取自下而上,多方面、多层次反复协商与协调的方法，以自治协议、法律原则和劳动者自身与社会利益为基础的。因此，它能比较自觉地把市场与计划结合起来，使市场成为有组织的市场。当然，这也带来了制订计划的低效和陷入长期“扯皮”的窘境，这种社会计划常常是制订过程旷日持久，费时费力，贻误时机，制订以后没有约束力，任何一方都可以寻找借口加以拒绝，使其等同于一张废纸，而这已经不在实践派的讨论范围内了。

总之，克服管理同生产的脱节，克服社会生活组织和社会发展决策的制定和实施的脱节，是南斯拉夫社会主义市场经济建设的关键。令人遗憾的是，无论在实践上还是在理论上，南斯拉夫都没发现一种可以综合自治、市场和计划的经济模型。它强调要发挥市场机制的作用，但又害怕搞市场经济会走上资本主义道路，所以，在实践中只建立了消费资料和一般生产资料的市场，并未建立劳务市场、金融市场、技术市场等。当然，这也不是实践哲学的直接任务。

三、生产和扩大再生产的关系

早在20世纪50年代初，南斯拉夫学界和政界就批判了斯大林的一个错误观点，即社会主义制度已经消灭了必要劳动和剩余劳动。实践派进而认为，国家所有制的体制使剩余劳动全部被“国家”所占有，致使直接生产者与剩余劳动或剩余产品相脱离，这是一种典型的“异化现象”，与社会主义的自治原则相悖。其直接的理由是，社会主义社会并没有消灭剩余劳动，不仅扩大再生产资金来源于剩余劳动，而且它是剩余劳动的重要组成部分。社会主义面临的任务是重新支配剩余劳动并进行扩大再生产，这恰恰集中了整个社会主义经济制度的最重要特征。在工人自治的条件下，应使联合起来的劳动者直接管理和使用社会所有制的生产资料，决定劳动成果的分配，并负起建设社会主义的责任。劳动者不仅通过工人委员会来管理工厂的事务，而且要通过代表团制度来管理国家和社会事务，使文化、教育、科学、保健等社会事业与物质生产相结合，并为发展物质生产服务。这里既包括效率与公平的关系，又包括积累和消费的关系，还包括社会保障体系的建立。弗兰尼茨基对此谈到，“社会主义是个实际而矛盾的过渡时期，用来判断它的更高的发达阶段的标准不可能是任何物质的、技术的和科技的指标，因为那是衡量当代任何社会是否发达的指标，而不是衡量自治关系发展的程度，直接生产者和劳动者掌握社会再生产和社会管理的程度，消灭阶级社会以及政治社会的程度的指标"①。

南斯拉夫流行一种说法，谁掌握了扩大再生产，谁就掌握了社会。这正反映了扩大再生产制度同社会政治、经济及其他方面的广泛联系，卡德尔认为，扩大再生产的意义在于，组织和管理社会主义社会中每日每时都在变为积极的社会所有制生产资料的集体剩余劳动，即劳动者过去劳动的社会力量，以使在管理中不再产生出支配这些剩余劳动的国家所有制垄断或社会劳动的技术专家集团垄断。社会主义社会能在多大程度上克服这种垄断，剩余劳动就在多大程度上不成其为剩余劳动，而在实际上成为工人自己支配的劳动资料的组成部分。这就是说，南斯拉夫的扩大再生产制度要建立在自治生产关系的基础上，防止和排除对剩余劳动的各种垄断，使分配成为联合劳动者的权利。可以说，概览南斯拉夫经济改革的全部历程，其实质就是国家将剩余劳动逐步转让给劳动组织支配。

因此，在自治经济下，扩大再生产的主体不是国家，而是直接生产者。直接生产者只有拥有对生产资料以及剩余劳动的占有和支配权，才能成为真正的社会主人。就理论而言，从私人和集团监督转向公共监督，从垄断转向社会支配生产资料、劳动条件和分配，这意味着所有制关系的转变，这样就能杜绝剥削的根源。换句话说，即克服国家与社会的分离，以及"生产者"同自己的劳动条件和自己生产的产品的分离。

卡德尔在谈到社会主义自治制度的经济前提时说，南斯拉夫的宪法、联合劳动法以及其他结构法，都确定了参加联合劳动的工人对其社会化了的物化劳动有直接经济权益。所谓"物化劳动"，即由工人的劳动创造的，但不作为个人收入付给他而是社会化了的那部分价值。这部分社会化了的价值既可以是以社会资本为形式的积累，也可以是供各个种类的集体社会消费的源泉。正是直

① ［南斯拉夫］普雷德拉格·弗兰尼茨基：《马克思主义与社会主义》，杨元恪、陈振华译，黑龙江大学出版社 2014 年版，第 130 页。

接生产者同其物化劳动的这种关系的特性,最清楚不过地表示出自治社会关系的阶级性。如果“物化劳动”不是处于劳动人民有效而民主的控制下,而是同他们相分离,这实际上保持着雇佣劳动关系的色彩。因此,只有由全体直接生产者根据人权和民主原则,共同掌握和共同管理社会化的物化劳动,才能彻底废除任何形式的私人或垄断集团对资本的占有或管理。关于劳动集体掌握了分配管理剩余价值的权利后以何为动因扩大再生产的问题,米·科拉奇认为,积累对资本来说是直接目的,因为积累能够直接增加资本家的财富,与此相反,对劳动集体来说,积累只是一种手段,它能够使劳动集体实现更为重要的目的,即为自己日益美好的生活创造条件。从某种意义上说,劳动集体生产的基本动机正是为了劳动者日益扩大的物质利益,为了提高收入。而增加收入的条件就是不断地把收入的一部分积累用于扩大再生产。对劳动集体来说,积累不是由他人的决定强加给它的“外来”的事情,而是它通过力求提高生产水平所表现的持久的物质利益。扩大再生产体制中的一个基本问题,是在统一的国内市场上如何合理分配整个社会资源,特别是社会积累,以便使扩大再生产资金进行周转的问题。为此需加强直接生产者对扩大再生产的管理和监督,建立起使局部利益和整体利益,长远利益和当前利益相结合的管理扩大再生产机制。

由于联邦政府管理经济的职能极大地削弱,导致各共和国的权力大增。它们片面地维护本共和国的利益,各自为政,互相封锁,甚至以邻为壑,使南联邦统一的市场被分割,连铁路、邮电领域也不能幸免,这对南经济发展的阻碍作用可想而知。这种“共和国国家集权主义”后来同民族主义结合起来,更加剧了南各民族之间的矛盾和冲突,从而为大联邦的分裂、解体准备了条件。自治机构作为调节组织获得了对生产组织的垄断关系,它开始非法从生产组织中谋取利润,通过运用一种投机逻辑把金融资源投入很快就能实现利润的地方,这就抑制了生产组织正常的扩大再生产,特别是抑制了与现代技术发展相一致的生产的现代化,这样,没有国家的帮助就没有一种全面的经济发展战略,自治机构就不可能成功地发展。这所产生的直接后果是,“投资倾向”成功地阻碍了经济发展,由此导致了大规模的工人移民、通货膨胀和大量进口非必需的消费品，由此产生了贸易不平衡，这种进口使一小部分人获利并富起来，还给所谓的中产阶级和与金融资本、贸易资本相关的少数贵族带来了财政繁荣，但同时也给大多数工人阶级带来了贫困。苏佩克曾经说过，“访问南斯拉夫的人常常得到这样的印象，这不是一个工人和工人自治的国家，而是一个暴发户的国家”①。

总之，在当今世界，生产方式的私有制并没有被真正的社会所有制所超越，私有制阻碍着生产的社会化与生产总体的合理协调，而私有制问题导致当代资本主义社会的经济形态具有本质局限性，对此，马克思在《资本论》中已经做出深刻的批判。从社会主义实践的视角出发，实践派哲学家们看到，社会主义社会中的职业分工仍然广泛存在，当代的工人仍然没有完全摆脱异化状态，市场也并非生产过程的唯一调节因素，国家仍然保留着利润动机和利润空间。工人个体总是从事总体劳动中细小的、重复的和无意义的片段，他们对总体劳动无法控制。经济过程中的具体劳动被剥夺了一切内在的回报，劳动纯粹是工具性的。可见，在经济理性和人类理性冲突时，后者要为前者让路，亦即社会主义经济同样追求生产效率。与马克思批判资本主义生产过程异曲同工，这是一种从哲学视角出发获得的见解，实践派正是以哲学的方式介入南斯拉夫的经济现实。当然，经济批判是政治批判的基础和前提，正如弗兰尼茨基在《马克思主义与社会主义》一书中指出的，“随着这些新的自治的社会经济关系的加强和日益占主导地位，阶级的劳动分工也在加强，而反对这些新的历史转折和变革的社会残余则在消失，作为其相应的政治表现的国家则在不断地削弱。这是国家消亡的奥秘所在，也是新的自治形式及其政治表现之间关系的奥秘所在”②。

① ［南斯拉夫］米哈伊洛·马尔科维奇、加约·彼得洛维奇编：《实践——南斯拉夫哲学和社会科学方法论文集》，郑一明、曲跃厚译，黑龙江大学出版社 2010 年版，第 242 页。

② ［南斯拉夫］普雷德拉格·弗兰尼茨基：《马克思主义与社会主义》，杨元恪、陈振华译，黑龙江大学出版社 2014 年版，第 140 页。

第二节　实践哲学的政治批判维度

自治民主政治理论是南斯拉夫自治社会主义的中心内容，是进行自治民主政治实践活动的指导性理论。它的系统化形式多来自于铁托和卡德尔的著述。南斯拉夫实践派从实践哲学的视角出发，构建了一套学术性的话语体系。

社会主义是通过革命建立的，但社会主义国家的建立并不等于革命的终结。在实践派哲学家看来，政治是社会中人的创造性活动的"焦点"。从事实践活动的人如果不参与，政治本身就失去了意义，政治是解决各种社会冲突和矛盾的工具，政治的任务是在全社会确立正确的价值，是人的共同的觉醒而不是被宰制。实践派认为这是"马克思的真正教诲"。然而，马克思所理解的革命不是一般意义上的政治革命，不能等同于夺取政权，现实生活中，由于人的各种利益、需要和愿望所组成的社会的创造性活动中充满了潜在的冲突，因此，政治就会和人的实践紧密相连。虽然资本主义的消费主义和福利时代有力地阻碍了革命意识的产生，但马克思所理解的革命是结束人类史前时期的根本社会革命，其中既包括社会制度和形态的根本改变，也包括人的生存方式的根本变迁。如果只改变社会的结构而没能改变人的生活结构，这种革命就没有超出传统阶级斗争的范围，革命从根本上说是一个开放着的历史进程。这是实践派哲学家们对现实中的社会主义国家领导者的革命观所进行的直接和尖锐的批评。实际上，南斯拉夫是把工人自治的理论应用于全国规模的唯一国家，实践派也把"自治"看作是社会主义发展过程中唯一能抗衡官僚主义的体制，因而是代替苏联模式的基本道路，同时，实践派哲学家也从政治角度对南斯拉夫现行自治制度的不彻底性提出了尖锐的批评。这里必须指出，实践派和南斯拉夫政界一致，都倡导自治社会主义，他们的分歧在于实践派理论家经常反思南斯拉夫具体的自治制度建构和自治实践中存在的一些局限性、不完善性，以及自治制度和政治体制中某些权力集中之间的矛盾。他们批判反思的诉求是推动自治社会主义走向合理，真正实现自治社会主义的、民主的和人道的本质规定性。

一、官僚制不是社会主义的"双胞胎"

在南斯拉夫,"官僚统治"这个术语被运用得非常广泛且含义模糊。总体而言,如果官僚阶级仅仅在生活的某些领域里有决定性的权力,如果它没有最后的决定权力,官僚阶级就不是官僚统治。官僚统治不承认在它之上有一个更高级的裁判机关。当然,官僚统治还可以采用暴力和恐怖的手段。

实践派所批判的官僚主义的模型是斯大林主义,彼得洛维奇甚至激进地称南斯拉夫为"官僚主义的社会主义"①。与其他对官僚主义的批判不同,实践派并非是要指出官僚主义的具体危害,而是在实践哲学的指引下,对官僚主义进行整体的和哲学意义上的批判,最终对其实现彻底的扬弃。斯大林主义从未拥有过哲学的层面,它对历史只是做出一种机械决定论的理解,并按照实用主义的原则去证明一切政治过程的合法性,最终只有"最高的"政治领袖才具有首创精神。那么,随之而来的就是一种无视群众的、实际上一贯实施的、最彻底的少数人统治的观念,劳动者政治上的驯服以及对最高裁决者的思想和指令的服从。或者说,斯大林对人作为一种实践的存在的概念缺乏一种哲学视野,他把实践范畴仅仅理解成了一种认识范畴,随后便把它理解成了真理的标准。因此,他完全缺乏对异化现象的深刻反思,政治和意识形态宣传中的政治灌输,以及整个意识形态和理论领域都被归结为替这个最高裁决者做出的决定性辩护。对此,马尔科维奇指出,"政治在它成为一种由一个职业统治者的特殊集团所垄断的活动时,乃是一个异化的领域"②。

马克思在《黑格尔法哲学批判》中把"官僚"描述为一个特殊的、有特权的社会阶层,这个阶层不仅不能代表公共利益,而且还和民族利益、一般利益处于直接的冲突之中。官僚代表的是"国家的意识""国家的意志"和"国家的力量",实际上,官僚追求的是它自身的特殊利益,由于官僚机构代表着国家或公共事务,其特殊利益便被赋予了公共利益的表象,从而使特殊利益与公共利益神秘

① 《南斯拉夫哲学论文集》,生活·读书·新知三联书店1979年版,第314页。

② [南斯拉夫]米哈依洛·马尔科维奇:《当代的马克思——论人道主义共产主义》,曲跃厚译,黑龙江大学出版社2011年版,第203页。

混淆。那么，批判官僚制度的核心问题就是批判使官僚统治能够存在的那些社会关系。马克思在《黑格尔法哲学批判》中的分析揭开了这种占统治地位的社会现象的全部虚伪面纱，暴露了官僚机构的真正的社会本质。关于官僚的本质问题，“仍未有任何比马克思的《黑格尔法哲学批判》更好的指南”①。

马克思指出，官僚机构将自身看作是国家的最终目的，国家的目的变成了官僚的个人目的，因为官僚机构把自身等同于国家，对它本身的任何攻击都被认为是对国家的攻击，因此一切官僚机构都反对批判。马克思认为：“官僚机构是和实在的国家并列的虚假的国家，它是国家的唯灵论。……但在官僚界内部，唯灵论变成了粗劣的唯物主义，变成了盲目服从的唯物主义，变成了对权威的信赖的唯物主义，变成了例行公事、成规、成见和传统的机械论的唯物主义。就单个的官僚来说，国家的目的变成了他的个人目的，变成了他升官发财、飞黄腾达的手段。”②彼得洛维奇还指出，马克思在他的《法兰西内战》中曾经透彻地分析了国家和城市的官僚制度问题以及它们的废除问题。

历史上官僚制度中最重要的问题之一就是机构臃肿庞大，为了提高效率，不得不大量消耗财力物力以雇佣寄生的官僚阶层。官僚的利益与其他社会阶层的基本愿望和利益相冲突，官僚制本身无法解决这些冲突，这些冲突只能通过超越官僚制来克服。

民主社会主义的自治政府应该是一种较为灵活、具有创造性的“过程”，它反对不惜任何代价维护现存秩序的意识形态，反对建立臃肿庞大而又高于一切的机构和等级制度。民主就其本义来说是“人民的统治”，这个来自于词源学的含义已经被普遍接受。然而，只要把这个术语应用到具体情境中，就会引起许多思想和行动上的区别和差异。自治民主的含义在于：通过首创精神，发挥那种只有自由的创造者才拥有的人的能力，限制并废除对“群众利益”的专制管理。然而，自治民主并不意味着建立“集团所有制”代替国家所有制，它也不意味着把集权的官僚统治权力转让给多数的

① ［南斯拉夫］米哈伊洛·马尔科维奇、加约·彼得洛维奇编：《实践——南斯拉夫哲学和社会科学方法论文集》，郑一明、曲跃厚译，黑龙江大学出版社 2010 年版，第 282 页。

② 《马克思恩格斯全集》（第一卷），人民出版社 1956 年版，第 302 页。

官僚集团，更不意味着以“民族利益”为借口放弃民主社会主义。“自治民主乃是这样一种制度，在这种制度中，普遍利益和特殊利益之民主统一的过程不可抑制地得到发展，除了为获得人的自由以外，别无其他目的，也就是说，使人类的幸福和尊严真正实现，使人类摆脱一切奴役力量的威胁。”[①]这种理解揭示的是，如何在避免对物的统治的同时，不再以其他的形式回到对人的统治。许多人以南斯拉夫社会主义制度解体为由，认为工人自治行不通，这显然不合逻辑。南斯拉夫曾经是二战以后欧洲发展最快的国家，政府的高层人士也毫不讳言“出现过官僚主义集权的缺陷”，某些问题与我国的情况非常接近。

如果没有民主，党的中央集权只会在一小段时间内发挥革命性作用。它的绝对化使它转变为以一种非常持久的方式伪装成民主集中制的中央集权。既然党是国家权力的支柱，那么它就可以按照它自己的形象去塑造所有社会组织。斯托扬诺维奇认为，“今天的马克思主义者们，在他们积累了一切理论和实践的经验后，应当把民主定义为所有成熟的社会成员参与到做出重大决策之中。它应该反对一小部分社会成员做出重大决策的集权政治或少数人统治”[②]。

民主意识只能在民主实践的进程中产生，也就是说，如果大众不能决定自己的行为，他们也不能对自己的行为负责任，如果大众不对自己负责任，那么革命“精英”就将为了反对民主和保守的目的而开始滥用手中的权力。资产阶级民主严格地被限制在政治领域，直到今天依然如此。在资本主义的社会团体中几乎没有内部民主，尤其在经济领域更是如此。发达的资本主义体制在自身之中包含着这种“财政的”“民主的”分期偿还的再生产机制，拥有大量金钱的人往往控制着信息、教育和宣传的手段。他们用这种方式限制了其他人对备选方案的整体认知，同样也限制了其决策的自主权，并通过他们的操控形成了“统一的”公众意见，最终将其以

---

① ［南斯拉夫］米哈伊洛·马尔科维奇、加约·彼得洛维奇编：《实践——南斯拉夫哲学和社会科学方法论文集》，郑一明、曲跃厚译，黑龙江大学出版社 2010 年版，第 277 页。

② Svetozar Stojanović：*Between Ideals and Reality*, New York：Oxford University Press, 1973. p. 96.

民主决策的面貌呈现出来。马克思曾经批判了资产阶级民主的神话。然而,南斯拉夫的社会生活已证明,社会主义也有它自己的民主神话。这种民主神话仅仅有助于维系无所不包的社会主义的国家主义神话。在一个拒斥资产阶级民主而自身又没有创造出一种新型民主,甚至已经扼杀了革命所引起的各种初级形式的工人自治的体制中,社会主义民主的实现仍然是十分艰巨的任务。如果一个社会主义国家的马克思主义者把批判的矛头主要指向资本主义而不是自己国家民主发展的障碍,那他就不能充分证明他的道德和政治能力。

如果自由的本质是人决定其生活状况和生活方式的力量,那么自由只能存在于一个具有普遍的,而最直接的民主的共同体中。在迄今为止的一切历史中,决定生活状况和生活方式的力量一直都与社会的整体相异化,并被一些“小团体”所控制。

超越资产阶级民主是马克思主义的人道主义纲领的有机组成部分,然而在推进民主的实质性方面,即使没有蜕变为集权式的国家主义体制,南斯拉夫的社会主义迄今为止也已经非常令人失望。根据马克斯·韦伯的论述,官僚制度的组织机构越是细密,等级森严的体制和个人专断的原则越是得以应用,官僚机构的活动效率也就越高和越“合理”。反之,集体的或是民主的决策则因其过程冗长而缓慢延误做决定的时间,这与官僚主义的节省时间及“合理”的效率是不相符的。官僚机构活动的基本原则就是权威和对权威的消极服从,官僚的知识是受过训练的,这种知识的本性要求人具有适合他工作需要的知识量就足够,在这个意义上,官僚只限于例行公事。与此相应,官僚知识的特点在于缺乏批判精神,并想方设法维持现状,他们为了避免人的活动的任意性,就只有通过“合理的”可计算或深思熟虑。

革命专政不是民主,但它在很大程度上是为了人民的统治。然而,这种不民主的形式不久就会对它的内容产生破坏性影响。以人民的名义进行统治只能在短期内有助于人民的统治,它很容易就转变为反对人民的统治。那么,有助于人民的统治的唯一永久保证就是人民自己的统治。正如《共产党宣言》中所说,“工人革命的第一步就是使无产阶级上升为统治阶级,争得民主"[①]。

工人们将主要通过他们的自治而成为社会的主导阶级。然而,工人自治必须被视为社会自治的核心,如果社会生活被国家机器所垄断,工人阶级就不能保存并完善自治制度,因为国家机器会压制工人的民主。只有把工人自治发展为社会自治的基础,无产阶级才将完全变成自己的阶级。否则,社会主义革命就只能是政治的而非社会的革命,而且,它还会逐渐蜕变为国家主义,这也是马克思在《论犹太人问题》中的基本结论。弗兰尼茨基也指出,"工人阶级不仅是对资产阶级社会和作为阶级的资产阶级的历史否定,而且工人自治也是对社会主义初始阶段官僚制度的国家主义结构的否定"[②]。

工人委员会短暂的实践不能给理论概括提供坚实的基础。在20世纪60至70年代,所有关于实现工人自治的失败尝试都已证明它是一个乌托邦观念,尽管它也是一个人道主义观念。迄今为止,社会主义没有保障集会的权利、言论自由的权利、社会批判的权利、罢工和游行的权利。在自治社会主义的社会中,"罢工"似乎是个悖论。因为罢工在一个自治的体制里是毫无意义的,它意味着自己否定自己。在20世纪60年代的10年间,南斯拉夫的罢工却愈演愈烈,罢工的发生甚至得到了工会和党的默许。这也从反面说明,南斯拉夫的工人自治不够彻底,工人的权利还是会受到限制。在最发达的资产阶级民主国家中,工人阶级已经赢得了罢工的权利,社会主义民主从最开始就必须要承认这项权利。

当南斯拉夫用自治去反对国家主义时,它是绝对正确的。然而,随着实践的深入,自治本身内部的矛盾,即社会自治和特殊团体自治之间的矛盾,就被暴露出来了。仅仅以地方团体为基础的自治将增强而不是消除国家的力量,这与自治的精神和目标完全相反。只要自治没有内在地包含整合、协调、调控和计划,那这些功能就不得不由国家去履行,异化也就不可避免。南斯拉夫的经验表明,如果没有真正的共同体,国家就可以很容易地操纵被分化

① 《马克思恩格斯文集》(第二卷),人民出版社2009年版,第52页。

② [南斯拉夫]米哈伊洛·马尔科维奇、加约·彼得洛维奇编:《实践——南斯拉夫哲学和社会科学方法论文集》,郑一明、曲跃厚译,黑龙江大学出版社2010年版,第217页。

的自治。自治必须从基层的企业开始，如果没有基层企业中的自治，社会性的自治是难以组织起来的。工人自治已经碎片化地展示了利己主义和特殊主义的羁绊，因此，只有在一个整体自治的体制中，它才能充分地显示出它的社会特征、团结性与普遍性。只有经过横向和纵向整合的自治，才能使工人阶级成为社会的主导力量。

在南斯拉夫，工人自治只是部分地得到了实现。实践派认为，自治的发展受到了来自官僚主义结构的强烈反抗。尽管对官僚主义和国家集权主义的批评十分尖锐，尽管自治制度已经扩大到其他社会生活领域，尽管民主关系在逐步发展，但领导力量还是难于从某些偏见和由官僚主义带来的具体特权中摆脱出来。企业中的自治不能简单地用书面上给予工人某些权利来实现。那些具有较多书本知识、专业知识的人，那些富有经验的官僚和技术官僚都很懂得怎样才能操纵那些没有文化的劳动者。劳动者知识和文化水平的普遍提高，是劳动者实际参加企业管理的先决条件之一。但是，对劳动者进行单纯的培训和文化教育，对于在基层企业中实现自治来讲是不够的。占统治地位的技术官僚是不会那么完全自愿地把他们的地位让给工人的。因此，生产中的自治只有通过生产者不断争取自身权利的斗争才有可能实现。而企业中的完全的自治，不可能单纯地通过各个企业内部的斗争来实现。如果关键性的岗位仍然掌握在国家官僚统治者的手中，那么，建立彻底的和真正的自治的希望就十分渺茫。一方面，官僚们懂得通过一般的法律和规定来保证技术官僚在企业中的统治作用；另一方面，国家官僚统治为了挽救个别企业中受到威胁的、忠诚于它的官僚的统治，还会在必要时直接进行干预。因此，自治在普遍范围内的发展，是基层企业中实现自治的一个必要条件，而这个条件，只有当占统治地位的官僚统治被推翻，社会从下到上形成一个自治的联合统一体时，才能实现。

社会主义是真正的人的社会，作为一种有自由的联合体，它与官僚制度是不相容的。没有民主就不能有社会主义的强有力的和成功的发展，如果希望使社会主义更富有成果，更和谐和较少危险地发展，那么就不能接受抽象的民主观点，而应坚定不移地和努力地发展我们已制定的社会主义民主，就是说，在社会的所有层次和所有领域,包括政治、文化和公共意识领域实行自治民主。只是在这里需要坚定地和彻底地克服各种集团的、阶级的,有时包括短视的、民族的私利。然而,正如迄今为止的历史经验所昭示的那样,南斯拉夫的官僚制的确是全部社会主义历史时期的显著标志。

官僚主义的另一个表现形式是技术统治,达迪奇和马尔科维奇都曾谈到,在南斯拉夫,技术已经成为依附于官僚政治机器的控制力量,为无人性的社会控制服务,它可以使人类毁灭的力量增加到灭绝人类自身的地步。然而,技术的目的是减少为"生存"所进行的斗争,进而转向"生活"。在不同的社会关系中,技术可以把人的能力从使人腰酸背痛的繁重劳动中解放出来,能使满足需要的合理计划成为现实,也就是说,只要能合理地利用技术,它就能使人从劳动的社会、从"必然王国"跨越至适合人类尊严并能自由发挥个体创造性的共同体。南斯拉夫的自治制度在某种意义上可以抵制技术专家体制对社会的操控,马尔科维奇为此列举了三个理由:"第一,独立地接近材料;第二,要清楚经营者总是以各种可供选择的形式为自治组织准备其提案这一铁律;第三,选举、再选举或替换经理的权利。"①

正如弗兰尼茨基指出的,"社会主义最基本的前提之一就是,一开始就向所有那些以劳动人民的名义进行统治、把他们排除在历史进程之外、使他们常常处于隶属和服从地位的机构宣战,而首先拥有这种强大的统治特权的机构过去是,现在仍然是——国家"②。

工人自治是对社会主义初级阶段官僚制度的国家主义结构的根本性否定。南斯拉夫的实践过程证明,社会主义初级阶段的任务是根除官僚主义,而"国家"又是官僚主义的首要因素,是官僚制度的焦点,因此对官僚主义的否定不可能来自国家。否定只能通过劳动者所创造的管理社会共同体的新形式,即自治,得以实现,这种自治将否定国家或官僚制度。"生产者的自治"可以克服阶级

① [南斯拉夫]米哈依洛·马尔科维奇:《当代的马克思——论人道主义共产主义》,曲跃厚译,黑龙江大学出版社2011年版,第220页。

② [南斯拉夫]米哈伊洛·马尔科维奇、加约·彼得洛维奇编:《实践——南斯拉夫哲学和社会科学方法论文集》,郑一明、曲跃厚译,黑龙江大学出版社2010年版,第221页。

分裂，并且自治组织是一种能导致异化的权力、政治等级和官僚制度灭亡的社会组织。与此相反，斯大林所强调的不是“工人委员会”，而是强大的国家官僚机器。坎格尔加说，“在社会主义普遍实现的条件下，在我们之间为人的真正自治及其生活的特殊斗争中，人自身尊严的解放和复归在生活的各个领域，都受到了它们的最大危险和工人阶级唯一真正的敌人——官僚体制以及作为其直接拥护者和创造者的政治官僚——的坚决反对。因此，根本否定和摧毁官僚主义便成为今天的任务，因为人们能够寄希望于这种作为唯一超越官僚主义的新的、未来的、开放的人的意义的可能性”①。

二、自治不是无产阶级专政的“背叛”

自治不仅是在经济领域，它还包括政治领域。马尔科维奇甚至认为，“政治实践在本质上就是自治，即自觉和合理的合作以及没有任何职业统治者的社会过程的发展”②。然而，在这个领域中，自治，即工人委员会、工人自治和社会自治的思想被指责为“无政府主义的现代形式”“工团主义的变种”“复辟的资本主义”“右倾机会主义”等思潮，一句话，自治是对无产阶级专政的“背叛”，似乎马克思主义的理论和实践中从未有过“自治”的概念。

马克思对人的存在和历史的哲学洞察，是克服人的各种异化形式、实现人的个性全面发展之观点的源泉。不论是在早期的《1844年经济学哲学手稿》，还是后期的《〈政治经济学批判〉导言》与《资本论》，马克思都对资产阶级社会的经济结构、作为经济异化和政治异化基础的资本力量，以及产生于这些经济和政治关系的拜物教意识的形成进行了深刻和系统的分析。马克思通过强大的逻辑力量清楚地表明了这种关系是怎样限制了人的存在的多方面发面，使人与其本质相异化的。实践派认为，人就是最高的存在，一切人在其中受到压抑、压迫、遗弃和鄙视的关系都应被摧毁，马

① ［南斯拉夫］米哈伊洛·马尔科维奇、加约·彼得洛维奇编：《实践——南斯拉夫哲学和社会科学方法论文集》，郑一明、曲跃厚译，黑龙江大学出版社2010年版，第57～58页。

② ［南斯拉夫］米哈依洛·马尔科维奇：《当代的马克思——论人道主义共产主义》，曲跃厚译，黑龙江大学出版社2011年版，第203页。

克思通过无产阶级争取新的社会关系的斗争来克服和超越当代阶级社会中的对立。因此,马克思设想的不是一个阶级社会或政治社会的结构,而是它的灭亡途径。

当时的南斯拉夫社会存在两个对立的基本阶级:一个是工人阶级;另一个是对立的阶级,即职业的国家官员、政治和经济管理者及政治官僚。达迪奇、斯托扬诺维奇、哥鲁波维奇、坎格尔加等人皆持这种观点。

社会自治是建设社会主义共同体的必要而非充分条件。谁来决策与这些决策的内容是同等重要的。应当从社会主义共同体发展的角度去衡量决策的质量。然而,在南斯拉夫有一种接近于崇拜的强烈倾向,即把自治当作价值本身,仿佛由自治机关来制定这些决策这个事实本身就确保了它们的社会主义特征,这显然是个认识的误区。实践派认为,自治思想有着坚实的理论基础,它产生于马克思对历史、人、当代社会中人的异化以及通过社会主义的发展来克服异化所做出的种种哲学解释。自治思想是把人理解为一种历史的实践存在物,理解为一种多层面和总体性的存在物,从政治领域看,就是在国家、等级制度、官僚制度和意识神秘化中找到克服异化的可能性,这才标志着对人性的一种最深刻的理解。正如弗兰尼茨基指出的,"从历史上看,生产资料私有制和多党制的间接民主是资产阶级社会的轴心;而社会主义历史的轴心则是自治和直接民主,它标志着政治、议会和官僚制度的消亡与铲除,正是这些萌芽、要素和关系,区分了历史上的某些新生事物"①。

马尔科维奇指出,"自治意味着把指导社会生活的各种职能的大权完全交回从事生产、创造社会生活的人们以结束一直区分为主宰与从属者,统治与奉行者的社会分裂状态。要按照马克思的人道主义思想实行合理而且革命的管理"②。自治的基本原理可以归结为:作为生产者的人有权决定其工作的结果,国家无权占有和处理劳动剩余产品,只有在企业中工作的全体工人和雇员才有权

① [南斯拉夫]米哈伊洛·马尔科维奇、加约·彼得洛维奇编:《实践——南斯拉夫哲学和社会科学方法论文集》,郑一明、曲跃厚译,黑龙江大学出版社 2010 年版,第 232 页。

② 马尔科维奇:《社会主义与自治》,《马克思主义研究参考资料》第 35 期,1980 年 6 月。

管理企业。然而,南斯拉夫的工人自治仍存在很多不尽如人意之处,苏佩克在他的文章中写下了“工人自治背叛工人阶级之时”的标题。例如,南斯拉夫的工会组织存在“失位”现象。1966 年,苏佩克在南斯拉夫的 20 家工厂进行了一次关于“工会的权力和影响”的社会学调查,工人们将工会的影响几乎都列在倒数第一或倒数第二的位置上,各种影响因素的次序是:理事、管理委员会、技术委员会、工人委员会、共产党组织、工人、领班、行政当局。可见。在南斯拉夫,工会已不再履行作为工人阶级直接利益的捍卫者的传统职责,许多罢工没有工会的参与,并且大多是违背工会意志的自发罢工。工会的阶级作用一旦削弱,就会直接导致其影响的削弱,其他各种企业集团就会取代工会的位置,因此,苏佩克曾感叹道,“工人自治更多的是存在于纸上而非现实之中”①。马尔科维奇也说,“许多迹象表明,整个自治制度正在失去影响和地位”②。

社会主义革命以后的一切社会事件都处于理想与现实、政治与经济之间的不断左右摇摆之中,在这种摇摆的背景下,各种矛盾与张力在广泛进行的革命运动与新生政治制度之间增长着。如果社会主义制度长期由革命运动支配,而又没有上升到一种元政治和元经济运动的高度,它的自发性便只能分解成任意的和偶然的行动,并把创造性让给了旧的社会制度。那么,在社会主义社会中坚持无产阶级专政的关键就在于执政党,“如果这个党没有通过关于发展社会主义关系和与此有关问题进行自由的内部讨论、争论、议论和公众生活而创造民主气氛,它最终不仅不能成为这些进程的先导,而且必然由于不民主的制度而成为社会主义发展的主要障碍,成为要对官僚 - 国家社会主义关系与国家资本主义社会关系的出现负罪责的党。这个党就从革命党变成官僚阶层和其他特权阶层的党,而不是本国工人阶级和社会主义力量的党”③。

这样,南斯拉夫的社会实践是以努力实现革命运动和新生的

---

① [南斯拉夫]米哈伊洛·马尔科维奇、加约·彼得洛维奇编:《实践——南斯拉夫哲学和社会科学方法论文集》,郑一明、曲跃厚译,黑龙江大学出版社 2010 年版,第 243 页。

② [南斯拉夫]米哈依洛·马尔科维奇:《当代的马克思——论人道主义共产主义》,曲跃厚译,黑龙江大学出版社 2011 年版,第 140 页。

③ [南斯拉夫]普雷德拉格·弗兰尼茨基:《马克思主义与社会主义》,杨元恪、陈振华译,黑龙江大学出版社 2014 年版,第 67 页。

政治制度,即无产阶级专政之间的综合为特征的。在南斯拉夫的社会主义改革进程中逐渐形成了"国家"和"自治"的二元结构,其中,自治维护着广泛的民主特征,国家则应关注整合这些过程,就理论而言,这两种制度应该和谐地彼此完善。然而南斯拉夫的经验已经证明,这两种结构之间的关系绝非是和谐的,表现为自治与国家之间不断地产生对立,社会发展中不同形式的问题又被重新提出来。一方面,自治与国家之间的对立应该通过国家的消亡,并且自治发展为一种普遍的社会制度来消除。但问题在于:在南斯拉夫这样充满了民族的、经济的、文化的和其他的对立的社会主义国度中,如果没有"国家"的强制,自治如何才能使自身执行国家的整合功能,并依靠协作原则建构一个高度整合的社会呢?另一方面,如果坚持自治,同时又保留国家,那么自治很容易蜕化为传声筒,因为自治作为一种附属的,非正式的国家压迫的工具,将允许官僚社会的存在,国家是整个社会事务的整合中心。但是,如果工人自治从国家获得了真正的"自治"并充当社会的调节者,那么,解决自治与国家之间所产生的对立时就是有希望的,这能使南斯拉夫社会发生一种渐进的和长期的变革,建立起新的社会关系来克服阶级社会。弗兰尼茨基指出,"马克思所设想的并不是一个阶级社会或政治社会,而是它的灭亡,以树立人的尊严,从而通过其全部历史承诺使人现实地感受到自己就是其历史世界和生活之真正唯一的创造者"①。

三、哲学不是政治的"仆人"

从古至今,哲学和政治的关系一直是国内外学者讨论的热门话题,对于苏格拉底、柏拉图、尼采、施特劳斯、海德格尔和阿伦特等哲学家的研究中,哲学和政治的关系更是不可回避的议题。在中国传统文化中,尤其在儒学中,哲学和政治的关系甚至是中心议题。改革开放以后,我国还出现了专题性的讨论,万俊人、侯才、刘小枫、张琳等学者分别就此提出了极具启示性的观点。这里则以南斯拉夫实践派为例,论述这一重要的马克思主义流派对该问题

---

① [南斯拉夫]米哈伊洛·马尔科维奇、加约·彼得洛维奇编:《实践——南斯拉夫哲学和社会科学方法论文集》,郑一明、曲跃厚译,黑龙江大学出版社2010年版,第220页。

的见解。鉴于南斯拉夫实践派对社会主义建设实践做出了批判性的反思，回顾他们对社会主义社会中哲学和政治之间关系的看法当属有益。

哲学和政治都有许多不同的定义。“哲学是什么”几乎是哲学史上最难以回答的问题，本体论哲学、认识论哲学、分析哲学，包括现代西方哲学中诸多流派都在不同的意义上理解哲学。对政治的定义也是如此，既包括把政治当作统治国家的活动的狭义理解，也包括把政治视为管理整个社会的方式的广义理解，以及把政治等同于人类的各种指导性的活动或者一个民族的生活方式，等等。从其最基本的方面来看，“政治是一种人的社会活动，是由几种可能的选择构成的，这些选择处于一种不断变换的、各不相同的，而且决不可能完全预测的各种为相反目标所吸引的社会力量之中，即处于一种社会分化、冲突和斗争的境况之中，这些选择由一种自由的、有意识的选择构成。换言之，政治在由人的各种利益、需要和愿望所组成的社会的创造性活动领域中，处于中心的地位”①。在此，问题不在于争论哪种哲学和政治的定义最好，而是如何在较宽泛的意义上审视二者的关系。

实践派哲学家们在关于哲学应如何关注社会现实问题，直面人类的生存困境的理论尝试，特别是关于社会主义改革的理论探索方面都做出了积极贡献，而哲学和政治的关系正是南斯拉夫实践派必须面对且亲身“实践”的问题。彼得洛维奇在极具影响力的《社会主义的哲学和政治》一文中清晰地论证了哲学和政治的关系。在他看来，政治和哲学之间的关系在多数社会主义国家中是非常相似的，即哲学行使着政治的“仆人”的职能。尽管哲学和政治在过去和现在都扮演着不同的角色，但二者一直存在某些共同的特征。而且，到目前为止，哲学和政治一直都是和经济、艺术、科学、宗教、法律等许多其他活动平行的特殊活动，哲学和政治都能清晰地将自己与对方，以及其他人类实践活动区分开来，同时又通过相互影响、相互制约、相互作用的诸多外部关系联系在一起。另外，哲学和政治活动都与特殊的社会群体，即政治家和哲学家联系

① ［南斯拉夫］米哈伊洛·马尔科维奇、加约·彼得洛维奇编：《实践——南斯拉夫哲学和社会科学方法论文集》，郑一明、曲跃厚译，黑龙江大学出版社 2010 年版，第 99 页。

在一起。尽管社会其他成员也一直参与政治和哲学，尽管“群众”的参与，尤其是对政治的参与还可能会达到很高的强度，例如，在革命时期，民众的参与度就会很高，但是，归根结底，哲学和政治活动总是由少数人，即政治家和哲学家，来进行和推进的。

在历史上，许多哲学家和政治家同时也是奴隶主、地主、资本家、商人、律师等等，随着社会的发展，哲学和政治活动均产生了一种专业化的倾向，即将哲学家和政治家变为靠专门从事这些活动谋生，保护他们的生活资料，并成为一个特殊社会阶层的倾向，而且这种倾向越来越明显。这样，不同的社会阶级或阶层就形成了不同的社会利益团体，这种不同体现在生产关系的不同地位中，从而形成某种对立关系。南斯拉夫的社会主义甚至荒谬地把政治家变成政客，把哲学家变成学者，然后通过把“哲学家”阶层变成“政治家”阶层的仆人而“辩证地”消除两个阶层之间的对立。

那么，在社会主义社会中，哲学和政治究竟是什么关系呢？彼得洛维奇强调：

> 如果有人询问共产主义（社会主义、人道主义）中哲学和政治的关系，我的回答是：作为人类批判性的自我反思，哲学应该指导人的全部活动，包括人的政治活动。但是我不认为政治行为能够或应该由哲学或某个哲学论坛来规定。这应该由所有感兴趣的人的民主、自由的决定来产生。①

可见，在实践哲学的视域中，哲学高于政治，当时的南斯拉夫则相反，哲学是政治所“暂时雇用”的仆人。如果用这种方式，即哲学高于并指导政治的方式来描述二者之间的关系，那么什么样的道路能够实现这种关系呢？按照实践哲学的指引，对于期望出现这种结果的人来说，不可能是消极地等待时机到来，不必等待共产主义的人道主义本质发展的适当时机，适当的时机似乎永远不会到来，人们必须从“现在”起尝试着去实现那些按照我们信仰能够和应该出现的东西。如果支持政府的官僚政治形式，哲学和政治的真实关系不可能被建立起来。

具体而言：首先，哲学必须使包括政治在内的现实世界成为自

① ［南斯拉夫］加约·彼得洛维奇：《二十世纪中叶的马克思》，姜海波译，黑龙江大学出版社 2015 年版，第 144～145 页。

身批判的对象。当代的政治表现为追逐权力,而权力只是政治活动中的一个方面,不是其全部,也不是政治唯一的和终极的目标,因此将批判的焦点指向权力可以恢复政治的合理性及其基本的价值。此外,哲学还必须破除在狭窄的职业哲学家圈子里进行讨论的限制,它必须转向非哲学家,不仅包括科学家、艺术家和政治家,还包括思考我们这个时代生存问题的所有人。其次,为了确立哲学和政治之间的真实关系,政治也必须按既定方向发展。政治必须成为整个社会越来越重要的关注点和突破的出发点。政治活动中必须具有越来越多的批判性思维和讨论功能,而不是就社会中的局部问题和现象进行偶然或随意的决定。只有按照这种方向发展,哲学和政治才能够分别使自身从割裂的社会生活中的单独“部门”或“领域”中脱离出来,实现自身并发展成人类生活的重要“组成部分”。再次,哲学家和政治家担负了实践这个过程的“先锋力量”。这是因为,在这条道路上可能出现的障碍来自于哲学家和政治家,职业哲学家和政治家都希望保留他们阶层的社会特权,这恰恰会妨碍他们采取革命的立场,同时,这个过程的承担者在一定程度上又只能是哲学家和政治家,他们只有能够超脱他们自身所在社会阶层的自身利益,才能从人类解放的高度,以及工人阶级的立场出发去看待全部社会问题。最后,政治家必须为此做出“让渡”。马尔科维奇指出,在一个发达的工业社会中,如果物质生产水平达到了每一个人都能满足其吃、穿、住等基本的物质需要,他们就能受到良好的教育并有大量的闲暇时间由他支配,因此“就将不再需要作为组织者、宣传者、意识形态家和领袖的职业政治家”①。作为国家内的一个社会阶层,哲学家和政治家之间还存在很大区别。这种区别不仅在于社会特权的种类和数量上,根本性的“不对称”在于:为了使统治社会的活动具有普遍性,为了使所有人都能够参与到统治活动中,为了使“自治”名副其实,迄今为止一直统治社会的政治家阶层必须限制其活动,必须减少他们的统治活动,让广大的民众做出自由的决定和选择,这就是所谓的“让渡”。在这个意义上,离开每一个个体参与社会决策的权利,人的自由是不可能

① [南斯拉夫]米哈伊洛·马尔科维奇:《从富裕到实践——哲学与社会批判》,曲跃厚译,黑龙江大学出版社 2012 年版,第 149 页。

的。然而，哲学家的处境则相反，即便为了使所有人都能够批判性地思考当代人类和世界的根本性问题，哲学家也不必放弃他们批判性地思考的权利和责任，因为“思考的空间”足够所有人都参与进来，并且思考和讨论哲学问题的人越多，就越能促进哲学思考的氛围，从而每个个体最大限度地发展他自己的哲学思想的可能性就越大。

总之，南斯拉夫社会主义社会中哲学和政治的矛盾冲突已经明显暴露，即官僚主义取消了哲学或将其转变为政治的卑顺仆人，或者政治家们通过放弃一部分权利来“腐蚀”哲学家以便与哲学家和科学家一道将他们的权利分散和投射到整个社会。这种方式已经在苏联获得了成功，这是社会主义中哲学家必须避免的最危险的陷阱。马克思主义哲学家的责任是发展一种批判意识，针对作为特殊社会阶层的“统治者”，针对政治家，也针对其他任何试图保持或获取社会特权地位的“特殊人”。

20 世纪 80 年代，我国学界对于哲学和政治的关系主要有两种代表性的意见：一种意见认为，哲学与政治是一回事，二者紧密相连、不可分割。在阶级社会中，哲学是阶级斗争的工具。对此，马克思、恩格斯和列宁都有专门的论述，特别是马克思主义哲学的党性原则决定了哲学和政治的关系。另一种意见认为，哲学与政治有联系也有区别，更应注重二者的区别。哲学研究者要“为政”，但绝不能“唯政”。否则就缩小了哲学的范围，削弱了哲学的功用，贬低了哲学的意义，从而将马克思主义哲学与政治画等号。马克思主义哲学应当成为制定政治路线的理论基础和指导思想，如果只强调哲学为现行路线、政策服务，就会使哲学变成为现行政治辩解的工具，如果片面强调哲学是阶级斗争的工具，就不利于哲学理论问题的自由讨论，从而背叛了哲学的本质。

实践派认为，在社会主义社会中，哲学不是政治的“仆人”，不是康德所说的“见不得光的政治”，一如中世纪之后，哲学不再是神学的“婢女”。哲学和政治在社会主义社会中应该有相似的发展趋势。一方面，按照马克思“消灭哲学”和“实现哲学”的观点，哲学作为与其他所有活动相区别的特殊性应该消失，哲学家也不再享有就政治问题提出决定性意见的特殊地位。但是，作为人对自身的批判性思想，作为渗透到人的全部生活领域的自我反思，作为对人的异化状态的自我意识，作为一种实现人的全面个性的形式，哲学应该存在并发展。这样，哲学就应该不再是一个特殊社会阶层的特殊活动，不是一种职业责任或特权，而是转化为社会个体的深沉的自我反思和批判能力，是社会个体的实践性的自我理解。当然，这并不意味着所有人都能够或必须成为伟大的哲学家，而是意味着哲学必须破除其狭隘的限制，必须转向当代的根本性人类存在问题，并通过在所有思考这些问题的人们中进行的广泛、自由和平等的讨论而得到发展。哲学家的公共活动由此就获得了一种替代模式，康德所说的"倾听哲学家"就转化为倾听"哲学"。也只有哲学的指引才能使人类社会摆脱技术工具主义的官僚体制所衍生的困境，并重新发现人类政治生活的真实目的和内在价值。另一方面，在社会主义、共产主义和人道主义的视域中，政治应该按类似的方向发展。作为特权阶层的活动，作为由社会阶级或阶层的经济利益所决定的特殊活动，作为反映一定阶级利益诉求的社会活动，政治也应该消失。与哲学类似，政治也应转变为一种不属于职业政治家特权的活动。从实践哲学的视角看，政治中应包括哲学的眼界、科学知识、审美的自觉和道德规范等等，单纯的政治家无法完成如此艰巨的任务。在更加宽泛的意义上，政治活动应建立在对存在的全部问题进行批判性反思的基础上，社会共同体通过这种活动，在一定程度的社会认同的基础上，解决生活中的重要问题。久里奇指出，"政治是和人之最深刻的本体论创造相一致的，是人类历史的一种普遍现象，其真正的意义在于政治是人类不完整性和不完善性之最生动、最有特色的表达。政治就是创造了人之自然-历史存在的实际的生活过程本身"①。在此，在南斯拉夫实践派的哲学语境下，政治不是人类的各种指导性的活动或仅仅统治国家的活动，而是管理社会生活的所有活动，无论这种活动是通过国家还是非国家形式来进行的，这种理解来自于实践哲学对"完整的人"的规定和阐发，否则，正当或不正当、正义或非正义、善或恶、有序和无序就会消失在政治活动的技术化运作过程中。

总之，在实践派看来，哲学和政治在社会主义社会中才有可能

① [南斯拉夫]米哈伊洛·马尔科维奇、加约·彼得洛维奇编：《实践——南斯拉夫哲学和社会科学方法论文集》，郑一明、曲跃厚译，黑龙江大学出版社2010年版，第99页。

“合一”,如果社会主义社会的哲学和政治按照相反的趋势发展,人类就不会摆脱邪恶、贫穷和不公。政治如果缺少哲学的证明,就会流于权术,蜕化为权力游戏或治理技术,哲学如果不问政治,也会丧失社会生活本身,成为经院哲学。实践派认为,只有在社会主义社会中,行动的主体才有可能通过哲学和政治的“合一”获得原初的责任意识,并由此获得行动主体的责任的知识和智慧。

实践派的经济和政治批判维度是相关联的,它们同属于人道主义批判理论的框架中,是对人的生存方式的人文关怀。实践派认为,南斯拉夫的经济和政治存在异化现象,而经济异化和政治异化正在构造一个社会的两极化过程:一方面,自觉的、创造的主体变为客体,成为物化的和被剥削的大众;另一方面,主体也可以转化为权威,转变为具有超然权力和控制能力的实体。因此,社会批判的宗旨是使人较少地被物化,较少依赖权威,并更多地具备自决的能力和条件,从而实现真正的“自治”。

第三节 实践哲学的文化批判维度

苏佩克、哥鲁波维奇、马尔科维奇、日沃基奇、波什尼雅克、科西奇等实践派哲学家们一致认为,文化批判的功能不能仅仅在针对资本主义时才受到鼓舞,而针对社会主义时则转化为忠诚的卫道士。那么,文化在社会主义社会中的地位和功能是否发生了变化以及发生了何种程度的变化呢?实践派认为,文化比制度更符合生活本身,文化将重新组合现行社会主义社会中各种分散的活动,以及经济、政治、艺术等各个生活领域,使个人能在这种文化中整合生活的各个领域,使共同体的生活和个人生活重新链接,从而最终实现人的整体性存在,而不是片面的生存。文化批判的根本任务就是超越文化的阶级功能,拯救长期被阶级窒息了的文化,将其还原到一种丰富的人类意义之中。这就是文化“在一种新社会中的现实的人道主义功能”①。因此,实践派哲学家们对科学、艺术、文学、道德、政治法律思想、宗教等具体文化问题的现实展开了

① [南斯拉夫]米哈伊洛·马尔科维奇、加约·彼得洛维奇编:《实践——南斯拉夫哲学和社会科学方法论文集》,郑一明、曲跃厚译,黑龙江大学出版社2010年版,第175页。

哲学批判。

一、关于文化的界定

文化在任何一种语言中都是复杂的词汇,雷蒙·威廉斯曾对文化一词的演变史做过精彩的分析。① 根据威廉斯的分析,对文化概念有意义的创新来自德国学者克莱姆的《人类文化史通论》,在他看来,文化是一个民族或全人类从野蛮到驯化,再到自由的发展进程中的一种特殊的生活方式。英国人泰勒沿用了克莱姆的用法,在他 1871 年出版的《原始文化》中,文化概念是一个最复杂的整体,我们很难用一个相对狭义的、特殊的、从而在理论上更具力度的文化概念来取代泰勒的表述。对于文化一词具有创新意义的改造极有可能没有进入马克思的视野,劳伦斯·克拉德认为马克思读过泰勒的著作,但有趣的是,虽然存在这个可能,但我们至今没有发现马克思阅读这两部著作的任何直接信息和证据。马克思在《政治经济学批判》导言,也是未完成的部分的最后突然从政治经济学研究转向了对文化的分析,他说,"关于艺术,大家知道,它的一定的繁盛时期决不是同社会的一般发展成比例的,因而也决不是同仿佛是社会组织的骨骼的物质基础的一般发展成比例的"②。马克思在经济学研究中也注意到文化在社会结构中的应有地位。"但是,困难不在于理解希腊艺术和史诗同一定社会发展形式结合在一起。困难的是,它们何以仍然能够给我们以艺术享受,而且就某方面说还是一种规范和高不可及的范本。"③在这里,马克思要面对的问题不是文化形成的历史条件,而是文化得以持续的历史条件。在写下这段文字的时候,马克思的唯物史观已经获得了经典的内涵,但这个"困难"却是马克思未完成的思索,因而,理解文化仍是此后的学者面对的理论难题。

随后,在社会学中,林顿和米德将文化视为标准化的、习得的行为,或由传统中所获得的习惯。这样理解文化将会受到双重限制:一是忽视了文化的创造特征,从而将文化看作是使个人适应环

① [英]雷蒙·威廉斯:《关键词:文化与社会的词汇》,生活·读书·新知三联书店 2005 年版,第 101 ~ 109 页。

② 《马克思恩格斯全集》(第三十卷),人民出版社 1995 年版,第 51 页。

③ 《马克思恩格斯全集》(第三十卷),人民出版社 1995 年版,第 52 ~ 53 页。

境的手段,因而不能解释人的活动和环境改变之间的内在关系。二是文化概念中所蕴含的人的生存意义和价值被遮蔽,文化并非基于人的产物,而是由这些产物的意义,以及这些属人的意义被理解的方式构成的。也就是说,文化是使物对人而言有意义的方面和内容。列维–施特劳斯"文化的本质在于结构"的命题遭到了鲍曼的批判,在《作为实践的文化》一书中,鲍曼指出,施特劳斯的理解中缺乏实践的向度,因而又是非历史的和还原论式的。与这种结构主义相对的理解就是对文化的功能性解释,实践派就采取这样的哲学立场。

根据实践哲学的精神,即人道主义批判理论,文化可以被定义为:

> 文化是这样一种过程和结果,即通过人对一种更人道的生活的设计而转变为一个新的世界来实现人的人道化。在创造文化的过程中,人能更好地决定其存在的问题,不断地发展其新的生活方面,以满足其基本的需要,丰富其动机,并发展为一个更全面的人。①

可见,在注入历史的和人的创造性特征后,实践派虽然突出了文化的人道主义功能,但这是在最为宽泛的意义上理解文化,文化成为整合社会内部诸要素及其功能的整体。具体而言,科学、艺术、文学、道德、政治法律思想、宗教等个别的文化都是在一定的社会环境中产生和发展起来的,它们都是特殊的、局部的,或多少整合了物质成果和精神成果的系统,社会中的成员能通过这一系统广泛地参与社会生活,这是一种人的全面的行动或实践。而在以往的马克思主义解释中,特别是在斯大林主义的理解中,文化经常被"上层建筑"一词所替换,并被看作是经济因素直接的或间接的结果,经济生产的次要分支。实践派认为,这种解释不能被认为是"唯物主义"的,因为它把实践的活动与文化割裂开来了。这是对人类实践之基本特征误解的结果,离开了人类实践指向的意义和价值,这种特征就不可能得到解释。实践派试图表明,关于社会和文化的唯物主义观点必须证明文化是如何被融合进人类生活,并

---

① [南斯拉夫]米哈伊洛·马尔科维奇、加约·彼得洛维奇编:《实践——南斯拉夫哲学和社会科学方法论文集》,郑一明、曲跃厚译,黑龙江大学出版社 2010 年版,第 162 页。

代表了人类生活的一个不可分割的部分的。文化批判不能止步于否定过去或否定旧社会,它要用“感情”和“目标”去探求对未来和可能的肯定。在文化方面,批判不仅仅是对形形色色的非人道表现和人的非人化进行无情地分析和谴责,而且是对一切可能是新文化的东西和一切可能描绘新型人的东西进行最自由的探求、调查和实验。没有在科学、哲学和艺术等方面进行文化创作的自由,就无法设想可能有什么社会主义的新文化和新型人的概念。哥鲁波维奇指出,“我们相信,这种解释比那种荒谬的、过分夸张的基础和上层建筑的图式更符合马克思的思想精神”①。

二、关于文化的人道主义功能

在实践派哲学家的著述中存在着大量关于文化的功能的论述,包括:解释功能、适应功能、转化功能、取向功能、控制功能、统治功能、操纵功能、整合功能、认识功能、交流功能等多种表述,也有大量有见地的观点。为了论述方便,本书从实践哲学的视角归纳文化的功能。

(一)桥梁功能

文化作为一种一般的和特殊的人类现象,它只能部分地符合特定社会制度的目标,而从总体性上都超越了任何一种社会制度的目标,例如,科学、艺术、哲学、人类的理想和一般人类价值必然具有真正的普遍性。这既不能从一种制度或民族传统中推演而来,也不能被还原为这种制度或传统。纵观历史,可以发现,在人类的远古时代,对全人类来说,文化是生活之更为根本的部分。神话和现实是生活之同等重要和同等必需的两个方面。装饰、雕塑、陶器设计、舞蹈等实践活动与对好生活的向往是融为一体的,世界各地的岩壁上不朽的史前绘画便是对人类祖先的人性及其生活方式中内在包含着文化这一事实之永恒的证明。因此,哥鲁波维奇强调:

文化在两个方向上——即从(一定的)现实向(可能的)

① [南斯拉夫]米哈伊洛·马尔科维奇、加约·彼得洛维奇编:《实践——南斯拉夫哲学和社会科学方法论文集》,郑一明、曲跃厚译,黑龙江大学出版社 2010 年版,第 164 页。

乌托邦以及从(可能的)乌托邦向(一定的)现实——构成了一座可供通过的桥梁。①

一方面是人类所处的现实状况,另一方面是人类的乌托邦想象。由于文化的存在,现实不是固定不变的,是人无法改变的,它永远只能是可能事物的一部分完成,而绝不是一种已经完成的存在。而且,由于文化是人类存在的一个重要方面,是人类存在的一种方式,所以乌托邦并不是单纯贬义的,它也不是一种存在于想象中的、难以定义的或毫无根据的存在。它不是一种"科学杜撰"或脱离现实的幻想,而是一种通过新一代人的实践完全有可能实现的方案,它暗示着一个提出新的思想和新的规范指令的新世界的生成,一个不断地迸发出勇气和想象的王国的重要组成部分,即某种"尚未"实现,但却是一种可以使现实能动的条件,是一种人道主义的愿景。人类世界是一个复杂的总体,它不仅包括传统社会的诸多遗产、已经获得的物质条件和技术、已经建立起来的社会组织,还包括关于未来的各种想象、期许和方案。但是,在现实中占统治和主导地位的往往是一种实用主义的倾向,是致力于维护现实并满足基本需要的实际意义上为生活而斗争的倾向。因而,远离近期目标的想象都在对实际生活没有现实性和功能性的意义上被概括成了"乌托邦"。文化恰恰介于二者之间,它连接了二者并通过补充人类存在的新方面,含蓄地扩展了生物学存在和生存斗争的界限。正是在这个意义上,社会主义自治应当被建设为一个完整的社会体制。这就是说,第一,它必须包括社会经济、政治和文化的一切方面;第二,除了个别元素的自治之外,它必须被视为社会整体的自治。这就假定了各种自治的元素汇集到一个完全自治的社会之中。在任何其他情况下,马克思对于社会过程从属于"个体联合的力量"之信念以及他对"自由生产者的联合体"所寄托的希望,都会被证明是乌托邦。

那么,文化在何种意义上、以何种方式才能发挥其现实和乌托邦之间的中介作用呢?

首先,文化可以激发人的创造力。人们要建构一个更适合于

---

① [南斯拉夫]米哈伊洛·马尔科维奇、加约·彼得洛维奇编:《实践——南斯拉夫哲学和社会科学方法论文集》,郑一明、曲跃厚译,黑龙江大学出版社2010年版,第164页。

人本身的新世界，就必须通过文化，因为文化扩大了各种活动和需要的系统，这种理解新事物的需要和创造发明的需要激发了人的好奇心，并发展了人的创造力，使其在接受历史遗产的过程中，获得创造性的生活技巧。其次，文化以符号交往的形式、以各种方案和思想的形式、以达到尚未存在的事物的形式创造了人的实践。再次，文化借助于经验和学习，亦即整体的积累过程，促进了世界的人道化。在这个意义上，文化并没有游离或脱离于个人生活之外，而是作为一种人的存在的要求植根于生活本身之中。最后，文化以一种萌芽的形式表现在每一个个体之中，在个体内部进行着调节，扩展有效的经验并探索未知的事物。对于个体而言，一方面，他们必须适应于现实及其要求、目标、标准和价值；另一方面，他们永远不会完全接受现实，永远不会满足于现实，并将现实与另一个可能更好、更全、更美的世界相对比，由此循环往复，不断推动历史进步。总之，鉴于文化不能与活动者的个人历史相分离，所以应该将文化视为现实和乌托邦之间的“调节器”，或现实和理想之间的桥梁。

（二）人道化功能

如果说实践派将文化定义为“人的人道化过程”，那么，每个人类个体的存在都是一种文化存在，即一种能够创造其自身的生活和改变其环境的存在，并且按照人道化的方向去改变和创造，而不是相反。文化的人道化功能最重要的在于，它预设了精神能力和思想能力的发展，通过这种发展，人不仅创造了各种精神成果，而且也创造了极其重大的物质进步。每个人都不同程度地预先拥有各种一般的能力，因此，它在每个人的能力当中便成为一种文化存在。当然，这并不排除历史上曾经有过的反人道的时期，例如奥斯维辛集中营里的大屠杀和当时南斯拉夫的技术官僚。这就是说，文化环境是发展人之潜能和需要所必需的，正是通过它们，人才能将自身塑造为一种文化存在，并不断在迷失和错误的道路上重塑人道化的前进方向。

在文化中，人们不是用语词、概念、假设、理论，或者说，不是用思想来形式化地描述和解释一种表面上无序的社会状况，而是用文学、艺术、政治法律思想，甚至科学和宗教思想给我们以一种方向的意义，即指明我们如何行动、我们应该怎样行动、必须怎样行动。这对一个混乱和动荡的世界中的人来说,无疑具有导向的作用,亦即人道化的功能,这在任何时代都不会改变。

在经历了20世纪的全部历史体验之后,特别是经历了南斯拉夫社会主义文学、艺术、政治法律思想和意识形态等文化现象发展的现实之后,实践派认为,文化的人道主义的、启蒙的神话被摧毁了,文化的宝座也被推翻了,也就是说,文化既没有给社会主义的个人以任何幸福,也没有以任何持续的影响使这些个人更加完善。

蕴含在文化中的乌托邦或理想因素恰恰是人的创造性的动力和预兆,因为人们想要达到艺术、科学与哲学的自主完善,并懂得要写作一本好书、要谱写一曲悦耳动听的交响乐、绘制一幅充满了美感的油画,以及发现世间的真理,不是仅凭着良好的愿望就能做到的,没有对现实与对不利于创造性的人类需要和力量的自觉否定,没有对不自由和非正义的道德反叛,以及没有对束缚人的思想和想象的强制力量的精神反叛,文化也就丧失了自身存在的意义和价值。相反,实践的首创精神可以导致对社会进行理性和道德的改革,并有助于创造一种新的、更适合时代需要的文化。

(三)革命功能

文化的革命功能最初针对的是旧的社会体制,资产阶级反对封建地主的文化形态无疑是革命的组成部分。当面对资产阶级时,文化的革命功能是一种更有益于工业化、城市化国家的社会主义改造,它是由对资产阶级官方的意识形态、文化、科学、艺术、教育体系的一种否定构成的,是由创造许多小的、抛弃了传统资产阶级价值并试图在新的基础上组织生活的人类共同体构成的。其中一部分人试图以没有竞争、权力、暴力,不受物质占有的妨碍这样一种完全不同的方式生活,他们都没有政治目的,他们基本上在逃离官方的社会和文化,并在其群居村中,在诸如流行节日、爱情岛和集体吸毒的大规模聚集时找到了避难所。另一部分人则不是寻求逃离官方社会和文化,而是要废除它,要从内部改变它。他们反对任何形式的组织和结构化的生活方式,包括政党或国家这样的组织,也包括家庭、学校、职业等组织。在当代资本主义国家中产生的这两种倾向足以说明文化的革命功能。这样看来,权力及其附属物一直是和人的创造性本质相对立的,与文化的人道化过程背道而驰。正是人的创造性的本质力量构成了文化的革命气质,

使文化作为一种革命的集体行动，沿着普遍的人类需要与创造人类全新和永恒的价值的方向，彻底改变了社会现实。如果我们排除了这些普遍的历史目标和理想的革命方案，文化也就丧失了其完整性。

马尔科维奇进而认为，在社会主义条件下，文化的革命功能仍未丧失，没有一种新的革命文化就不可能有革命运动。实际上，在马克思主义理论谱系中，正是葛兰西通过"文化领导权"概念最明确地、令人信服地提出并阐发了文化的革命功能。在此之前，人们只是在庸俗的意义上把文化理解为一种社会上层建筑，革命被顺序地划分为三个阶段：政治革命、经济革命、文化革命。文化被还原为夺取政权，文化革命被还原为新社会和平建设框架中简单的教育活动和意识形态活动。

科西奇在《文化与革命》一文的结尾处谈到，"我仍然坚持这样一种信念，在文化的社会地位、社会作用和社会意义方面进行一场变革是必需的和根本的，换言之，人民所积累的精神力量的联合与组织以及这些力量向历史主体的转化是必需的和根本的。如果作为一个整体的知识分子不再是官僚制度的走狗和历史挫折的道德掩饰，那么缺乏特权的知识分子阶层所代表的便不再是寄生于人民的贫穷和精神痛苦之中的特权贵族。我想，别无他途"①。

当然，人道化功能和革命功能是"硬币的两面"，集中反映在文化存在中。正如彼得洛维奇指出的，"没有人道主义，就不可能有真正的革命，同样，没有革命的态度，真正的人道主义也是不可想象的。革命的人道主义是唯一完美无缺的人道主义，而人道主义的革命也是唯一真正的革命。因此，革命的人道主义和人道主义的革命在本质上是一致的"②。

三、关于自治共同体中的文化批判

实践派认为，如果文化的功能是现实与乌托邦之间的桥梁，是

① ［南斯拉夫］米哈伊洛·马尔科维奇、加约·彼得洛维奇编：《实践——南斯拉夫哲学和社会科学方法论文集》，郑一明、曲跃厚译，黑龙江大学出版社2010年版，第212页。

② 《关于马克思主义人道主义问题的论争（译文集）》，生活·读书·新知三联书店1981年版，第177页。

人及其世界永恒的人道化，那么就有必要探究文化在社会主义社会中的地位和功能是否，以及在何种程度上发生了变化。换言之，一方面是用创造性的思想和方案更新现状，即从乌托邦到现实的方向；另一方面是为新的精神努力和创造性想象提供基础和指明道路的，即从现实到乌托邦的方向。这两个方面都指向世界的人道化，那么，文化在南斯拉夫的社会主义社会中如何实现其作用呢？其效果如何呢？对于这个问题的回答，实践派的实践哲学同样彰显了批判的维度。

从南斯拉夫自治共同体的角度看，现存社会主义社会的一个特征是政治支配文化，即文化采取对国家和党相关的从属立场和依赖立场。归根到底，文化是为了维护现存秩序的利益，为统治阶级的利益服务的，这是马克思的深刻洞见。但是，无论是政府，还是任何其他最高的权威都不能完全支配和控制文化。而在当时的南斯拉夫，文化作为官方的，受到赞扬的，而且是唯一被允许的倾向是对社会主义社会的"现实主义"描绘，以及哲学、学术和一切理论工作中作为官方倾向的"辩证唯物主义"。日沃基奇甚至将南斯拉夫的文化概括为"极权主义文化"和"享乐主义－功利主义文化"。因此，实践派将批判的矛头指向统治阶级对文化所施行的控制，以及该阶级对文化所拥有的权力，它不仅使文化局限于一定的社会制度之中，而且也使之局限于党的现行政策之中。实践派在批判苏联的文化一元化倾向时就已经奠定了文化批判的基础。在当时的南斯拉夫，许多文化活动只是为证明现存秩序的合理性服务的。在苏联，这是哲学和社会科学的基本功能。文化的批判功能只是在针对资本主义制度时才发挥其功效，社会主义制度则被看作是既定的、必然的、神圣的和不容置疑的。在南斯拉夫，对文化的类似的国家控制只是在战争结束后的最初几年中存在。但是，在南斯拉夫社会中，相对的自由并不是国家自愿地提供给文化工作者的，而是由知识分子争取而来的。当然，对知识分子来说，创作的自由已经成为文化活动中绝对必要的条件。在南斯拉夫社会中，与苏联那种通过检查机构公开地压制文化的社会主义国家不同，南斯拉夫使用的是"禁令"，即统治阶级的组织禁止任何与其愿望和旨趣不相吻合的事物。在苏联，控制是预先施行的，而且几乎任何非主流的文化都被排斥和禁止，因为没有什么东西不被检查机关所掌握。在南斯拉夫,控制是事后进行的,如果在报纸、杂志和电影中出现了不合南联盟需要的资料,法院便出面用其权力判决文化的价值,并予以禁止,科尔丘拉夏令学园和《实践》杂志就遭受到这样的命运。对社会主义国家来说,这是一种新的现象,一种非常的现象。

同时,南联盟的治国路线成为人们必须遵守的教条,也就是党的思想渗透到文学、艺术、道德等文化现象的各个方面,从而改变了社会主义文化的应有特性,使文化丧失了桥梁、人道化和革命的功能。当社会中的所有从事文化创作的人首先必须论证党的路线和"正确思想"的时候,这种对路线和思想正确性的首要性证明超过了艺术质量、学术价值、对真理的证明和人的真实需要时,其结果只能是对某种信仰的"护卫",社会成员注定要扮演国家为他们所设计的角色,文化的生机也就必然停止了。对文化来说,社会的否定方面成了禁区,正如资本主义社会条件下,人成了"单向度的人",丧失了否定性和超越性的维度那样,南斯拉夫社会主义社会中的文化也丧失了否定性、批判性和超越性的维度,文学、艺术中保留下来的只有对社会主义的"现实主义"描绘,或用实证科学的手段掩饰的现实的弊端,以及粉饰的太平,社会化的进程仅表现为盲从,与人道化的前景渐行渐远。

可见,文化的阶级性在南斯拉夫社会主义制度中并未发生根本性的变化,文化仍要被分为"高级的"和"低级的"、"精英的"和"大众的",文化和普通大众仍然是分离的,南斯拉夫的体制仍然不能使民众自由地创造和利用文化,文化也不能成为人们日常的和根本的需要,而是成为可有可无的从属的方面。

对此,哥鲁波维奇有过精彩的论述:

> 作为这个论点的一个例证,我们应该注意到许多所谓"高级文化"的创造者们对"大众文化"的普及所表现出来的明显的冷漠,以及它对一般民众所造成的严重影响。和那些反对毫无价值的书籍与文学作品的零星的口头抗议不同,高级文化的创造者们毋须多费心力就能吸引大批读者或使其著作更为通俗易懂,从而和由于"大众文化"的传播而导致的无味性作斗争(但大学者们对其领域的通俗化不屑一顾,而那些较为优秀的演员同意上电视时,他们又常常屈从于通俗

娱乐节目的俗套要求，而不是设立更高的大众传播媒介标准。严肃的音乐仍被限制在座位有限的音乐厅里，而"乡村"音乐之含混不清的模仿唱片却大量地生产，等等）。尽管一些文化工作者自觉或不自觉地意识到了创造一种能够欣赏真正的文化并使之区别于伪文化的开明的公众需要，但却抛弃了那些甚至没有认识到伪文化与准文化的这种区分的人。①

那么，文化和既定社会秩序之间冲突的实质是什么呢？简言之，文化只能证明现实而不是批判现实。包括南斯拉夫在内的现存社会主义国家当局不允许文化执行其作为乌托邦与现实之间的桥梁的功能，乌托邦被宣布为一个不合时宜的、无用的梦幻领域；不允许文化充当一种表达创造性的不满和反叛并为现实的革命化服务的功能；不允许文化发挥人道化的功能，而是要求文化融自身于现实之中，而且文化只能服务于现实，并将对生活过程的人道化改造转化为对现实的逆来顺受。

同时，政治领袖们不是表现出对超越现存事物的文化理解，不是推动创造一种新的人类现实的理想梦幻，而是要求文化毫无保留地"拥护现实"。任何反对的抗议都被称为"孩童般的、幼稚的白日梦"，并被上升为"背离了共产党的纲领和政策"。在这种环境下，一些文化创造者不得不接受了作为保护框架的文化的意识形态化，并在其中不受干扰地进行创作，过着一种更平静的生活。

在我看来，将文化完全整合到现存制度的框架之中，无视文化和现存制度的冲突是不明智的，它表现的是对文化冲突的积极作用的不理解。在哲学、人文科学和某些艺术中，经常性的文化争论具有积极的启示意义，在这个意义上，研究南斯拉夫实践派的实践哲学也许是有趣的和有益的。

实践派哲学家们也对未来自治共同体中的文化形态做了一定程度的展望，即在自治共同体中，文化必须回到它自身所属的生活本身之中，并在共同体的生活和每个个人的生活当中得到重新整合。生活意味着追求、理想、流动、发展、矛盾、变化、差异、不可预

---

① ［南斯拉夫］米哈伊洛·马尔科维奇、加约·彼得洛维奇编：《实践——南斯拉夫哲学和社会科学方法论文集》，郑一明、曲跃厚译，黑龙江大学出版社 2010 年版，第 172 ~ 173 页。

测性和自发性,生活所包含的内容远比社会制度所包含的内容要丰富得多,人类共同体的生活反对的是制度所包含的诸多方面,如制度化、官僚化、机构化、僵化、保守化等,以及与之相应的具体制度的局限性。在这个意义上,文化比制度更符合于生活本身,而且在社会主义社会中,文化必须促进一种开放的共同体的创造,在这种共同体中,生活将比秩序更强大。

按照实践派的理解,消灭阶级制度不能满足于废除它得以产生的经济条件。而在南斯拉夫高层中,有一些倡导简单地把市场原则移植到文化领域的理论家和实验者,他们认为,社会主义应当使自身以逐渐从商品列表中消除文化价值为导向。但在实践哲学的意义上,社会主义的国家主义已经用政治人的统治取代了经济人的统治。自由主义者们想借社会主义的名义超越政治人,只不过是为了恢复经济人。实际上,对于社会主义文化来说,二者都是毁灭性的。对于文化而言,根本任务在于超越文化的阶级功能,并回到文化的一种丰富的人类意义之中,因为文化本身就是一个现实的人道化的过程。

在南斯拉夫,政治已经介入文化领域,而作为一个整体的文化中所发生的一切,都证明了这个自治社会主义共同体的"敌人"对创造性自由的"滥用"。也就是说,对文化领域中的自由的最大限制来自"当权者"和"政治野心家"。正如马尔科维奇所说,"那些控制着庞大的国家政治组织和大众传媒的人,对习惯的形成、政策的形成和候选人的选择具有决定性的影响"[①]。在当时的南斯拉夫,政治家比科学家、艺术家和哲学家更经常地滥用自由,并给社会主义的文化造成了极为严重的后果。必须强调的是:对文化最致命的社会行动是对自由的剥夺,而剥夺一个人或一个民族的自由是最大的历史冒险,因为创造性在原则上和本质上只有通过"自由"才成为可能。

社会秩序的确可能受到科学、艺术和哲学的威胁,但不可能要求任何人都来说明现存事物的理由。鉴于此,社会主义共同体中的文化应该包括追求真理的自由和反对谬误的权利,不管是谁的

---

① [南斯拉夫]米哈伊洛·马尔科维奇:《从富裕到实践——哲学与社会批判》,曲跃厚译,黑龙江大学出版社2012年版,第137页。

谬误。对科学思想和艺术思想之主题与形式也应该自由选择,而不应受到对立的思想流派的否弃和制裁。所以,从文化批判的维度上看,自治理论至今尚未得以彻底贯彻,包括在南斯拉夫的实践中也未做到,尽管迄今为止它在发展自治方面走得最远。

本章所贯彻的核心线索是:实践派认识到,纯哲学的批判不管多么彻底,总有一些非常严重的局限性。因为它过于抽象,也因为它所注意的只是这种局面的最一般的和根本的特点,还因为它设想的是一种急剧的断续变化,而不注意这种变化的具体契机和阶段。纯哲学只是理论性的,而非实践性的,它仅仅指明一种合理的可能性,仍然是一种解释,而不采取任何行动以造就社会变化所必需的社会力量也只能局限于思想中,而非改变世界的力量。这就要求在双重意义上超越纯哲学本身。第一,哲学要成为具体的、综合的、跨学科理论的一个主要方面。第二,哲学要成为进行实际活动的一种基本纲领。实践派的实践哲学正是在"做"的意义上呈现了实践哲学的批判精神。

在本章的最后,我要说明的是:马克思的哲学中一个重要的关键词是"生产",如果我们把当代社会中包括经济、政治和文化在内的意义和象征符号的生产看作是社会行动中心的实践或过程,那么这种思路仍然在马克思哲学的框架内,从而可以构造出对社会的总体性的理解,这是实践派的重要贡献。今天看来,人类现实生活中存在着不经哲学就无法超越的难题,如果不使马克思的思想复活并对其加以拓展,不对我们这个时代尚未解决的社会问题采取马克思主义的、非教条式的和批判性的态度,真正的、"以人为本"的社会主义便几乎是不可能的。在这个意义上,南斯拉夫实践派的实践哲学仍是可资借鉴的重要建构性理论资源。

第五章　实践哲学传统中的南斯拉夫实践派

实践哲学是贯穿西方哲学史的极为重要的分支和谱系，几乎所有的哲学家都使用过"实践"概念，毫无疑问，亚里士多德是该理论谱系的创始人，后经培根、康德、黑格尔、马克思的诠释使其走向现代。在当代，哈贝马斯、阿伦特、伽达默尔、麦金泰尔、勒维纳斯等都以独特的视角拓展了实践哲学，并深化了对实践的理解，甚至开拓出全新的实践哲学研究领域。[①] 以上哲学家大多明确地以"实践哲学"来称谓自己的理论，其中，亚里士多德、康德和伽达默尔是实践哲学的"三座高峰"，本书以上述三者为参照系，从最基本的理论观点入手来阐释实践派与西方实践哲学传统的内在关系。

同时，国内外很多学者都论及拉布里奥拉和葛兰西的实践哲学，然而这种实践哲学多是指马克思的哲学思想，而非西方哲学史上的实践哲学传统，葛兰西本人有明确的表述。马尔科维奇就曾说，葛兰西有充分的理由用实践哲学来称谓马克思主义[②]。但限于篇幅，本书对此不加以考察。

第一节　亚里士多德的实践哲学与实践派

实践概念在亚里士多德之前的哲学中就已经被使用，但只有

---

① 关于实践哲学的文章，解释学专家曼弗雷德·里德尔（Manfred Riedel）编辑了题为《复兴实践哲学》的两卷本文集，分别于 1972 和 1974 年出版。

② *Praxis*, 1967. 3, p. 335.

亚里士多德使之成为一个哲学范畴,他对实践的极具创造性和包容性的诸多论述,奠定了实践哲学的基础,因而他被称为西方实践哲学的真正创始人。

亚里士多德的实践哲学对后世有着深远的影响,从某种意义上说,全部西方哲学史中的实践思想都根源于亚里士多德的实践哲学,分析亚里士多德的实践哲学与南斯拉夫实践派实践哲学之间的渊源关系,对于深入理解实践派的哲学思想,理解实践哲学谱系的历史脉络都具有十分重要的意义,对于近 30 年来我国关于实践问题的讨论也具有积极的意义。

一、实践概念与实践哲学

亚里士多德的《尼各马可伦理学》和《政治学》不但是影响西方哲学的经典伦理学和政治哲学著作,更是实践哲学的经典之作。在这两部著作中,亚里士多德按照“分类”观念,从“实践”概念出发,合逻辑地引申出一种实践哲学。这两部著作中充满了分析与论证,并以丰富的历史研究与科学研究为基础。它们的宗旨或目的并不只在提供真理,更重要的在于影响人们的行为。

亚里士多德在《形而上学》中区分了“理论”“实践”和“制作”,因此首先应辨析这三个概念的区别。在古希腊,“理论”是指“看”和“沉思”,它总是与知识联系在一起。在《尼各马可伦理学》中,亚里士多德认为,“实践”或称“行为”,它是一种目的性行为,是道德的和政治的,是以某种“善”为目的的,换句话说,特指伦理的或道德的行为,它不同于理论。具体而言,实践活动作为人所特有的活动,区别于动物的本能性活动,是一种目的性行为。其中的关键在于,实践是一种趋向某种目的,实现某种目的的活动。这种目的性规定着人的实践活动的发展方向。人的目的可以分为很多方面与层次,具有多样性,如“医术的目的是健康,造船术的目的是船舶,战术的目的是取胜,理财术的目的是财富”①。目的又是分层次和等级的,最终的和最圆满的目的恰恰是“最高的善”,或者说是一种最高的美德。进而言之,实践是一种美德性行为。人的实践活动

① [古希腊]亚里士多德:《尼各马可伦理学》,廖申白译注,商务印书馆 2003 年版,第 4 页。

有各种具体的和直接的目的,但这些具体的和直接的目的又都趋向于和服从于一个最高的目的,也就是“善”。“善”的理念在亚里士多德的《形而上学》中主要是在超验意义上使用的,它是指一种与“质料”相对的形式,终极的“善”则是一种超验的纯形式。人对现实生活的超越性,就是对幸福的追求。而幸福是合乎德性的,是最高的善。以合乎德性的行动来追求和实现幸福,达到善的目的,或者说,探讨善的目的如何通过德性实践来实现,这是亚里士多德的实践哲学区别于其他哲学的特质。对实践的性质的研究实质上是在研究应当怎样实践德性,或者说,不是为了了解德性,而是为了使自己有德性并表现出有德性,因而它不是思辨的,它需要去“做”,而不是“想”“认为”或“相信”。这样,亚里士多德将理论领域和实践领域,理论哲学和实践哲学区分开,这种区分所依据的关键在于:事物自身或其本原(或译为“原理”)是否变动。数学和神学的对象都是不变动的,自然属于理论领域,其中所得到的认识是稳定可靠的。物理学的对象虽是变动的,但其变的根据在事物自身,并且可以通过“四因”分析的方式来把握,其中“形式因”是可以定义的、不变动的,因此也属于理论领域。实践和制作所探究的都是人出于目的的活动,这类事物本身是变动的,其本原在于作为实践者和制作者的人,而人本身也是变动的。

区分了“理论”之后,亚里士多德又将“实践”和“制作”区别开,二者互不包含,“实践不是一种制作,制作也不是一种实践”①。第一,实践重在“做”,它是一种道德活动,是德性的实现;制作重在“知”,它是依据自然原理,按照理性的原则去制作。亚里士多德甚至认为,在实践中,没有知识的人也可能比有知识的人“做”得更出色。第二,实践的理性是“明智”,制作的理性是“理智”。明智是一个善良人的实践,就是善于策划对自身的善及其有益之事,明智的人就是善于策划的人。明智是“一种同善恶相关的、合乎逻各斯的、求真的实践品质”②,明智是与技术不同的德行,明智所支配的活动是一种非技术性的道德活动。理智(nous)则是科学和技术的

① [古希腊]亚里士多德:《尼各马可伦理学》,廖申白译注,商务印书馆2003年版,第171页。

② [古希腊]亚里士多德:《尼各马可伦理学》,廖申白译注,商务印书馆2003年版,第173页。

理性,理智的对象具有普遍永恒的特点。第三,实践是一种以自身为目的的活动,善作为目的是内在于实践活动之中的,制作则是以外在事物为目的的活动。第四,实践是无条件的、自由的活动,制作则是有条件的、非自由的活动。最后,实践的目的是终极的、完满的,它本质上是一种终极的道德关怀;制作则是片面的、手段性的东西。实践的目的是完满的,这里的完满首先意味着只有最高的善才是某种最后的东西。所以,实践的智慧要靠经验来积累,制作的技艺离不开运气,它们都不可能形成稳定可靠的认识。理论领域是由可定义的形式所决定的领域,理论所求的是关于这些形式的确定性知识,但是,实践领域和制作领域则是由人的目的所引导的领域,它们所求得的只能是意见。

随后,亚里士多德不得不引入"实践智慧"概念来进一步阐明实践哲学的特质,他将人的智慧分为"理论智慧"和"实践智慧",理论智慧的对象是普遍的事物及其本质,探求事实的原因;实践智慧以个别的事物为对象,来源于长期的经验。人们可以通过课堂的学习获得诸如几何、算术等理论智慧,但却只有通过自己的亲身实践和体验才能获得实践智慧。实践智慧高于理性智慧,其优越性是在人们的选择中表现出来的。

在《尼各马可伦理学》中,亚里士多德认为,灵魂分为有逻各斯的部分和无逻各斯的部分。灵魂的有逻各斯的部分对应于理智的德性,实践智慧即属于理智的德性。理智的德性又分为沉思的理智和实践的理智。实践智慧就是理智的德性中的实践的理智。具体而言,实践智慧是对善的谋划和实践,亚里士多德先是在经验层面"考察具有实践智慧的人",然后从中引申出对实践智慧的界定。他发现,具有实践智慧的人善于考虑对于他自身是善的和有益的事情。实践智慧既不像数学中的理论计算,也不像形而上学的理论静观,二者与善恶无关,不需要实践上的推演,而实践智慧关乎善恶,是一种实践的推导。"善"不是技艺追求的目的,这里的善具有总体性和终极性。实践智慧不等于聪明,它是一种谋划和实践。当然,实践智慧不能没有能力,但仅仅是能力并不等于实践智慧。关键在于目的,目的高尚就值得称赞,目的卑贱就是狡猾。实践智慧需要两类知识:一是关于普遍的知识,即理论知识;二是关于具体的知识,即实践知识,实践知识需要一种更高的能力来指导它。

实践智慧是一种生活经验,它与人的经验相关,正是日积月累的各种经验使实践智慧成为可能。在亚里士多德看来,理论知识的内容是清楚明白的,因而是可学习的和不依赖于经验的,例如,青年人可以在几何学和数学上学习得很好,可以在这些科目上很聪明,甚至可能成为一位数学家。然而,青年人却缺乏实践智慧,因为实践智慧同具体的事物相关,依赖经验的积累,青年人恰恰缺少经验。这相当于杜威所说的"原经验",正是这种经验,使人生出慧眼,使人能够看得正确。

亚里士多德认为,实践是关于完满的和终极的"善"的实现活动,它不包含我们今天通常理解的技术活动和生产活动,实践本质上是一种终极的道德关怀。因此,从实践哲学的起源来看,实践包含着超验的维度和终极关怀。由此,理论哲学与实践哲学是两种不同的提问方式,理论哲学追问的是"事物是什么",实践哲学则追问"事物在变化过程中为何和如何展开"。自亚里士多德提出理论哲学和实践哲学的划分以后,哲学的领域就已经基本界定,然而,遗憾的是,实践哲学长期处于形而上学的阴影之中。

亚里士多德实践哲学的主题与人们的道德评价和道德选择密切相关,在很大程度上它是帮助人们更好地对人处事的哲学,表达着人类对于善的追求。善与恶是人们道德生活的主题,在生活实践中发挥着重要的价值取向作用。对于善的追寻是人类活动的目标,实践智慧则为人们的善良意志提出达到目标的手段。因此,实践哲学应当是道德哲学。其实质就是要通过对人类实践行为的反思指明人类存在和生活的善的、合适的、有价值的理论基础与趋向目标。在《尼各马可伦理学》末尾,亚里士多德表示还要讨论立法和政治问题才能完成对"人的哲学"的研究,即从对善、幸福、德性等内在方面的探讨延伸到对法律、制度等外在方面的探讨。可见,从学科看,政治学包含伦理学;从著作内容看,《尼各马可伦理学》和《政治学》各有侧重。人们通常主要把伦理学和政治学看作实践哲学。二者在亚里士多德那里是不可分的,伦理学是政治学的分支和起点,政治学是伦理学的目标和皈依,它们都属于实践哲学。

南斯拉夫实践派使用的正是亚里士多德的"实践"(praxis)概念,《实践》杂志也是以此为题名。彼得洛维奇在《实践》杂志的发刊词中指出,实践”这个词现在以希腊语形式出现，并不意味着我们是按照古希腊哲学的意思来理解这个概念。同时，我们也是希望事先明确表示：我们与实用主义的实践概念以及庸俗马克思主义的实践概念相去甚远，我们要努力理解马克思的本来面目。此外，这个希腊词（即使在不按它的希腊原义理解的情况下）还可以使我们想起：当我们考察日常事物时，务必不要忽略那些非日常性的但却是本质性的内容”①。

彼得洛维奇指出，“柏拉图、亚里士多德、康德、黑格尔以及詹姆斯对‘实践’的理解也各不相同”②，其中，在“亚里士多德……的范畴与存在属性的同一”中，南斯拉夫实践派发现了一种“典型的对象化的谬误……其中一种在时间上、语言学上和概念上有限的世界观被投射到了外在的世界，并被宣布为永恒真理”。③ 所以，这里对实践派的实践哲学的分析从其与亚里士多德的实践概念的关系谈起。

南斯拉夫实践派在使用实践概念时与亚里士多德既有区别，又有联系。

一方面，区别是明显的，实践派的实践概念更多的来自马克思。在实践派看来，马克思的贡献是在实践的意义拓展了劳动概念。培根和百科全书派把工匠的手艺、认识自然的实验一起列入实践的内涵，从而使实践的含义发生了“技术化”的根本改变，它将“实践智慧”转变为技术性思维或称科学思维，不再坚持亚里士多德关于实践和制作的区分。实际上，亚里士多德的论述中已经出现了拓展实践概念的萌芽，他说，“实践的理智其实也是生产性活动的始因”④，在此，实践的理智是生产或劳动的初始性因素，或者说，制作和生产也是实践的内容。马克思吸纳了亚里士多德以来的西方实践哲学传统以及培根的技术实践论的内涵，他对实践概念的理解在外延上大于亚里士多德，但遗憾的是，后来马克思主义

① 《南斯拉夫哲学论文集》，生活 · 读书 · 新知三联书店 1979 年版，第 327 页。

② ［南斯拉夫］加约 · 彼得洛维奇：《二十世纪中叶的马克思》，姜海波译，黑龙江大学出版社 2015 年版，第 152 页。

③ ［南斯拉夫］米哈伊洛 · 马尔科维奇：《从富裕到实践——哲学与社会批判》，曲跃厚译，黑龙江大学出版社 2012 年版，第 1 ~ 2 页。

④ ［古希腊］亚里士多德：《尼各马可伦理学》，廖申白译注，商务印书馆 2003 年版，第 168 页。

的某些教条主义者对劳动进行了教条化的处理,使之走向了与亚里士多德等人相反的另一个极端,也就是把整个实践活动等同于劳动。然而,按照马克思的论述,即:

> 整个所谓世界历史不外是人通过人的劳动而诞生的过程,是自然界对人来说的生成过程,所以关于他通过自身而诞生、关于他的形成过程,他有直观的、无可辩驳的证明。因为人和自然界的实在性,即人对人来说作为自然界的存在以及自然界对人来说作为人的存在,已经成为实际的、可以通过感觉直观的,所以关于某种异己的存在物、关于凌驾于自然界和人之上的存在物的问题,即包含着对自然界的和人的非实在性的承认的问题,实际上已经成为不可能的了。①

从这里就可以看到,马克思所理解的劳动和实践不再与制作及工艺性的活动相对,从而只限于伦理政治等领域,仅仅是一个道德概念。相反,制作及工艺性的活动构成了劳动和实践的应有之义,作为实践的本源形式,劳动不仅创造了人,而且也造就了属人的世界。与此相联系,劳动也不再是黑格尔意义上的精神劳动,实践也不再是黑格尔意义上的理念活动或逻辑的演绎,而是表现为现实的"感性活动",这种活动包括人与自然之间的物质交换,这种活动本身同时又展现为一个社会历史过程。于是,马克思扩展了"实践"的概念,他将亚里士多德置于实践之外的内容重新纳入实践的内涵中,马克思使用的概念是"劳动",劳动是生产活动的具体展开,由此就把亚里士多德所说的"制作",培根所说的"科技"和"实验"等更广义的实践囊括了进来。

另一方面,二者的联系也是显而易见的,即均彰显出实践概念中的道德内涵。毋庸赘言,亚里士多德的实践概念本质上是一个道德概念,南斯拉夫实践派也特别强调道德的内涵。亚里士多德认为,实践与生产活动完全不同。在本质上,实践是一种指向"善"自身的道德活动,作为一种道德活动,普遍知识的作用微乎其微,而"行动""做"是最重要的。普遍的知识则属于科学领域,全部的科学领域都在追求一种具体的"善",即制作或生产具体目标和具体产品,普遍的知识在其中具有重要的作用。实践派认为,实践又

① 《马克思恩格斯文集》(第一卷),人民出版社2009年版,第196~197页。

不能等同于劳动，和工作、劳动相比，实践的特殊之处不在于人的主观能力本身的对象化或外化，而在于对象化的性质之完全不同。在劳动中，工人仅使用他能出卖的，为商品生产过程所需的那些能力和有时仅是一种单纯的体力或仅是一种连续进行简单的、单一的体力操作的能力，并不需要使用思维、想象、交往或工人的任何其他能力。正如马尔科维奇所说，“不应把‘实践’(Praxis)同劳动和物质生产等同起来。后者属于必需的领域，是人类生存的必要条件，必然包括不同的作用、固定的操作、从属关系和等级制度。只有当劳动成为自由的选择并为个人的自我表现和自我完善提供一种机会时，劳动才成为实践(Praxis)”①。此外，实践有明确的审美性质，它是除其他法则外还“服从美的法则”的一种活动。在劳动中几乎没有什么美，在劳动中，也不必有什么美，在工作中也是如此，如果有，也仅仅是可有可无的东西，而且又是仅仅作为手段而存在的。在工人的环境中有一些美的成分时，工人也许会生产得更多，而商品做得漂亮些也可以带来更多的利润；在工作环境中放些优美动听的音乐，繁重的工作也许会变得更易忍受；等等。当美变成目的本身时，活动就达到了实践的水平。这样，实践既改变外部自然界，又改变人自身，这种改变最终又以“人的解放”为目标，与亚里士多德的最高“善”十分相似。

区分实践与劳动显然有助于更具体地理解二者的含义，阿伦特就曾指出，现代性的特征就是以制作代替实践，以技艺的眼光看待一切，如果把实践规定为一种技术的功利性活动，就会消解实践哲学的终极关怀维度，就使它和日常活动的界限逐渐模糊，使实践概念泛化。然而，哈贝马斯另辟蹊径，提出劳动属于目的性行动，它主要涉及主体与对象的关系，与之相对的是交往行动，交往关乎主体间的关系，而人的实践不仅需要超越主体性，而且应当走出主体与对象的关系。在哈贝马斯看来，社会的最大问题就是人们不能真实地交往的问题，社会的批判和改造根本上就是要使人们的交往真实化、合理化，以达到人与人之间的相互理解，进而由交往的合理化建立起社会的合理化。与此相应，实践应当关注的主要

① [南斯拉夫]米哈伊洛·马尔科维奇、加约·彼得洛维奇编:《实践——南斯拉夫哲学和社会科学方法论文集》，郑一明、曲跃厚译，黑龙江大学出版社 2010 年版，导论，第 19 页。

不是生产过程中的劳动，而是生活世界中主体间的交往。哈贝马斯用交往的合理性置换劳动的合理性之看法又存在片面性，从实践哲学的视角看，劳动既非仅仅涉及主体与对象的关系，也非外在于自由的活动，因而不能简单否定劳动在人类生活中的本原意义。

可见，实践派的实践概念较亚里士多德的宽泛，面对斯大林主义时，它接近亚里士多德；面对实用主义和科学主义时，它接近马克思。

二、人性学说与实践哲学

亚里士多德对人的本质与人性有许多非常精彩的论述，集中在“人是理性的动物”和“人是政治的动物”这两个命题中，同时，亚里士多德也论证了“求知”和“求善”的本性。

首先，人是理性的动物。亚里士多德在《形而上学》的开篇即谈到，“除了人类，动物凭现象与记忆而生活着，很少相关联的经验；但人类还凭技术与理智而生活”[①]。在亚里士多德看来，理智是人类最重要的特性之一，技术则是理性作用于对象的表现，理智与技术使人超越动物的生存方式，并智慧地从事人所特有的活动。在这个意义上，亚里士多德把哲学看作一种爱智慧的活动。其次，人是政治的动物。亚里士多德说，“人类在本性上，也正是一个政治动物”[②]，在亚里士多德看来，人是政治动物，天生要过共同的生活。人与动物相区别的另一个重要特征是人具有社会性，人只有在一定的社会群体中才能生存，并创造出社会关系、社会组织和社会性的活动方式。人借助于这些关系、组织和方式来实现自己的本质，保持作为人的德性与良知。政治性或社会性是人超越动物的关键所在。但是，尽管人具有智慧、技术与知识等许多高级的特性，但仍然不能完全去除动物所特有的邪恶与贪婪，只有当人的劣根性受到有力的约束和调控，人才能作为人而生存。再次，求知是人类的本性。在《形而上学》中，亚里士多德开宗明义地指出：“求知是人类的本性。我们乐于使用我们的感觉就是一个说明；即使并无实用，人们总爱好感觉，而在诸感觉中，尤重视觉。无论我们

① [古希腊]亚里士多德：《形而上学》，吴寿彭译，商务印书馆1959年版，第1页。

② [古希腊]亚里士多德：《政治学》，吴寿彭译，商务印书馆1965年版，第7页。

将有所作为，或竟是无所作为，较之其它感觉，我们都特爱观看。理由是：能使我们识知事物，并显明事物之间的许多差别，此于五官之中，以得于视觉者为多。”[①]亚里士多德首先肯定的是，人通过感觉与外部世界直接接触，同时了解世界和自身，但这绝非人的全部。因为感觉不足以形成完整的认识，动物也有相似的感觉，感觉并不等于智慧，尤其是感官不能回答事物是其所是的原因，而“智慧”就是有关“原理与原因的知识”。[②]因此，在亚里士多德看来，智慧在于掌握万物所共有的基本准则，智者应当是具备最高级和最普遍知识的人。最后，求善是人的本性。亚里士多德认为，和其他动物比较起来，人的独特之处就在于，他具有善与恶、公正与不公正以及诸如此类的感觉，家庭和城邦乃是这类生物的结合体。因此，人是道德的存在物，人的本性在于求善，善是人的一切活动的基本目标。同时，既然一切知识和选择都是在追求善，那么，善也就作为最高的目标制约着人的选择追求。求知的目标是真，亦即追求真理；实践的目标是求善，亦即追寻美德。求善较求真更为重要和根本。由此可见，亚里士多德实践哲学的核心是“求”，无论“求知”还是“求善”，都应当而且只能是人的一种自觉性和趋向性活动，而这正是实践的本质规定。这样，亚里士多德的实践哲学就与一种人性学说联系在一起。

很多学者指出，亚里士多德贬低生产劳动，认为生产劳动与人的本性不相关，从事生产劳动的奴隶也不被看作是人，他的思想几乎影响了此后的全部西方哲学史。实践派哲学家们一致认为，马克思不反对在一般意义上讨论人以及人性问题。他们试图通览马克思的全部著作并从中梳理出关于“人”的观点，他们一致认为，从早期的《1844 年经济学哲学手稿》到后期的《资本论》，马克思已经完整地阐述了人的概念。从其全部著作、笔记、手稿和书信看，马克思既谈论具体的劳动者、资本家、奴隶主，也在一般意义上谈论人、劳动和本性。例如，考拉奇、彼得洛维奇和马尔科维奇等实践派主将都引述了马克思在《资本论》中反诘功利主义者边沁时的一段论述：

① ［古希腊］亚里士多德：《形而上学》，吴寿彭译，商务印书馆 1959 年版，第 1 页。

② ［古希腊］亚里士多德：《形而上学》，吴寿彭译，商务印书馆 1959 年版，第 3 页。

假如我们想知道什么东西对狗有用，我们就必须探究狗的本性。这种本性本身是不能从"效用原则"中虚构出来的。如果我们想把这一原则运用到人身上来，想根据效用原则来评价人的一切行为、运动和关系等等，就首先要研究人的一般本性，然后要研究在每个时代历史地发生了变化的人的本性。但是边沁不管这些。他幼稚而乏味地把现代的市侩，特别是英国的市侩说成是标准人。凡是对这种古怪的标准人和他的世界有用的东西，本身就是有用的。他还用这种尺度来评价过去、现在和将来。①

在这段引文中，马克思责备边沁把现代英国的市侩说成是标准人，这种方式就忽视了人的一般本性及其历史发展。因此，马克思允许讨论人的一般本性，他还指出资本主义社会中人的本性不能得到实现。马克思在《资本论》第三卷中设想一种新的社会形式对抗资本主义，在那里，社会化的人亦即联合起来的生产者，将在"最无愧于和最适合于他们的人类本性"②的条件下进行生产。那么，使人成为人的究竟是什么呢？格尔里奇的回答是："正是对人之局限性的意识，对那种借助于它人便可能（或应该）成为一个人的性质的匮乏的意识，对那种尚不存在的人性的意识，构成了人之最人性的东西。"③

马克思确实反对亚里士多德有关人的本质或人性的界定，因为亚里士多德对人的本质或人性的规定是恒常不变的，这是 18 世纪以前，特别是康德的"星云假说"以前占统治地位的模式。鉴于实践派将"人"和"实践"放置在本体论的层面上来考察（参见本书的第三章第一节），我在此也将二者并列论述。马克思与亚里士多德关于"人"与"实践"概念之间差异的核心是：在亚里士多德那里，实践与个人之间可以共享不变的人性或人的本质，"实践"和"人"不仅是相容的，而且是相互加强的，用马克思主义哲学的术语来说，这里不存在"异化"；在马克思那里，亚里士多德的本质观念与

① 《马克思恩格斯全集》（第四十四卷），人民出版社 2001 年版，第 704 页。

② 《马克思恩格斯全集》（第四十六卷），人民出版社 2003 年版，第 928 ~ 929 页。

③ ［南斯拉夫］米哈伊洛·马尔科维奇、加约·彼得洛维奇编：《实践——南斯拉夫哲学和社会科学方法论文集》，郑一明、曲跃厚译，黑龙江大学出版社 2010 年版，第 137 页。

马克思的实践观是不相容的,同样,亚里士多德的实践观与马克思的"类存在"或"类本质"观念也是不相容的。因为亚里士多德的核心理论或可称为"首要"主题的是他认为真正实在而永恒的东西是可思之物,因而也是实践的对象,它与实在之物是同一的,因而能够产生一种真正科学的东西,也能够产生一种真正政治学的东西。《形而上学》第6卷整篇致力于阐明,为何在任何研究领域都没有概念上的变化,为何核心主题必然是真的。马尔科维奇指出,马克思的实践概念是一种"规范性"观念,他将其与人区别于动物的特性相关联,相反,亚里士多德有关人的本质或人性的观念是构成人的不变本性的观念。在亚里士多德看来,奴隶、妇女和野蛮人才劳动,自由人则从事高贵的实践活动,并且奴隶总是奴隶、自由人总是自由人,"亚里士多德……把自由的人定义为'利己而非利他的人'"①,而"亚里士多德只是在《政治学》……中才试图使这样一种状况合理化"②,因而,亚里士多德并没有形成对人类生存的"历史性"认识。马克思提供了一种非常独特的解决方式,即从实践哲学的视角看,"类本质"并不等同于"首要"本质,人的本质或人性是人的生活历史地创制的结果,人的思维模式自身就是马克思实践概念的应有之义。因而,实践派看到的是马克思对一种不变的人的本质或人性展开批判性攻击的范围与力量。马克思的哲学恰恰昭示着什么是其异化理论中最为深刻的因素,即就人没能获得其历史地在其实践中产生的自身与世界的本质而言,人是被异化的。马克思要做的是:避开所有关于人的本质的哲学本质主义定义。因为"人的本质是一种历史的产物,是未来历史进程的基础"③。

总之,实践派的哲学家们认为,只有对人的整体的和有差别的本性做具体的研究,才能提出恰当的人的概念,才能按照合乎人性的方式改变世界。对实践的研究根据也表达着其对于人性的理

① [南斯拉夫]米哈伊洛·马尔科维奇、加约·彼得洛维奇编:《实践——南斯拉夫哲学和社会科学方法论文集》,郑一明、曲跃厚译,黑龙江大学出版社2010年版,第136页。

② [南斯拉夫]米哈依洛·马尔科维奇:《当代的马克思——论人道主义共产主义》,曲跃厚译,黑龙江大学出版社2011年版,第141页。

③ [南斯拉夫]米哈伊洛·马尔科维奇、加约·彼得洛维奇编:《实践——南斯拉夫哲学和社会科学方法论文集》,郑一明、曲跃厚译,黑龙江大学出版社2010年版,第27页。

解。实践的复杂性根源于人性的复杂性,对实践的理解实际上依托于对人性的理解。对于人的理智、美德、意志、愿望的理解都是理解实践的重要根基。在实践派看来,实践哲学应当是人学,或关于人的哲学。

三、实践哲学的范式

毫无疑问,实践哲学的范式源于亚里士多德,而亚里士多德的实践哲学本质上是一种道德哲学,排除"理论"和"制作"就不能完全把握人类的生存方式,因而这种实践哲学的范式建立在分类和划界的基础上,不能展现"完整的人"的活动,因而是不理想的。另外,亚里士多德的实践哲学中内在的非历史性也是实践派所不能接受的,实践派借鉴了维科对历史的理解超越了亚里士多德的实践哲学①,他们采取批判的态度对待亚里士多德,通过强调"实践"的总体性或历史性更新了亚里士多德的实践哲学的范式。

实践派同样十分看重亚里士多德的实践哲学,因为"实践"是马克思与亚里士多德之间的"纽带"。可就此来看,人们通常认为实践所说出的东西在他们之间的巨大差异要远远大于其共同之处;这种差异与我们时代的马克思的思想的巨大差异非常相似,类似于"实践"或"道德"的古代概念与现代概念之间的差别。

在我看来,亚里士多德的实践哲学范式中存在着内在的"矛盾",即经验的方法与形而上学目的论之间的矛盾。一方面,亚里士多德通过经验主义的研究路径来讨论实践哲学问题,而不是形而上学的方法。所谓经验主义路径,指的是对伦理问题的讨论不从确立原则出发,也不是从先验的"神"的旨意出发,而是从一些当时广为流传,或者具有某些道理的"意见"出发,亚里士多德总是先摆出各种"现象",摆出流行的"公众意见",然后根据具体经验、具体的情境以及逻辑推论,对这些"意见"进行分析,最后从中得出一个正确的意见。这一论证方法是亚里士多德在《尼各马可伦理学》中应用最广的一个方法,几乎在每一卷每一章我们都能发现这一论证方法。显然,这种方法不是从形而上学的抽象原则出发,而是

① [美]格尔森·舍尔编:《马克思主义的人道主义与实践》,姜海波等译,黑龙江大学出版社 2015 年版,第 187 页。

从已知的东西出发,从经验可证明或可感知的事物出发。一个生活中的人就是对他熟悉的事物做出判断,并且能够做出正确的判断。在这个意义上,以伽达默尔、阿伦特为代表的新亚里士多德主义者都将亚里士多德的实践哲学理解为一种"无形而上学的实践哲学"。但另一方面,在论述至善作为一种内在的合目的性时,亚里士多德又预设了一个形而上学的前提,即内在的目的就是善。这本身是一种先验形而上学预设,没有这种形而上学预设,也就无法阐释一般的"善"是什么。实践派面对亚里士多德实践哲学中的范式矛盾,必须寻求理论上的其他解决办法。马尔科维奇认为,"亚里士多德……的时代已经过去了"①,当代的实践哲学应该是一种知识的综合,它包含各种特殊学科研究成果的概括。

如上所述,实践派的观点更多来自马克思的启示。在马克思思想发展的每个关键阶段,他都特别提及了亚里士多德在其自身思想中的重要性。在马克思的博士论文《德谟克利特和伊壁鸠鲁自然哲学的差别》保存下来的部分文本中,他提到亚里士多德 30 次,而在其《关于伊壁鸠鲁哲学的笔记本》中则提到 20 次。马克思经常引用亚里士多德的《论灵魂》《形而上学》《论动物的生长》《物理学》《论生成与毁灭》以及《论天》等等。而马克思在其后来的经济学著作中则主要援引《尼各马可伦理学》及《政治学》,也可以说是更多地关注亚里士多德的实践哲学,这是个值得注意的变化。在《政治经济学批判大纲》的导论中,他就通过亚里士多德在《政治学》中的观点,即"人生而是政治的动物"来批判 18 世纪鲁宾逊式的人性论和市民社会的个人主义;在《政治经济学批判》第一分册中,马克思将其生产及消费理论与亚里士多德《形而上学》中的潜能与现实理论相关联;在《资本论》第一卷中,马克思称亚里士多德是"古代最伟大的思想家",并对劳动价值论的提出至关重要。在《资本论》第一卷中,马克思多处特别援引亚里士多德的论述②,可

① [南斯拉夫]米哈伊洛·马尔科维奇:《从富裕到实践——哲学与社会批判》,曲跃厚译,黑龙江大学出版社 2012 年版,第 3 页。

② 马克思在《资本论》第一章援引了亚里士多德的价值理论(一般本体、交换及等价物);在第二章援引了亚里士多德对使用价值与交换价值的区分;在第三章援引了关于人的政治与社会本性观念;在第四及第五章援引了亚里士多德对家庭经济学(买卖与物物交换)与牟利经济学(作为商人的资本与承载利益的资本是为了获利而交换)的商业的区分;在第二十五章援引了关于闲暇、奴隶与技术发展的关系等思想。

见,亚里士多德是对马克思的政治经济学批判提供了洞见的关键人物,因此,麦卡锡指出,如果马克思不了解亚里士多德,李嘉图将在马克思的眼前"溜走","马克思对李嘉图《政治经济学及赋税原理》……的分析只有置于亚里士多德《尼各马可伦理学》……的文本背景中方有意义"。[①] 进一步说,在实践哲学的视域中,马克思早期的《1844 年经济学哲学手稿》与晚期的《资本论》具有范式上的一致性和连续性,这正是彼得洛维奇的洞见。

马克思按照亚里士多德的指引将希腊社会生活的伦理典范和价值观念融入了他对现代工业社会的理解和评估当中,由此得出资本主义社会中劳动异化的结论。

对道德与科学过于狭隘的定义导致了人们对马克思的研究和评价的一个根本错误,即将马克思的实践等同于亚里士多德的制作,或将其称为"技术"。

如果把亚里士多德的实践哲学理解为马克思哲学思想的根基,也就产生了对一些特别复杂问题的更宽阔、更全面的理解。实践派吸收亚里士多德和马克思的实践哲学的思想资源后,将自由和创造置于哲学理论的核心地位,从而丰富了实践哲学的内容。其中包括:对民主、个体自由、人权以及个人发展的理解的丰富性;对批判自由主义和现代性的更深刻的理解;培根以来的技术实践论与亚里士多德传统的整合,亦即科学和道德的整合;基于对由休谟、康德和黑格尔等人发展而来的科学和实证论的批判,而回归至亚里士多德的实践哲学。宽泛地说,实践派对"实践"概念的运用和理解,不但包括理论、劳动和艺术,还包括国家中的政治和伦理活动,以及把经济学、政治学和道德哲学重新整合到一种实践哲学中,就像在亚里士多德那里曾出现的一样。

在定义普世伦理、正义、平等的伦理秩序的本质时,亚里士多德和马克思面临类似的难题。他们都发现,在确定伦理判断和政治理论的标准真理,以及未来美好社会的本质的过程中,不可能做出科学的判断。他们所得到的结论是,伦理学和好的生活是从政治上的交互行动和公共生活的审视中生发出来的。亚里士多德和

① [美]麦卡锡:《马克思与古人》,王文扬译,华东师范大学出版社 2011 年版,第 1 页。

马克思都不曾定义过正义、幸福和善,他们也都未曾论述过或以任何具体方式描绘过其社会理想或制度架构以赋予它们具体意义。两人都认识到,关于真理的先天判断是不可能的,两人也都批判脱离实际行动的纯粹理论。他们也都认识到认识论的两难,从而转向"实践"来解决这个难题。

亚里士多德和马克思虽然都抛开了教条主义的认识论,然而,不论是亚里士多德还是马克思,他们都没有一种纯粹的真理理论,因为他们也都同时把幸福和自我实现的理论融进了实践哲学中。

实践哲学的目标不在于本体论,而在于伦理学,也就是说,通过认识到实践具有超越物理规律和天文学规律的优先性,从而保证个体幸福,进而保证社会的人道主义本质。

晚近有大量著作谈及马克思受惠于亚里士多德的哲学,这无疑拓宽了我们对实践哲学传统的理解。然而,批判道德实证论以及对关于作为社会劳动的实践概念与作为革命政治行动的实践概念之间关系的批判还是不够的。

"实践"这一术语对马克思的理论而言是极其核心的,它与亚里士多德关于实践智慧的看法之间具有极大的相通性。就此而言,传统的解释往往认为马克思对"实践"一词的运用跟亚里士多德的运用相比是南辕北辙,因为马克思被众多阐释者描述成一个技术的普罗米修斯主义者。而这样的理解已经非常接近于亚里士多德技艺与制作的概念,阿伦特、维尔默和哈贝马斯等人对实践的技术性和工具性特征的现代批判建立在把实践理解为一种技术知识形式的基础之上,它过去往往被科学地用来解释和预测经济危机和社会主义革命。但在这种解读中,马克思对现代性的批判及其对亚里士多德实践哲学传统的依赖就丧失了。实践派的实践哲学恰恰避免了对实践的技术化归结。

所以说,实践派的实践哲学应当被理解为更贴近于亚里士多德的实践哲学,而非培根的技术实践论。因为技术尽管在实践哲学的视域内,但它从属于亚里士多德的最高"善",在实践派看来,这也就是人道主义的远景。从阿伦特一直到哈贝马斯,这一论点都遭到了绝大多数新亚里士多德主义学者和社会哲学家们的拒斥。以往,困难在于无法区分"实践"一词在本体论上、认识论上、方法论上和价值论上的多种意义与内涵。因此,从争论的一个方面来看，实践融合了社会劳动和技术活动的意义，且由此代表着一种与亚里士多德的实践智慧相对立的立场，这是实践派对实践哲学的贡献。除此之外，它还融合了马克思对自我意识、阶级活动、政治知识和批判科学的理解，这些都不能被简单化约为技术知识和生产活动，因而在理论上，实践派的这种拓展意义非凡。与此相反，斯大林主义将实践与"技术"等量齐观，将其看作是一个纯粹的认识论概念，则只能导致实证主义的结论。然而，实践派将实践诠释为一种伦理和政治批判，或者诠释为政治行动，这与亚里士多德对此术语的运用相似。实践派对政治行动与知识之间关系的理解类似于亚里士多德对伦理学和政治学作为一门科学的批判。实践哲学是非工具性的、非预测性的和非解释性的知识，它是一种批判性反思的形式，引导人们在具体的道德、历史处境中按照普遍而具体的属人的原则来行动。虽然这些原则不是理论的、科学的，但它们是一般概括出来的原则，是经由在社会中为寻求自由和创造的道德经验而获得的原则，而这个社会是实现人的目的的社会，这一目的是向历史的可能性开放的。实践派强调，亚里士多德区分理论与实践的主要寓意围绕着以下两点：一是人类理性的潜能，二是人类行动的自由。人类潜能和道德行动的未来方向不是由普遍规范决定，而是由亚里士多德伦理学中的关键性决定因素，即实践智慧的选择来决定，由此，这种实践哲学所包含的具体的普遍性是：实践是要引导人类行动，但却不能机械地统治它，这是亚里士多德在寻求知识和自由过程中做出的一个非常微妙的区分。也像亚里士多德一样，实践派相信"实践"是一种政治知识和经济知识的形式。对亚里士多德而言，真理的标准是导向善和幸福的东西，而对实践派来说，真理的标准则是导向思想的解放和人性化的社会。对于双方而言，真理都不取决于传统的意识与现实的相互关系，取而代之的是：真理在"实践"本身中。

第二节　康德的实践哲学与实践派

亚里士多德关于"制作"的观点由以培根为代表的近代哲学家发展为一种认识论哲学。培根将"工匠的手艺"和"自然科学的实验"注入实践概念中，使实践成为人类征服自然和改造自然的重要手段，从而建构了认识论哲学，然而，这种哲学却是经验主义的和功利主义的。与此相反，康德所继承的是亚里士多德的“实践”方面，即道德的、自由的理论视角，并将其发展为一种本体论的实践哲学。

一、理论哲学和实践哲学的划界

康德对实践哲学的研究几乎贯穿了他的一生。18 世纪 50 年代末，康德曾计划撰写实践哲学的形而上学基础等作品。1772 年至 1781 年间，他完成了《纯粹理性批判》的写作，其中已经包含了实践哲学的核心思想，即“先验自由”的形而上学意义及其运用于实践领域的形而上学根据。这样，被康德称为“拱顶石”的自由概念在《纯粹理性批判》就已建立。在康德看来，批判哲学必须要拓展到道德领域，即实践理性批判。此后，康德相继完成了几部实践哲学方面的著作，包括 1785 年的《道德形而上学基础》、1788 年的《实践理性批判》、1793 年的《完全在理性范围内的宗教》和 1797 年的《道德形而上学》。其中，《道德形而上学》是康德实践哲学的集大成之作，标志着康德实践哲学体系的最终完成。

康德在《判断力批判》一书中曾指出：

> 如果我们就哲学凭借概念而包含有事物的理性认识的诸原则（而不单是像逻辑学那样不对客体作区别而包含有一般思维形式的诸原则）而言，把哲学像通常那样划分为理论哲学和实践哲学，那么我们做得完全对。但这样一来，为这个理性认识的诸原则指定了它们的客体的那些概念必定是特别各不相同的，因为否则它们将没有理由作出划分，划分总是以属于一门科学的各个不同部分的那些理性知识之诸原则的某种对立为前提的。
>
> 但是，只有两类概念，是容许它们的对象的可能性有正好两种各不相同的原则的：这就是自然诸概念和自由概念。既然前者使按照先天原则的某种理论知识成为可能，后者却在这些理论知识方面在其概念本身中就已经只具有某种否定的原则（单纯对立的原则），相反，对于意志的规定则建立起扩展性的原理，这些原理因而叫作实践的原理：所以，哲学被划分为在原则上完全不同的两个部分，即作为自然哲学的

理论部分和作为道德哲学的实践部分(因为理性根据自由概念所作的实践立法就是这样被称呼的),这是有道理的。但迄今为止,在以这些术语来划分不同的原则、又以这些原则来划分哲学方面,流行着一种很大的误用:由于人们把按照自然概念的实践和按照自由概念的实践等同起来,这样就在理论哲学和实践哲学这些相同的名称下进行了一种划分,通过这种划分事实上什么也没有划分出来(因为这两部分可以拥有同一些原则)。[①]

康德在此的论述具有明确的理论指向。在古希腊,科学是一种与功利无关的、纯粹的理论活动,制作则是工匠的经验性功利活动,培根建立了两者的内在关联,即科学的方法必须成为经验的方法,即使是纯形式科学的数学也必须为经验所验证,由此便产生了理论和实践的关系问题。这样,培根就把科学活动和科学实验引入实践,在培根看来,实践更主要的是表述一种科学实验活动和生产性活动,培根还提出了研究自然界和实验过程的"新工具",即归纳法。培根的观点在实践哲学的历史演变中起到了非常重要的转折作用,它开创了技术实践论的传统。在当代,托马斯·库恩的科学实践哲学认为,科学更是一种实践活动,它与人的其他实践活动相似,区别仅仅是将"自然"放进实验室进行实践研究而已。[②]

康德区分了实践哲学与理论哲学,他认为,"实践哲学的对象是行为,理论哲学的对象是认知"[③]。如他所说,前者是关于自然的哲学,而后者是关于自由的或道德的哲学,然而,这些术语并没有被前后一致地来使用,并且由于"实践的"或"实践哲学"的含糊用法,已经带来了研究上的混乱。许多人误用"实践"概念,即混淆"按照自然概念的实践"和"按照道德概念的实践"的根本区别,康德在此批评了这种观念。从逻辑上看,这种批评是以肯定二者的区分为前提的。按其内涵,自然的概念与因果法则相关,以此为依据的实践也涉及道德之外的领域,与之相联系,康德区分了技术实践的原则与道德实践的原则,其中也蕴含着技术层面的实践与道德层面的实践的分野。在康德看来,与因果的自然概念相关的技

① 康德:《判断力批判》,邓晓芒译,人民出版社 2002 年版,第 5 ~ 6 页。

② 可参见吴彤:《库恩与科学实践哲学》,《自然辩证法通讯》2013 年第 1 期。

③ Kant: *Lectures on Ethics*, Hackett Publishing Company, 1963, pp. 1 ~ 2.

术上的实践规则都只是技艺规则,一切技术上的实践规则都只是理论哲学对特别情况的应用,包含艺术和技能的规则,如培根对实践的讨论。但是,由于这种技术实践和道德上的实践无关,因而不属于实践哲学的范围,在实践哲学中没有任何地位,唯有基于自由概念的道德实践法则才能被归属于与理论哲学相对的实践哲学。这表明,尽管康德已注意到实践的不同形态,但对他而言,与实践哲学相关的实践主要仍是道德实践,事实上在实践理性这一主题下,康德所讨论的主要是道德领域的实践。正如康德研究专家华特生所说,“像这样,我们就明白实践哲学和道德哲学是同一的”①。对希腊人来说,正是他们对伦理共同体的真正参与,定性了他们的道德思想。批判性视角连同其对概念与现实、个体与社会的区别正是产生于希腊哲学的这个演变。

与亚里士多德的实践哲学相比,康德至少在以下三个方面有所推进:第一,他明确区分了两种不同的“实践”概念,即虽然都可以称为“实践”,但具有不同的内涵。他在坚持亚里士多德道德实践的同时,将亚里士多德所说的“制作”活动纳入到技术实践的范畴中,取消了“制作”活动的独立地位,并将其看作是“理论”活动的进一步延伸,这在一定程度上打通了亚里士多德的理论沉思与制作活动的人为分割,揭示了二者的内在联系,即它们都遵循自然因果性。第二,康德将亚里士多德道德意义上的实践哲学向普遍化的方向上推进了一大步。亚里士多德认为,道德实践是针对具体的行动或活动,只是对特殊或具体行为的研究,它与理论不同,不可能达到最高的普遍性,更无法推导出一种普遍适用的道德律令,而康德认为,道德实践实际上也像理论一样存在着普遍法则,并从根基上证明并解决了这一问题,建立了自己的道德律令学说。第三,康德颠覆了亚里士多德理论高于实践的观点,突出了实践理性的优先地位。具有最高的普遍性是亚里士多德将理论沉思视为高于道德实践的重要原因。康德关注的根本问题始终是人的问题,因此,他更注重与人的道德活动相关的实践理性,而不是与自然或知识相关的理论理性,在纯粹思辨理性与纯粹实践理性结合为一

① [加]约翰·华特生:《康德哲学讲解》,韦卓民译,华中师范大学出版社 2000 年版,第 337 页。

种知识时，后者领有优先地位，纯粹实践理性不可能从属于思辨理性，因而可以把这个秩序颠倒过来，因为一切兴趣最后都是实践的，而且甚至思辨理性的兴趣也只是有条件的，唯有在实践的运用中才是完整的。由此，他颠覆了亚里士多德理论高于实践的哲学传统，开启了实践高于理论、道德高于知识的新视域。第四，康德进一步区分了智慧和理性。他认为，“智慧”与“理性”不同，在某种程度上，理性可以被理解为智慧的具体体现，智慧不仅包含理性中的逻辑层面，还包括理性之外的想象、体验、经验、直观等内容，“实践智慧”是智慧在实践过程中的体现，实践理性是理性在实践中的运用，两者也有所不同。可以说，智慧与理性之间的差异同时也规定了实践智慧与实践理性的差别。当然，也有学者对此持不同意见，例如汪子嵩认为，亚里士多德的“实践智慧”与康德的“实践理性”是一回事。①

道德领域中的实践与技术实践有何内在差异呢？休谟曾指出，道德判断中的推理结构与事实判断不同，因为推理已经不在“是”与“是”之间，而转变成在“是”与“应是”之间，这是一种性质完全不同的关系，“是”与“是”之间所体现的事实关系失去了逻辑关联。换句话说，从“是”中无法合乎逻辑地推导出“应是”，这里存在着明显的逻辑断裂。这就是著名的休谟原则，这也是西方哲学史上的一个难题。康德领悟到了休谟人性论和怀疑论的暗示，从而使他不仅对人的意志、实践、自由问题展开批判性的考察，而且对整个人性问题展开哲学探究。康德曾坦言自己关心的问题主要是：第一，人能认识什么？这是纯粹思辨的问题。第二，人应该做什么？这是个纯粹实践的问题。第三，人可以希望什么？这个问题既是理论的，也是实践的。第四，人是什么？这是最为根本的问题，是其他问题的最终归宿。康德“三大批判”的宗旨就在于：确立“理性”对人类的认识活动、意志活动和审美活动的先天原理或先天规律，并证明其有效性。康德认为，在面对认识活动时，人的主体性往往受到外在客体的制约而难以充分发挥，但面对道德实践活动时，人的主体性却可以充分实现。就此而言，回答“人是什么”的问题，不能仅通过理论哲学考察主体的认识能力，还要通过实践

① 汪子嵩等：《希腊哲学史》（第三卷）（下），人民出版社 2003 年版，第 1015 页。

哲学来考察主体的道德实践能力。

康德的实践哲学较多偏重于“应当”概念，对此，黑格尔后来反复批评他。康德主要从“应当”的角度谈论“实践”，他关心的核心问题是：人们在实际行动中“应当”如何，应当与人的理想性直接相关，是一种应然，而非实然。也就是应当做到，而现在还没有实现。黑格尔则认为，康德仅仅停留在“应当”的观点上，这是一个方面。另一方面，康德注重的是对实践过程形式的考察，而这个形式的条件主要就是指实践的普遍法则或准则，从此出发来考察实践，并且主要是道德实践得以可能的条件。在所有可能的条件中，康德最为看重的又是“先天的”普遍条件，这与《纯粹理性批判》中的逻辑是一致的。“正当”原则主要在形式层面体现实践理性的特点，也就是说，凡属合乎一定的价值原则或实践规范，或者实践只有在与相关的价值原则或实践规范一致时才具有正当性。这样，道德原则表现的是价值理性的实质性方面，亦即实践过程合乎实践主体的需要，这种需要的满足同时意味着道德价值在实质意义上的实现。实践同时涉及手段与方式，就实践过程中的手段和方式而言，实践理性会具体展开为有效原则，使实践过程既基于“实然”，也合乎“必然”，既合乎社会规范，体现合理的需要，又符合存在的法则。所以，康德的着眼点是：如何创设并运用普遍法则，以此来确证实践的展开，这实质上是强调实践过程的展开需要有普遍法则的引导，但是，对具体行动的展开背景、情境和其他的关联要素等等，康德未能做切实的考察。

黑格尔在《法哲学原理》中对“道德”与“伦理”的区分与康德有着直接的联系，黑格尔认为，道德仅仅是从“应然”的观点出发，但是道德本身并不自足，黑格尔进而强调，道德中的“应然”只有上升到伦理的领域中才能达到，对黑格尔而言，与道德不同，伦理更多地要在现实生活及其存在形态，如家庭、市民社会、国家等中展开。若说道德作为应然的，因而是一种抽象的存在，那么伦理作为应然的东西的升华，就是一种具体的存在形态。或者说，伦理的东西不像道德那样是抽象的，而是具有强烈的现实性，因为伦理涉及家庭、市民社会和国家等，黑格尔肯定道德的抽象性与伦理的现实性同时意味着要将后者放在更为优先的地位。费尔巴哈运用“自然界”概念来反对康德与黑格尔，费尔巴哈指出，“如果人仅仅立足于实践的立场,并由此出发来观察世界,而使实践的立场成为理论的立场时,那他就跟自然不睦,使自然成为他的自私自利、他的实践利己主义之最顺从的仆人。这种利己主义的、实践的直观——在它看来,自然自在自为地便是无——之理论上的表现便在于它认为:自然或世界,是被造出来的,是命令之产物"①。这种实践的"卑污性",必然会玷污理论直观的纯洁性,使理论限于狭隘之中,沦为利益的囚徒。因此,费尔巴哈赞同理论上的"直观",反对"实践"活动,由此颠覆了康德和黑格尔确立的实践高于理论的逻辑。

马克思批判了康德的"绝对命令",在康德那里,主体性是从实践哲学的"实践"和共同体生活中抽象出来的。作为理性在实践领域的体现,实践理性以如何使"存在"合乎人的理想及人的合理需要为关切之点。通过对实践的引导和规范,使实践所作用的对象合乎人的理想与人的合理需要构成了实践理性的内在关切。实践过程合乎行动主体或实践主体的合理需要,这种需要的满足同时意味着价值在实质意义上的实现。当哲学家在运用道德命令的先验形式之时,哲学家的态度在分析实践哲学的具体内容时必须完全摈弃。

实践派认为,实践在康德的学说中处于中心地位,康德所谓的"实践"是建立在实践理性赖以构成的理性力量上的实践,其实质是道德实践。因此,康德关于历史与社会的实践哲学即全然是作为伦理教导而发展起来的。再进一步来看,只要是批判的逻各斯,其所具有的伦理目的必然是实践的。然而,这种看法仍然未能在道德实践与社会实践之间做出区别,或者以另一种方式表达,即:那已经在社会意义上取得权力的主体之社会实践与道德实践是一样的。也就是说,公民的社会实践与道德实践是相同的。在康德的学说中,个人的道德命令取代了社会行动的问题,并且掩盖了下面这样一个事实:将来的世代不仅是一个个人的道德实践问题,还是一个社会结构与社会的关系问题。马克思第一个清楚地阐明了个人的道德实践在任何意义上都不是处于社会的中立地位,在政治上也不可能一尘不染、绝对清白,并且还阐明社会实践所谓的纯粹伦理注释总是会更替,总是指向"人",但在每一个具体的场合

① [德]费尔巴哈:《基督教的本质》,荣震华译,商务印书馆1984年版,第161页。

中，这种“人”就意味着社会所确定的主体。

通过着重强调从抽象的道德哲学中解脱出来，并通过重点强调“异化的个体”，实践派试图在黑格尔的意义上将个体重新融合到共同体之中，并且在此过程中，一种道德伦理也会转向社会伦理。

实践派认为，康德的“实践”概念主要是指人类“内心的”道德修养，并非马克思所说的人的现实的感性的活动。在这个意义上，康德的先验分析完全抽空了行为历史的、实践的具体内容，成了一个证明先天道德法则的形式概念。实践理性也因此而失去了真实的实践基础，成为与理论理性同质化的先验形式原则。张汝伦曾指出，在康德那里，古老的实践哲学实际上蜕变为又一种先验的理论哲学，就像康德的实践理性不过是理论理性的摹本一样，而真正的实践问题也随之被取消了。实践哲学在20世纪随着对主体性先验哲学的批判与克服而复兴，恰恰从反面证明了这一点。①

实践派的实践哲学在本质上是一种人道主义批判理论，人道主义作为哲学的宗旨来源于康德实践哲学中的道德内涵。康德实践哲学的主旨或目的已经含蓄地包含在“实践理性批判”这个标题中，即不是关注人的具体实践行为及其客观条件，而是要阐明“纯粹实践理性”是存在的，并且检验理性的“实践”能力。

二、自由观与实践哲学

在《实践理性批判》一书的“结论”中，康德写道，“有两样东西，人们越是经常持久地对之凝神思索，它们就越是使内心充满常新而日增的惊奇和敬畏：我头上的星空和我心中的道德律”②。康德还进一步区分了两种不同的自由：一是消极的自由，即人可以任意选择的意志自由；二是积极的自由，即在普遍的道德原则指导下的自由。“自由”概念成为从理论哲学到实践哲学的“中介”。

康德提出并回答了“先天综合判断”何以可能的问题，并依次分析了感性、知性和理性，他发现，感性和知性的结合，使自然科学和现象界成为可能，而理性对“先验理念”，即上帝、宇宙和灵魂的

① 张汝伦：《历史与实践》，上海人民出版社1995年版，第157页。

② ［德］康德：《实践理性批判》，邓晓芒译，人民出版社2003年版，第220页。

追求，却产生了“二律背反”。康德认定，“上帝存在”和“灵魂不朽”虽然不能被证明，但却有可能证明“先验自由”。必然和自由看似冲突，但实际上二者分属现象界和本体界这两个完全不同的领域。康德进而认为，在现象界中可能存在“先验自由”的概念，它是实践理性的直接现实，它具有绝对性、纯粹性和先天性，存在于理性世界和理性者的道德活动之中，可以作为人的道德行为的最高准则。“实践理性”是相对于“理论理性”而言的，在康德的批判理论中，二者都是纯粹理性的具体存在形式，但各自的任务不同，理论理性宗旨在于认识客体，实践理性的宗旨在于最终的和完整的目的，因而，实践理性优越于理论理性，道德高于知识。实践理性比理论理性更充分、更深刻、更彻底地体现着人在活动中的主体性，使人获得意义和价值。

在康德看来，自由是实践哲学的核心和“拱顶石”。在康德的实践哲学中，自由是道德责任的源泉。自由概念具有双重含义：一是人的自由选择，即与动物被必然性所支配不同，人有可能在多种选择中做出抉择。二是理性的自由，它是实践理性为自身“立法”和使自身“守法”的能力，亦即“自律”。自由的双重含义具有递进关系，对于每一个行动者来说，无论善行或恶行首先需要选择的自由，但这只是消极的自由。要上升到真正的自由，必须选择具有普遍必然性的“道德律”，也就是使行为的主观原则上升为客观法则时，人才拥有积极的自由或真正的自由。积极自由带来行为的合法性和合道德性，这就是康德的实践哲学所要追求的最高目的。亚里士多德以“幸福”为“善”，康德更多地将“善”与承担道德义务联系起来。同时，亚里士多德注重普遍原则与特殊情境的沟通，康德在实践理性的领域首先关注的是普遍的规范。对康德而言，道德领域中行为的自由性质使人超越了现象领域中因果必然性的制约，而道德行为的这种自由品格即源于对普遍法则或规范的遵循，以理性的普遍法则来担保行为的自由性质构成了康德实践哲学的内在趋向。

如前所述，亚里士多德将“实践”锻造为基本的哲学概念，并将其限定为与生产、技术相区别的道德行为和政治行为，即关于意义和价值的、以人自身为目的的活动。在康德的实践哲学中，实践是通过“自由”而可能的东西，而不是通过“自然”的概念。如果自然的概念是确定因果关系,那么与其对应的就是技术实践;如果通过自由的概念,那么,与其对应的就是道德实践。前者作为自然的理论属于理论哲学,后者作为道德的理论属于实践哲学。换句话说,道德实践完全建立在自由概念上,不受自然动因规定。康德认为,任何理论知识都无法达到道德实践,而道德实践的基础并非社会的道德和政治生活,不是直接的人的实践行为,而是自由的理念,是理性反思实践行为的超历史的先验形式。

康德提出绝对命令的两条推论:一是始终把人当作目的,而不能把人只是当作手段;二是每一个理性存在者的意志都是颁布普遍规律的意志,而意志自由只能是自律的,自由意志和服从道德法则的意志完全是一回事。自由是道德法则的存在理由,因而道德法则就是自由法则。自由概念既不能由经验世界中合逻辑地演绎出来,也不能直观地呈现在人们面前,因此,自由不是实践行为的出发点。康德认为,只有遵循和依靠"道德法则"才是真正意义上的自由,也只有通过道德法则才能认识到人的自由。

康德的实践哲学还关注自由与必然的关系问题。康德认为,无论在自然领域,还是在道德领域,人都必须服从必然性。在自然界,人只能被动地服从必然性,即"自然的必然性";在道德领域,意志所遵循的道德法则是人的理性中的先天法则,它同样具有普遍必然性,是人对道德法则的服从,即"自由的必然性"。这样看来,自由不仅是对必然性的认识,而且还是对必然性的遵从。康德主张,道德评价应先考察某种行为是否在客观上符合道德法则,进而考察该行为的主观动机是否出于对道德法则的敬畏。自由是道德活动的先决条件,唯有自由的人才能自觉地而不是被迫地从事向善的活动,唯有自觉的活动才有道德价值。

"人"在康德的实践哲学,乃至全部批判哲学中都是"中心",同时也是归宿。人可以同时生活在现象世界和物自体的超验道德世界,一方面,人不能自我创造,而是现象世界的产物,并受外在必然性的制约;另一方面,人又是自由意志的主体,能够自我创造,可以根据道德的观念去创造尚未发生的事,并对行为的后果负责。在康德的实践哲学中,自由是人的本质,也是人的真正存在。自由彰显了道德或实践的意义,进而引申出一系列实践哲学的范畴,如他律与自律、恶与善、假言命令与直言命令等等。"人是目的"这个广为流传的著名命题，既是康德实践哲学的结论之一，也是康德批判哲学的最终结论。

尽管康德竭力恢复亚里士多德的实践哲学传统，但未能从根本上消解对“实践”的泛化和庸俗化理解。时至今日，许多学者仍无视哲学史上的实践哲学传统，把实践等同于衣、食、住、行等日常活动，等同于生产、实验等技术性活动，似乎人们的任何活动都是实践。费尔巴哈就曾在否定的意义上使用实践概念，把实践等同于“犹太人卑污的赢利活动”。从康德实践哲学的视角看，日常活动完全是一种单纯的、重复的、自发的、非反思的活动，其中缺乏“自为”意识，它无法超越功利性的世俗追求。费希特进一步发挥了康德的“意志自由”思想，费希特的自我意识已经摆脱了“物自体”的限制，成为一切“非我”的来源。于是，“我”本身成为行动的起点，他建立了一种“行动”的实践哲学，它经由切什考夫斯基、费尔巴哈和赫斯影响到马克思，进而影响到实践派。

在实践派看来，康德所说的“实践”是狭义上的道德实践，曲解了实践的总体性。虽然狭义上的道德实践得以展开的形式方面的条件与实践也存在内在的和直接的联系——至少人们的实践行为需要道德的形而上层面的原则，因而人们需要遵循规范和准则，这也是人的自觉的实践活动得以展开的基本条件之一，反之，如果没有普遍的规范和准则，也就不会有人的实践活动，从这个意义上说，康德对形式条件的考虑并没有完全抛开实践的因素，但这显然不是实践的全部。

实践派认为，人是实践的存在物，实践还可以被进一步阐释，即实践是“自由”的存在，实践是“创造性”的存在，实践是“历史”的存在，实践是“未来”的存在，实践是“理性”的存在，实践是“理想性”的存在，等等。在这些特征中，彼得洛维奇指出，“自由是实践最重要的‘要素’之一。没有自由，就没有实践；自由的存在必须要实践”[①]。在南斯拉夫实践派中，彼得洛维奇的《什么是自由》、马尔科维奇的《社会决定论和自由》是实践派表述自由观的代表性著述，尽管两人的观点存在着细微的差异，但在对自由的根本理解

① ［南斯拉夫］加约·彼得洛维奇：《二十世纪中叶的马克思》，姜海波译，黑龙江大学出版社2015年版，第103页。

上是一致的。两人在运用分析哲学的研究方法上也表现出共同的学术偏好。总体看来,以自由为切入点来阐释实践,既能展现实践派与康德的继承关系,又能展现出双方的实质性差异,以及实践派在实践哲学方面对康德的超越。

彼得洛维奇梳理了思想史上对自由的三种理解:霍布斯、康德和黑格尔。

第一种理解认为,自由就是没有限制。在霍布斯看来,只要一个人的活动不存在外在阻碍,那么这个人就是自由的。这种理解在日常生活中极为普遍。比如,当罪犯被囚禁在监狱中,他就失去了自由,而当他越狱或被释放后,他就获得了自由。同理,关在笼子里的老虎或金丝雀没有自由,而逃出笼子的老虎或笼子外的鸟却是自由的。在实践派看来,这种自由的概念实际上并不合理。如果自由在于消除了任何外在阻碍,那么根据外在阻碍类型的不同,它在不同物种中的含义也就有所不同。但是,外在阻碍也可能是最多样化的,有些阻碍的存在可能是好事,有些障碍的存在可能是坏事,还有一些障碍的存在则是不好不坏的。例如,在这种意义上,有人可能会说当一个人可以畅所欲言时,他有话语权的自由;当一个人可以杀害或折磨他想杀害或折磨的人时,他有杀害和折磨他人的自由。由此,我们便得出许多种怪异的、不能被接受的自由形式,例如,杀害他人的自由、抢劫的自由、迫害他人的自由。然后得出结论认为,自由本身并无好坏之说。但是,这仅仅是在自由的形式层面来理解自由本身,否定自由的最典型例子就是否定自由的形式,这意味着这种理解存在着严重的缺陷。彼得洛维奇说,"与这种作为事物存在的外部条件的总和的自由理论相反,我们可以断言自由是一种特定的存在方式。自由并不是人可自由感知的外在事物,而是他的特殊的存在模式或者存在结构"①。

第二种理解认为,自由是对必然的认识。这种观点可追溯至古希腊时代,当时的人曾朴素地认为,自由就是认识并接受命运。后代的哲学家,如斯宾诺莎和黑格尔也认可了这种观点。可以说,这种观点贯穿于整个哲学史,这种观点的基本立论是:第一,自由

① [南斯拉夫]加约·彼得洛维奇:《二十世纪中叶的马克思》,姜海波译,黑龙江大学出版社2015年版,第107页。

就是关于必然的认识;第二,自由是对已知的必然性的调整;第三,自由是驾驭自然和自我的力量,而这力量建立于关于内部的和外部的必然的认识之上。在实践派看来,这种观点中包含着内在的矛盾,如果任何事物都是必然的,那么关于必然的认识、对必然的调整,以及驾驭自然的力量也是必然的,它就不再是某种外在于必然性的东西。于是,这里就会出现两个相互矛盾的假设:

1. 任何事物都是必然的。

2. 人可以知道和掌握这种必然性,但不是必须知道,也可以不知道。

但是,如果任何事物都是必然的,那么,人就应该知道并掌握,也就有必要知道和掌握这种必然性,但又会有很多人不知道。因此,“知道和掌握必然就是自由,不知道必然就是不自由”的观点就变得毫无意义。或者说,如果任何事物都是必然的,如果必然已驾驭了自然和人,那就无法解释人本身是如何“获得”驾驭自然和人的力量。如果一切都是必然的,那么人们很自然地就会接受它,不会试图改变它。由此,人类社会也就丧失了革命性,黑格尔“凡是现实的就是合理的”的命题正是基于自由是对必然的认识这一观点,从而成为维持社会现行秩序的武器。如果自由就是认识并接受命运、定数和普遍必然性,那么“自由”就成为“自愿的奴隶”的另一种表述。因此,这种“自由”概念是表现一个异化的社会中某种异化特征的概念。在实践派看来,自由既不是对外部或内部必然的屈从,也不是对外部或内部必然的适应。人只有改变他的世界和自身,他的行动才会自由。更进一步说,“自由的本质不是征服已经给定的,而是创造新的,是开发人的创造能力,是拓宽和丰富人性”①。

第三种理解认为,自由是自我决定。康德的“自由即自律”和萨特的“选择高于一切”都是这种观点的代表。其基本含义是:如果某人是根据命令、在催眠状态中、在恐惧或威胁下做出某事,那么我们不会说他是自由的。如果某人是自由的,那么他首先必须可以决定自己的行为。并不是每个自我决定都是自由的,而只有

① [南斯拉夫]加约·彼得洛维奇:《二十世纪中叶的马克思》,姜海波译,黑龙江大学出版社2015年版,第109页。

直接的自我决定或自发行为才是自由的。因此，自由即自我决定的观点就转变成自由即自发行为。只有在自己做出决定，同时用这种或那种倾向、能力、愿望或需求直接表现出来后，我们的行动才是自由的。但是，如果在痉挛或愤怒时做出之后会后悔的轻率行为，或者在那一瞬间意气用事，那么这是自由吗？自由又不完全是自发行为。可见，这种理解也存在不能自圆其说的方面。在实践派看来，即使是最强有力的、最成功的活动，只要它是由外部因素决定的，那么它也不是自由的。纪律严明的士兵、服从命令的官员、收入不菲的警察可能都非常活跃和成功，他们的活动可以用任何词形容，但不能使用“自由”。只有当一个人可以决定自己的行为时，他的活动才是自由的。但并不是每个自我决定的行为都是自由的。只有当人展现出一个完整的、多面的个性，且并未沦为这种或那种特别的思想、情绪或倾向的奴隶时，这种自我决定的活动才是自由的。最远离自由的行为是那些“自由地”破坏人性的行为。“只有在人可以创造性地决定其行为，且其行为拓宽人类极限时，他才是自由的。”①

通过对比实践派与思想史上对自由的理解，可以说，实践派的自由概念最接近“自我决定”，而不接受“对必然的认识”，这就与斯大林主义对自由的理解划清了界限。那么，实践派的自由观与康德相比有何差异呢？这种差异主要体现在两个方面：

一方面，实践派阐释了自由的相对性和历史性，从而区别于康德的普遍法则。与康德的“绝对命令”不同，实践派所理解的自由是辩证的和历史的。自由是辩证的，是因为自由和不自由划分为各种等级，有“更大程度的自由”或“更小程度的自由”的区分，自由的某一明确等级也是不自由的某一明确等级；自由是历史的，因为人永远不可能完全自由或完全不自由，人的所有历史就是不可抑制地朝着更高等级的自由前进，因而自由是“相对的”。如果自由因此变得相对，那么历史上自由的相对等级就是绝对的。

另一方面，实践派强调自由的社会性，从而区别于康德提出的先验性。实践派对自由的理解基于“社会”背景，社会可以发展人

① ［南斯拉夫］加约·彼得洛维奇：《二十世纪中叶的马克思》，姜海波译，黑龙江大学出版社2015年版，第111页。

的创造性的力量，这样才能实现并激励自由的发展。对此，马尔科维奇曾指出康德的不足，他说："康德的自由主义概念从现实的、在经验上给定的社会出发，以市场和利己的个人之间的相互竞争为特征，并试图以一种否定的方式，即通过要求限制个人的自我首创性……和任意性来调和普遍利益和个人自由。"[①]没有自由，就没有自由社会。但这并不是说在自由社会中就都是自由人。即使是身处一个自由社会，个体也可能会不自由，即使是身处一个不自由的社会，个体也可能会自由。个人自由和社会自由密不可分，但两者间的关系却并不对称。自由就是自由人的活动。只有通过他自己的自由行动，个体才能实现个人自由。如果我们否认不自由社会中会存在自由人的可能性，那么我们就是在否认用有意识的革命行动改变一个不自由社会的可能性。在阶级社会中，为获取更高等级的自由而发起的斗争都有阶级特征。但每个阶级社会都是异化的、不人道的，本质上都是不自由的。只有无阶级社会才会发展成自由王国。

实践派并没有对自由问题在各种社会形态，如原始社会、奴隶社会、封建社会、资本主义社会、社会主义社会和个体形成的各个发展阶段中衍生出的各种形式展开系统讨论。但其对自由形式的分析具有重大意义，自由的各种形式都各具特色，且相互分离。自由的所有形式相互制约，每种形式都各属一种自由形式。它在不同时代会呈现不同形式，在当代，"自由问题主要是自由和社会主义的问题，是自由与技术的问题"，当然也包括自由和资本主义的问题，因为资本主义仍然是一股强大的力量，但"社会主义中的自由问题毫无疑问更加重要。作为自由人格的自由共同体，社会主义的发展就是对资本主义最有效的抨击"。[②] 马克思曾说过："自由的每一种形式都制约着另一种形式，正像身体的这一部分制约着另一部分一样。只要某一种自由成了问题，那么，整个自由都成问题。只要自由的某一种形式受到指责，那么，整个自由都受到指责，自由就只能形同虚设，而此后不自由究竟在什么领域内占统治

① [南斯拉夫]米哈伊洛·马尔科维奇：《从富裕到实践——哲学与社会批判》，曲跃厚译，黑龙江大学出版社2012年版，第121页。

② [南斯拉夫]加约·彼得洛维奇：《二十世纪中叶的马克思》，姜海波译，黑龙江大学出版社2015年版，第116、117页。

地位,将取决于纯粹的偶然性。”[1]由此可见,实践派的自由观与马克思具有直接的继承关系。

对本节所述的两个方面可以做以下总结:

在实践派的实践哲学中,人的实践是历史中的主要决定性因素之一,这种实践哲学不仅要考察哪些可能性是给定的,而且要考察哪些新的可能性可以通过实践加以创造。在给定的各种可能性中选择一种可能性时,“充分的自由就是自决的能力,以及改变一种决定论体系的条件的能力”[2]。

第三节　伽达默尔的实践哲学与实践派

西方哲学界在20世纪70年代以后出现了“复兴”实践哲学的思潮,伽达默尔的“实践哲学转向”也与此密切相关。伽达默尔最终成为当代实践哲学最重要的代表性人物,他在海德格尔存在论哲学的基础上完成了解释学的本体论转向,并重构了“哲学解释学”,他又用自己的哲学解释学重新阐释了实践哲学,可以说,伽达默尔的“作为实践哲学的解释学”是西方实践哲学传统中的又一座高峰,是当代西方实践哲学发展的旗帜,实践哲学在现代的重建与复兴是由伽达默尔“完成”的。

南斯拉夫实践派无疑是这一思潮的助推者,按照我国哲学研究的学科划分方法,实践派是马克思主义哲学转向实践哲学的倡导者,伽达默尔则是西方哲学转向实践哲学的倡导者,双方均对实践哲学传统的复兴和发展起到了重要的作用。

一、走向实践哲学

伽达默尔完成《真理与方法》之后的十五年间,实践派经由马克思的早期思想建构了一种实践哲学,可以说,二者几乎在相近的时间内走向实践哲学。但是就我目前能掌握的文献来看,实践派并未引用伽达默尔的观点,伽达默尔也未曾提到实践派,因而双方并未有实质性的相互影响或单向影响,而仅仅是单纯的比较关系。

---

① 《马克思恩格斯全集》(第一卷),人民出版社1995年版,第201页。

② [南斯拉夫]米哈依洛·马尔科维奇:《当代的马克思——论人道主义共产主义》,曲跃厚译,黑龙江大学出版社2011年版,第116页。

其中，至少在走向实践哲学的路径与实践哲学的理论旨趣这两方面，伽达默尔与实践派是极为相似的，但在解决问题的手段上，双方又是完全不同的。本书的第一、二章已经分别论述了实践派走向实践哲学的历史和理论路径，本章的第一、二节又论述了实践派怎样面对亚里士多德和康德的实践哲学，这里仅论述伽达默尔走向实践哲学的道路，它可以说明，伽达默尔和南斯拉夫实践派走的是“同一条道路”。

（一）理论路径

1985 年，伽达默尔回顾了他研究实践哲学的理论道路，他写道：

> 我的思想形成的第一部文献，也正好是第一次在这一版的第 5 卷中以“实践知识”（1930 年写）为题发表。在那里，我受海德格尔的推动，密切联系《尼各马可伦理学》第 6 卷，突出了实践智慧的本质。在《真理与方法》中，这一问题移到了中心。亚里士多德的实践哲学传统在此期间从许多方面被重新接受下来。这一传统具有一种真正的现实性，这一点我认为是无可争议的。我认为，这与今天常常同那种新亚里士多德主义联系在一起的政治征兆毫无关系。什么是实践哲学这一问题，对近代思想的科学概念来说，在总体上仍是一种现实的挑战，人们不应对此视而不见。人们应该从亚里士多德那里认识到希腊的科学概念意味着理性认识。这就是说，它以数学为原本而并非本来就包含着经验的。因此，与现代科学很少符合的希腊的科学概念，是作为技术概念的科学。无论怎样，实践的和政治的知识，在本质上具有不同于可以讲授的知识及其应用的所有这些形式的基本结构。事实上，实践知识就是从自身出发，为一切建立在科学基础上的能力指定其位置的东西。这早已是苏格拉底对善的探究的意义。柏拉图和亚里士多德坚持了这种意义。谁认为科学因其无可争议的权能就可以替代实践智慧和政治智慧，那他就低估了人类生活形态的主导力量。相反地，唯有人类生活形态才能独立地借助感觉和理性，利用科学并为这种利用而负起责任。
>
> 现在，实践哲学无疑不是智慧本身了，它是哲学，即它是

一种反思，确切地说，是对人类生活形态必须是的东西的反思。在同样的意义上，哲学解释学不是理解艺术本身，而是它的理论。但是，使某人意识到某事的种种形式则源于实践，如果没有实践，就只是盲目的意识。这是知识和科学的特殊意义。从解释学的难点来看，应该重新证实这一意义。这就是即使在完成了《真理与方法》之后我的研究仍要致力达到的目标。①

在这段很长的论述中，伽达默尔明确地提到了他本人走向实践哲学的理论资源、契机和阶段。首先，他在海德格尔的指引下回到了亚里士多德的实践哲学，也就是说，伽达默尔真正意义上的学术生涯是从对亚里士多德的研究开始的。伽达默尔发现，自近代以来，亚里士多德的实践哲学受到了极大的冲击，各门精神科学已不再被作为科学来看待，因而需要重新论证并确证精神科学的真理性，回复实践哲学的传统。伽达默尔对古希腊的哲学传统了如指掌，他以亚里士多德的实践哲学为基础，阐明了实践哲学在近代的失落与沉寂，进而强调实践哲学在当代复兴的必要性。受亚里士多德影响，伽达默尔将道德知识扩展为实践知识，进而覆盖全部精神科学领域。伽达默尔在《真理与方法》中通过对亚里士多德伦理学的阐释为实践哲学的基本概念奠定了基础。而在20世纪70—80年代以来的著作中，他特别重视探讨“解释学”与“实践哲学”之间的联系。

“实践智慧”概念影响了伽达默尔一生，“实践智慧”也成为伽达默尔的关键词，他的著作中多次直接提到亚里士多德的《尼各马可伦理学》。除《真理与方法》外，伽达默尔写于1930年的《实践知识》一文是对《尼各马可伦理学》中的“实践智慧”的解释。“实践智慧”原是亚里士多德实践哲学中的一个重要概念，本章第一节对此进行了论述。在伽达默尔看来，亚里士多德关于实践智慧的定义模棱两可，因为它有时更多地与目的相关联，有时则更多地与达到目的的手段相关联，因而存在内部矛盾。伽达默尔批判性地阐释了“实践智慧”的概念，进一步强调了“实践智慧”对于人的实践

① 严平编选：《伽达默尔集》，邓安庆等译，上海远东出版社2003年版，第38~39页。

活动的意义,即实践智慧并不仅仅是一种正确选择手段的能力,它本身就是一种道德行为。

在伽达默尔看来,亚里士多德关于实践智慧的洞见直接激发了他的哲学解释学,而哲学解释学为克服和摆脱近代以来的精神科学和实践哲学的危机开辟了道路。因此,伽达默尔说,"这样解释学便证明自己是更早哲学知识的一种变形,这种哲学知识不是建筑在关于科学的近代概念之上,而是统括人的判断力的整个其他领域。这在欧洲传统中自亚里士多德以来称为'实践哲学'"①。伽达默尔将现代解释学的提出看作是西方实践哲学传统发展的产物,他还说,"当我们今天在哲学本身内开始把解释学独立出来,真正说来我们乃是重新接受了实践哲学的伟大传统"②。由此可见,亚里士多德的实践哲学是伽达默尔的思想资源。从伽达默尔的后期思想中我们不难看出,他批判地继承了亚里士多德的实践哲学,这种实践哲学的实质是道德哲学,它所要解决的是人类生活中的"善"这个根本的问题。

除亚里士多德外,康德和黑格尔也直接影响了伽达默尔。康德阐明了从道德意识的自明性向道德哲学过渡的合理性,或者说,实践哲学总是要超越每一种具体的道德见识,而趋向对普遍性法则的重新认同。当然,这种实践哲学是康德意义上的。伽达默尔也曾在《科学时代的理性》中高度赞扬黑格尔现象学所揭示的相互"承认"的辩证法,认为这是黑格尔最伟大的功绩之一。从这种辩证法出发,每一种爱和友谊所体现出来的真实的共同性都有可能从概念上清楚地表述出来,它是对主观精神和个人意识的克服与超越。尽管黑格尔的阐述是思辨性的,但他敏锐地猜测到了人只有既承认自己的独立自由,也承认别人的独立自由,才能获得真正的自由,他深刻地看到了人类的意识和历史是朝着相互承认对方的独立自由的方向发展的,这一点已为当代世界发展的趋势所证实。伽达默尔后期愈来愈将团结、一致、友谊看成是社会理性的主要内容,从某个方面也可以说是对黑格尔这种"承认的辩证法"的

① [联邦德国]伽达默尔:《科学时代的理性》,薛华等译,国际文化出版公司 1988 年版,作者自序,第 2 页。

② [联邦德国]伽达默尔:《科学时代的理性》,薛华等译,国际文化出版公司 1988 年版,作者自序,第 3 页。

应用和发挥，进而使哲学解释学的精神得到了空前的升华。

胡塞尔对伽达默尔的影响也不容错过。胡塞尔强调"回到实事本身"，即回到意识对象的意识本身，悬置一切已有的关于事物存在的自然的和历史的观念，排除各种干扰，直面现象。对此，伽达默尔认为，"生活世界"这个词是一个少有的、令人惊奇的人造词，这个词被人们所接受并由此把一种已经不为人所知或被人遗忘了的真理带进了语言。"生活世界"这个词使人想起存在于所有科学认识之前的前提。生活世界是人类现实存在的给定的经验领域，是一切理性思考的前提。就其性质来说，生活世界是一个人类的交往、生存等实践活动的界面，其基本的活动经验或存在形式就是"理解"活动，关于理解的经验是人类生活世界的基本存在经验。这关涉到人与人的理解，也涉及人与历史、传统、文化等广泛意义的文本之间的理解。因而，生活世界是人的生活世界，主要表现在人的存在状态上。理性在生活世界中通过自我反思最终达到一种适合于每一个人的知识，达到一种人类的"普遍实践"。

从伽达默尔晚年的"自述"中还可以看出，海德格尔突出"实践智慧"与"技术"的区别帮助伽达默尔逐步确立了自己的问题意识。他最早受海德格尔的影响是从《对亚里士多德的现象学的阐释》一文开始的，这篇俗称"纳托普报告"的文章的标题中出现了"解释学处境"，文中的观点给伽达默尔留下了深刻的印象，直到 20 世纪 80 年代中期，伽达默尔重读这个失而复得的报告时，仍然认为这是海德格尔早期最杰出的著作之一，纳托普报告的"发现"是一个真正的事件。

这样，亚里士多德、康德、黑格尔、胡塞尔、海德格尔是直接影响伽达默尔的最重要的几位思想家，这与南斯拉夫实践派所吸收的基本背景理论资源是极为相似的，可以说，伽达默尔和实践派的实践哲学都是以亚里士多德的实践哲学为模型，将康德的先验实践哲学的实践优先、自由作为最根本的特征深入贯彻到人的日常生活和交往的具体经验中，他们的实践哲学都不再是一种哲学理论或一种超验的实践形而上学，而是与人的生存方式息息相关。如果说存在差异，那就是在走向实践哲学的道路上，马克思的哲学对实践派的影响要远远大于其对伽达默尔的影响。

（二）现实关怀

从伽达默尔的“自述”中可知，他始终关注人的生存状态，作为一个具有强烈社会责任感与使命感的哲学家，伽达默尔一直试图使哲学走向现实，关心生活，与人类的存在息息相关。在长时段历史的宏大背景中，伽达默尔又关注了科学的“扩张”历程。

随着欧洲文艺复兴的兴起，欧洲许多国家都出现了强烈反对神灵意志、神圣权威的呼吁，人们要求过一种人自己的生活，要求以人权代替神权，以人性代替神性。启蒙运动又为近代以后“重新回到人本身”奠定了基础。近代哲学的主题是反封建、反神学，其根本意图就是要从人本身出发来解释和说明人的存在活动，要使人对自身的行为负责，要让人自己选择和决定人类存在的方向与方式。“回到人本身”的思潮既与文艺复兴和启蒙运动相关，也与近代以来新兴的自然科学的迅猛发展相联系。

近代科学基本上是一种实验科学，它是通过一种实证的方法求得对事物性质的判断，这种科学新方法的运用使得近代科学几乎在所有重大领域都取得了重大的突破，进而也形成了一种近代科学观，而由这种科学观所带来的一种乐观信念是：科学无所不能。科学能解决包括神学合法性在内的人类的所有问题，其中当然也就包括对人类存在活动与生活的思考问题。也就是说，科学不仅使我们能够彻底地否定神灵的存在，同样也能够为人类活动提供理论依据。这样，一切行为都是科学的行为，一切生活也都能够做到科学地生活。既然将人类实践活动和生活全部交付给了科学理性来做判断和决定，那么，人类社会随即也就步入了一个科学技术统治的“技术主义”时代。人们以科技为准绳，科学取得了类似中世纪神灵的地位。但这种科学极端发展的结果是，忽视了人类科学理性与实践理性的区分，而从根本上丢弃了理性反思的作用与力量。

伽达默尔生于1900年，与20世纪同龄，他亲身经历过两次世界大战，对它们给人类带来的巨大灾难刻骨铭心。另外，当代的生态危机和技术发展的限度，使他愈来愈感到在世界范围内大力提倡团结的必要。可以说，他的实践哲学就是对人类生活的反思，这种反思以人的幸福、至善和完美为目标，并和理性的重建联系在一起。在《真理与方法》第二版的序言中，伽达默尔明确指出，这本书关注的并非理解的方法论问题，而是人的世界经验和生活实践的问题。伽达默尔指出，近两个世纪以来，人们对“实践”最可怕的歪曲就是使其庸俗化，进而消解了实践的超验维度和终极关怀。

可以说，现实关怀是伽达默尔走向实践哲学的更为重要的原因，像许多有社会责任感的知识分子一样，当代人类的生存处境的恶化引起了他的忧虑不安，晚年的他从解释学的立场去关心和反省人类的命运、自由、善恶、幸福等重大问题都与此有关，他的实践哲学转向也与这个大的时代背景有关。

科学的技术运用渐渐地控制了文明进程和社会生活，同时，工具理性发展的弊端在西方发达工业社会日趋严重并影响到整个世界。自由研究的特权以及与此相适应的理论的自我感觉在公众意识中不断感受到实用的政治压力，这导致实践理性、实践智慧的丧失。特别是在 20 世纪，一个高度工业化的经济体系逐渐建立起来，并代替了人类的政治、伦理、文化等实践生活。人们在浮躁、功利的经济社会体系下失去了自身的理性反思，也失去了科学研究的纯理论兴趣。要改变人类生活世界的这种现状，仅靠浪漫主义的文化批判和盲目反叛的愤懑发作是于事无补的，必须揭示出造成这种现状的科学化的世界观的根本问题。要从对现代文明的批判转向对现代文化的批判，进而从根本上对近现代的主导性哲学，即理论哲学形态做重新审视。科学时代关于进步的乐观主义立场遭到了沉重的打击，这种打击动摇了近代以来的认识论的主导地位，从而推动了实践哲学在西方的复兴，这种复兴实质是使道德哲学再度受到重视。

日本学者丸山高司曾说，“伽达默尔决不是游离现实的‘书斋学者’，他始终根据自己敏锐的时代感觉和现实的（actual）问题意识，力图批判地诊断‘现代’，克服‘现代的危机’。他再次切入‘人是什么’这一根本问题，肯定人是‘历史的存在’。并企图通过彻底自觉这一问题展示新的人类形象”①。如果是将伽达默尔的实践哲学作为一种反思社会生活的理论来看待，如果是将伽达默尔作为一个充满责任感的哲学家来理解他力图从根本观念与精神上重新

① ［日］丸山高司：《伽达默尔——视野融合》，刘文柱等译，河北教育出版社 2002 年版，第 2 页。

为人类生活确立基础的话，那么，伽达默尔实践哲学的意义就得以彰显了：它不求推翻世界，也不求为每一个具体活动提供行为指南，而求在科技统治生活的时代重塑人类的思想精神。归根结底，现实社会政治问题的最终解决不只是哲学家的任务，而且是所有人类公民的任务。它不是哲学理论本身所能完全解决的，还要真正落实到具体的实践活动过程之中。因为任何理论问题从根本上说都是实践问题，从操作层面看，它形成于实践，又最终解决于实践。

关注现实，关注现代人的生存状态似乎是当代许多知识分子的共同立场。南斯拉夫实践派的实践哲学同样也是从现实的土壤中生发出来的，与伽达默尔不同的是，实践派反思的是社会主义体制下人的生存状态，这又是伽达默尔没有亲身经历过的社会形态。

二、实践哲学的理论旨趣

（一）批判科技理性

伽达默尔在一次访谈中明确指出，“首先人们必须清楚‘实践’（Praxis）一词，这里不应予以狭隘的理解，例如，不能只是理解为科学理论的实践性运用。当然啦，我们所熟悉的理论与实践的对立使‘实践’与对理论的‘实践性运用’相去弗远，而且可以肯定的是对理论的运用也属于我们的实践。但是，这并不就是一切。‘实践’还有更多的意味。它是一个整体，其中包括了我们的实践事务，我们所有的活动和行为，我们人类全体在这一世界的自我调整——这因而就是说，它还包括我们的政治、政治协商以及立法活动。我们的实践——它是我们的生活形式（Lebensform）。在这一意义上的‘实践’就是亚里士多德所创立的实践哲学的主题”①。实践与理性的关联是内在的和必然的，是不可分割的。

按照伽达默尔的理解，如果说科学的理性是一个半圆，那么，德行的理性是科学的理性所不能包括的另一个半圆。

科技理性只是理性的一种运用，它不是理性的全部，不能取代理性本身，实际上，理性是对包括认识活动在内的人类生活一切方

---

① ［德］伽达默尔、杜特：《解释学　美学　实践哲学——伽达默尔与杜特对谈录》，金惠敏译，商务印书馆2005年版，第67～68页。

面的反思和判断能力，它指导着人类生活的一切实践行为。伽达默尔认为，哲学的首要任务是确定这种理性方式的合法性，并捍卫实践理性，反对基于科学基础上的技术主义的控制。这就是哲学解释学的关键所在。它纠正了将科学偶像化的现代意识，重新证明了社会个体的崇高任务，即依据自己的责任来做决定，而不是将任务移交给专家。社会生活中存在许多极不相同的领域，那么，为了保证对复杂的理论和技术过程进行必要的控制，当然不能缺少“专家”，但是专家不能剥夺其他人的决定权，即经济专家、环境保护专家、军事专家等不能代表人民决定社会生活中的重大事务。在以劳动分工为基础的现代社会中，每一个个体都是“功能单位”，但是所有人都固着于一个特定的行业或领域，都不属于社会的整体和全部，更不是生活的真实形式。而“实践”则在于共同的深思熟虑，在抉择中确定共同的行为目标，在反思和批判中将我们在当前情境中“应当”做什么加以具体化，这就是社会理性。就此而论，解释哲学是更古老的实践哲学传统的产物，解释学不仅是一门有关一种技术的学问，它更是实践哲学的近邻。

更进一步说，我们所处的“科学时代”比以往任何一个时代都更需要理性对人的生活实践的指导，但伽达默尔强调必须批判地对待理性，并在这种批判中重新确立理性，这里的理性主要不是科学理性，而是实践理性。因为科技力量的增长，并不就意味着社会理性的增强，科学技术的发展并不能保证人类一定有理性，科学并不思考“事实”本身的“意义”和“价值”。技术可以是毫无人性的，当实践完全堕落成为技术，社会也就会堕入非理性，因此，只有通过拯救实践理性才能保证社会理性，因为只有与伦理学相关的实践理性才能决定人存在的意义、价值和尊严，决定人类生活的真理。

如果生活世界不以实践哲学为基础，那将是盲目的，更是危险的。因此，伽达默尔回到实践哲学的语境中，去分析现代社会中科学理性膨胀与社会合理化问题。他的结论是：人类生活中价值和伦理失落的根源在于实践理性或实践智慧的缺失，简言之，实践衰退为技术。

伽达默尔虽然批判科学时代的理性，但他并不反对科学理性本身，并不贬低科学理性在现代文明中的作用，更不否定人类理性的力量，相反，他拒斥的是科学神话或科学技术统治论，反对科学理性至上，要求科学“人道化”，其最终的目的是要重新估价和理解理性，更重要的是在实践哲学中重新肯定和发挥理性的作用和力量。伽达默尔所关注的主要不是世界是什么，而是世界应当是什么，这涉及人与世界之间的一种价值关系。基于此，伽达默尔晚期自觉地使解释理论同生活实践统一起来，并明确地将实践理性看成是一切理性的根源，这构成了他实践哲学的基点。

伽达默尔重新在哲学解释学基础上赋予“理性”概念以全面的含义，它不仅指科技理性、工具理性，而且包括更重要的实践理性、道德理性、社会理性。伽达默尔《科学时代的理性》中的“理性”一词，就是指“知识和真理的整个为科学的方法意识所不能把握的半圆状态”。技术性知识是后天“习得”的，一旦长久不运用就会生疏，甚至遗忘，而实践知识是在传统和习俗的教化中，在不断地身体力行中获得的，它一旦形成就会成为生活经验的一部分，无须反复学习也不会忘记。

因此，必须破除科学以及科学理性的神话，还理性以真正含义和真正力量。只有这样，才能使人类摆脱科学时代的困境，才能将人类生活世界真正奠基于理性基础之上。伽达默尔认为，近代科学是一种“关于统治人类一切方面”的神话，它虽然控制着科学特有的问题，却不知道为谁服务以及如何服务。只有破除科学神话，我们才能将“掌握知识和能力变成自我掌握”，才能将受到各种统治者的威胁、受着一切我们认为我们所控制的东西支配的自由解放出来。

在科技理性批判方面，南斯拉夫实践派更多的是沿袭着以霍克海默和阿多诺为代表的法兰克福学派的思路，其主旨是：现代社会受到日益增长着的科学技术的制约，科学的方法论精神已经渗透到包括经济、政治和文化在内的一切领域。在实践派看来，能够获得自由的方式是实践，要真正重新恢复理性的力量和对理性的信念，最为重要的就是建立真正的实践哲学，确立实践在人类生活世界中的核心和首要地位，“自由的创造”对人类实践活动的理性反思和人类现实生活世界的存在方式、发展道路至关重要。

(二)突显本体论

1960年，伽达默尔出版了自己一生中最辉煌的著作《真理与方法》,这标志着他完成了哲学解释学的建构。他以“文本”为中心来建立“理解”的“本体论”,又系统地将哲学解释学变成一种对话哲学或对话“本体论”。在伽达默尔看来,理解的过程就是通过对话达成共识或视域融合,对话所赖以存在的基础是“我－你关系”。受马克斯·舍勒、哈特曼和尼采等人的影响,伽达默尔也将“价值”和“道德”问题视为本体论,并将其当作实践哲学的核心,这也是从本体论意义上把道德、价值问题与实践哲学联系起来,探究普遍有效的价值。“德性”是对道德行为的理解,这种理解不是一种认识的理论能力,而是来源于一种“实践智慧”,它处于一个由内心信念、传统习惯和价值所构成的生活关系中。

实践总是与理解联系在一起,它从来就没有和理解分离过。实践的过程也就是理解的展开过程;而理解也不是游离于实践过程之外的前实践活动,它本身就是实践的一个核心要素。在这种“实践－理解”的本体论视域中,对理解的哲学反思和对实践的哲学反思就理所当然地统一起来了,而哲学诠释学就不再仅仅是理解的哲学,同时还是实践的哲学。在人的实践和理解中,面临的是同一个基本的诠释学问题:关于普遍东西和特殊东西的关系的问题。所以,理解的应用性问题,也不再仅仅是理解本体论的核心问题,而且还是实践哲学的关键问题。伽达默尔强调,解释学从本质上不应被理解为只是一种理解方法或“技艺”,理解不属于主体的行为方式,而是人的最基本的生存方式和状态。这样,实践哲学就是对人类存在本质和生活行为与状态的一种理性反思,是关乎人类存在、目的、价值与意义的根本性理解。

伽达默尔明确地界定了解释学与实践哲学的关系,他说:

> 我将解释学描绘为一种哲学学说,而没有把它当成一种新的解释或说明程序。从根本上讲,它只能做出这样的描绘,即在怎样的情况下,一种解释才会是成功的、令人信服的。……这同时意味着,解释学是哲学,而且是实践哲学。①

可见,解释学是作为实践哲学的哲学,这是伽达默尔的核心表述。在伽达默尔看来,重建实践哲学是十分必要的。因为“实践”

① [联邦德国]伽达默尔:《科学时代的理性》,薛华等译,国际文化出版公司1988年版,第98页。

意味着全部实际的事物，以及一切人类的行为和人在世界中的自我设定。实践是与生活相联系的一切流动着的东西，它是一种生活方式，一种被某种方式所引导的生活。

在伽达默尔看来，任何一个解释者的目的都是要理解“意义”本身，而要达到这种理解就要将被理解的对象纳入到解释者的“解释学处境”之中，也就是说，解释学的应用和自我理解是联系在一起的，任何理解都是自我理解。对于伽达默尔而言，所谓事情本身的意义就是效果历史意识中的意义，它是一种现象学视域中的“事情本身”。

在《真理与方法》中，伽达默尔指出，实践哲学作为一种哲学，“它是一种反思，并且是对人类生活形式所必须是什么的反思……这种唤起意识的形式都来自于实践，离开了实践就将是纯粹的虚无”[①]。伽达默尔说，直到今天，人们对于古老的实践哲学仍旧缺乏一种根本的认识，但是，这种“实践哲学的伟大传统继续存活在一种对其哲学内涵有所了解的解释学当中”[②]。伽达默尔竭力召回实践理性，建立起以反思人类生活为己任的实践哲学。

实践哲学的重建和复兴改变了哲学是一种知识性的理论哲学的主导性看法，使人们重新认识到：哲学是诉求人类存在和生活的意义的一种理解和解释的实践哲学。拥有实践理性、实践智慧的人类生活才是真正具有反思性的、有意义的自觉生活，这样的人类文化和人类文明也才不至于湮没在科技理性的强大支配下而失于片面和危险。实践哲学是人类存在与生活的导向标。

伽达默尔的哲学解释学并不纯粹作为一种理解哲学表现其意义，实际上它是蕴含着实践意识的，是完全指向人类的实践领域的，是要说明科学经验事实、说明人类实践行为和生活意义的，同时，这种作为理论的哲学解释学的普遍性、合法性和有效性也总是在其实践的运用中被加以说明的。伽达默尔就是从人类的存在经验中来阐释理解的本体论意义的，理解一定是与人的实践活动息息相关，也一定是在人类的生活世界中获得表现的，因而，对人类

① ［德］汉斯－格奥尔格·加达默尔：《真理与方法——哲学诠释学的基本特征》（下卷），洪汉鼎译，上海译文出版社1999年版，第654页。

② ［联邦德国］伽达默尔：《科学时代的理性》，薛华等译，国际文化出版公司1988年版，第98页。

实践本身进行理性反思，就构成了实践哲学，它蕴含着人类的实践理性和实践智慧。实践哲学是一种反思，一种解释学反思，并且是对人类生活形式“必须是什么”的反思，这种实践哲学是对人的实践及其形式的理解和解释。

三、对话与批判

为了实现摆脱现代人的生存危机的目的，伽达默尔从实践哲学中引申出具体的手段，即“对话”，出于同样的目的，实践派的手段是“批判”。如果说“对话”是温和的、理想化的，那么，“批判”就是激进的、有较强实效性的。

对话首先要建立在理性的基础上。伽达默尔十分重视亚里士多德关于“人是理性的动物”这一论断，认为它对于理解人、把握人具有重要意义。在伽达默尔看来，实践与其说是生活的动力，不如说是与生活相联系的一切活着的东西，它是一种生活方式，一种被某种方式所引导的生活，实践意味着全部实际的事务，以及一切人类的行为和人在世界中的自我设定。实践是人类的最根本性活动，理解和解释本身就是一种实践过程，因而也一定是有着实践性的意义蕴含于其中的，因此，实践固有的基础构成了人在世界上的中心地位和本质的优先地位，因为人固有的生活并不听从本能驱使，而是受理性的指导，从人的本质中引出的基本倾向就是引导人的实践理性。

伽达默尔强调“自由选择”，一方面，“自由选择”意味着一种人的理解和解释的能力，这种能力不像技术规则一样可以习得，它只能在人的实践中养成和实现，是在实践智慧的引导下做出的。另一方面，“自由选择”意味着选择者所面临的诠释学境况具有多样性和特殊性，人的理解和解释只有在一般理论合理地应用于具体的诠释学情境中才能实现。可见，这种强调凸显了人类实践中蕴含的理解的应用性问题，这种应用的手段就是“对话”。通过“理解中的对话”使人与人之间达成相互理解、相互认同，最终建立起一种以善为目的的“相互理解、对话、交流、一致”的真正团结的人类共同体。只有这样的共同体才能达成相互理解，形成社会理性；也只有通过这种对话共同体，实践之善、伦理之知、社会理性才能落实和实现于人类现实的生活之中，理性才会表现出力量，才有可能给人提供生活指南,也才有能力揭示出生活世界的科学和真理。

在伽达默尔看来,实践哲学和对话不可分,对话并无固定的回答,因而不是教条式的,不能通过"说教"。在语言的表达领域之外是没有道德原则可言的。对话是我们走向共同理解的方式,"达到理解"也就是"达到共同理解",理解的目的在于与对话的"他者"建立一个"共同的世界"。伽达默尔就是要在哲学解释学基础上通过强调实践哲学的意义来改变这种社会状态,使人能够在实践理性的反思下进行实践行为,理解世界存在的意义,实现人们之间的交流对话和沟通。尽管我们现代的生活世界是多元的、充满功利色彩的,也是极不稳定的,但只要有人类的理性,就绝不会失去其作为人类普遍理性对生活世界的反思,反过来,也就一定会从中获得对具体生活实践的指导。

伽达默尔的"对话"带有乌托邦色彩,这又源于伽达默尔对乌托邦的理解,他在《柏拉图的乌托邦思想》一文中试图证明,如果不懂得如何恰当地谈论乌托邦,也就不可能恰当地谈论柏拉图。乌托邦的首要功能不在于设计出具体的行动方案,因而不能用教条主义扼杀乌托邦情怀。在伽达默尔的"对话"中,各种外在条件的限制都被排除了:德语和中文如何透彻地对话,从而达到相互理解?伊斯兰文化与基督教文化如何透彻地对话,从而达到相互理解?在这个意义上,伽达默尔的对话具有理想化的特点。

亚里士多德认为,实践的善是最完整的善,它可以措置各种善的位置。伽达默尔十分赞同,并且认为,该思想已经确定了实践哲学的基础性地位。这其中包含了两重含义:一是实践的善是最完整的善,它包括了一切善的价值,是各种善的价值的有机统一,它是一个完整的价值体系,其中各价值要素之间存在着如其所是的合理的位置和有机的联系;二是运用实践智慧就可以合理措置各种善的价值,所以,实践智慧从根本上是一种价值运思和筹划,运思和筹划如何以最高的善把各种价值有机地结合起来,形成完整统一的善。不容置疑的是,这种完整的善带有乌托邦色彩,是人的心理愿景。

使实践派受到鼓舞并坚定信心的是康德,因为康德阐明了从道德意识的自明性向道德哲学过渡的合理性,尤其是康德的实践哲学揭示了理性反思的否定的间接功能,因而,这种合理性证明就在于，对于不断思想的本性来说，理性的使用总是需要批判。

在实践派看来，普遍的价值理论是与具体的人类道德活动相通的，其普遍性与合法性就是通过道德经验加以说明的。实际上是不存在一种绝对的凝固而僵死的道德价值标准的，因为人们的行为总是在不同的时代、不同的情境中发生，人们的实践理性就是要根据不同的情境对行为的价值和如何行为做出具有普遍性意义的思考。

伽达默尔曾提出一连串的问题：就我们的多元的世界社会而言，难道不能够从那些只对于人类之间的一致性有效的普遍性中得到那个我们称之为人之本性的东西，以及康德在其道德形而上学中允诺其呈现差异的责任学说吗？一种将来的世界文化是否会成功？人类的道德概念和道德秩序是否能摆脱一切间距和相对性而凝聚成一个共同的伦理？整个人类的未来在此道路上是否能够摆脱经济的危机和原子战争的危险？这些问题在实践派的著述中也似曾相识。南斯拉夫实践派则是直接地表现了实践哲学的倾向，强调哲学的合理性、功用性、相对性、价值性，特别是社会批判的本性。在实践派看来，实践哲学是以一种直接关涉于人的生存方式的形态表现出来的，最终要解决的就是人的生活、行为和存在问题，要回答的就是人怎样才能真实地、有意义地活着。

亚里士多德实践哲学、康德实践哲学与伽达默尔实践哲学共同形成了西方实践哲学发展史上的三座历史性丰碑。伽达默尔最终实现了西方解释学传统与实践哲学传统的真正统一，在解释学基础上完成了实践哲学的重建与复兴。实践派通过亚里士多德、康德和马克思的实践哲学，借鉴现象学、存在主义和分析哲学的方法同样重构了一种马克思主义的实践哲学。如果伽达默尔的贡献是对西方哲学史而言的，那么实践派的实践哲学就是对马克思主义的重新阐释，对实践哲学传统的复兴，实践派同样功不可没。

结　语

众所周知，在马克思和恩格斯辞世之后，将马克思主义的核心思想表述为“实践哲学”已经构成了历史性的学术谱系，从拉布里奥拉和葛兰西，包括卢卡奇、布洛赫、列菲伏尔等早期西方马克思主义的思想家，从法兰克福学派直到南斯拉夫实践派。在我看来，正是在实践派这里，实践哲学获得了最完整、最体系化和最始终一贯的阐释和发展。南斯拉夫实践派的实践哲学不仅是西方哲学史上一种独特的理论形态，它更加将马克思主义的人道主义视野中所内蕴的批判本质理论化，并使之成为南斯拉夫社会主义改革“实验”的一个不可分割的组成部分，从而充分地诠释了“实践”的根本含义。实际上，《实践》杂志本身完全是一种大胆的尝试，在 1964 年至 1975 年长达十余年的时间里，实践派在这个方面获得了空前的成功。若要了解实践派这些成就的意义和价值，就需要从第二次世界大战后，东欧的社会主义发展这一更大的视野对其进行考察。在东欧的任何其他国家中，持久的、公开的、热烈的、无拘无束的、率直的批判与对话都没有像在南斯拉夫这样出现过。在南斯拉夫出现的批判与对话已经不仅仅是书斋中的哲学争论，它甚至涉及社会的体制和基本原则、涉及社会主义制度下逐渐发展起来的社会政治和文化形态，以及政治权威的性质。即使这种批判和对话所持续的时间是那么短暂，但已经被证明，在苏联和东欧的任何其他国家都不会被赋予它在南斯拉夫所获得的接受程度与合法性，同理，在任何其他地方，它都不会在马克思主义者中吸引到如此广泛的国际兴趣。

包括实践哲学在内的所有哲学问题，无论是逻辑和语言问题，还是形而上学问题,或是自然哲学的问题,都直接地或间接地带有一定的社会状况的印记,一种文化氛围的印记,某些人们所需要和期待的社会条件的印记,实践派的实践哲学恰恰是充分地展现了这一点。换句话说,在马克思主义的人道主义解释的理论框架内,南斯拉夫实践派的实践哲学恰恰证明了一个能够认识、批判和纠正自身失误的理性结构的弹性和深度。今天看来,实践派或许致力于依赖马克思的哲学思想来详细说明一种有关人的意义深远的人道主义图景,因此,他们实际上最重要的贡献或许还是在于他们的理论观点本身。然而,理论绝不仅是一种对客观现实的反映,而且是作为人与现实的创造性对抗的产物,现实本身也不能仅仅被理解为当前给定的东西,而应该被理解为受历史限制的各种可能性的集合。在实践派看来,理论最主要的一个任务就是通过洞察和揭露各种形式的"异化"来确定这些可能性,或者,更准确地说,激进的人道主义批判是全部实践的试金石,从微观层面的人与世界的日常互动到宏观层面的政治结构及社会制度的变革,尽皆如此。彼得洛维奇的表述可以代表实践派的看法,即"马克思的思想既不能是'纯粹的'哲学,也不能是非哲学的'批判理论',既不是一种'本体论'或'人本学'学派,也不是一种浅薄的政治理论,它是来源于整个以往的社会实践经验、科学和哲学的一种革命思想"①。进一步而言,实践哲学的每一次发展必将导致对历史和现实的新认识、新动力,人道主义批判恰恰可以提供富有创造性的解答,而且它是社会发展和进步的必要条件之一,因为任何的社会重大问题,如果不经过哲学就无法被彻底地穿透并超越。在这个意义上,南斯拉夫实践派的实践哲学在人类认识的发展中仍不失为一个"里程碑"。有一点是无疑的,南斯拉夫实践派批判性思考的传播和延续恰恰证明了马克思主义学说的生命力。许多论者将南斯拉夫社会主义制度的解体归咎于实践派,我的看法正相反,在实践派"噤声"后,使南斯拉夫的社会主义实验成为社会主义阵营中一种独特、大胆的改革尝试的性质就逐渐消失了,南斯拉夫的所有制改革、市场经济、政治官僚体制和僵化的意识形态才逐渐演变为没有任何约束的、纯粹的政治构想,走向了南斯拉夫历经三十年的"自

① 《实践》(国际版),1968 年,第 3 ~ 4 期。

治”的反面，走向了社会生活组织方面的自决原则、个人的自决原则的反面，也就无法为社会全体成员参加经济、政治和文化生活的决策过程创造条件并建立相应的机制。问题不在于要不要批判，当然需要有人来指出社会的病症，批判是其中一种方式，问题在于怎样批判或依据何种理论进行批判。从南斯拉夫的历史上看，1953 至 1963 年曾出现的短暂“解冻期”，实践派的人道主义批判是斯大林主义致命的打击，当时，这种批判潮流将主流意识形态和正统之外的马克思主义知识分子团结了起来。然而，当思想和政治精英的政治地位得到巩固以后，人道主义、反对官僚主义、反对决定论的诉求很快就失去了利用价值，这就导致了“官方”和“实践派”的分裂，官方的正统思想立刻回复到应有的位置，成为斯大林主义的变种，即便是马克思主义理论框架中的人道主义批判也丧失了应有的社会价值。

同样毫无疑问的是：南斯拉夫实践派通过“实践哲学”示范了完整地、系统地理解马克思哲学思想的必要性。更为重要的是，南斯拉夫实践派的实践哲学与本国实际紧密契合。马克思和同时代的思想家面对的是同样的社会现实问题，他们之间有着复杂的思想纠葛和理论差异，他们在同一时代、同一社会环境、同一思想传统中却产生了迥异的理论和实践取向，而马克思主义的独特意义和时代价值恰恰沉淀在这些理论差异之中。实践派秉承马克思的宗旨，将全部理论探索均置于现实生活的背景中。彼得洛维奇、马尔科维奇等实践派哲学家并未抽象地谈论人性，也未从抽象的人性出发，而是始终坚持对人的实践活动做结构的、历史的和具体的分析。实践派思想家们的著述中还充分体现了他们对南斯拉夫国家大事的关心，他们反对南斯拉夫的所谓“正统”的马克思主义，将建立自治制度作为推进社会主义人道主义的步骤，因而他们的理论思考始终是面向时代的。他们认为，马克思的理论日甚一日地被人错误地解释和运用了，而在马克思那里，人的自由的条件问题不仅是一个哲学问题，而且是一个经济学问题，或者说是经济哲学问题。通过人对一种更人道的生活的设计而转变出一个新的世界来实现人的人道化，人能够更好地决定其存在的问题，不断地发展其新的生活方面，以满足其基本的需要、丰富的动机，并发展为一个更全面的人。于是，实践派在对人的理解中保存了具体性和超越性的双重内涵。总之,实践派给了我们极具实际意义的启示,即马克思的哲学不能被解释为某种已经完成的或固定不变的终极真理,它随着人的活动过程和社会实践的步骤而不断获得新的形式。

同时,南斯拉夫实践派的实践哲学也最清楚地表现出它的某些困难和局限。第一,只有社会中的少数人能够掌握"我们应如何实践"的知识,还是凡有正常理性能力和良知的人都能做到?第二,个体的实践必须通过外在的动机才能被引导,还是我们应秉承人道主义批判,从自身中,即从人的本质中引导我们应该"做"或"不做"?

最后,我不得不提及镌刻在马克思墓碑上的那句名言,即"哲学家们只是用不同的方式解释世界,问题在于改变世界",那么,南斯拉夫实践派的实践哲学留给我们的精神财富可以概括为:不是实践**哲学**,而是**实践**哲学,或者更明确地说,**不是实践哲学,而是实现哲学**。实践派的实践哲学自始至终凝聚在"实现"这个概念的周围,实现人道主义的愿景在人类的任何世代都未曾改变过。

参考文献

一、中文文献

1. 著作

[1]马克思,恩格斯. 马克思恩格斯文集(第1~10卷)[M]. 北京:人民出版社,2009.

[2]马克思,恩格斯. 马克思恩格斯全集(第1卷)[M]. 北京:人民出版社,1995.

[3]马克思,恩格斯. 马克思恩格斯全集(第3卷)[M]. 北京:人民出版社,2002.

[4][南斯拉夫]米哈伊洛·马尔科维奇,加约·彼得洛维奇. 实践——南斯拉夫哲学和社会科学方法论文集[M]. 郑一明,曲跃厚,译. 哈尔滨:黑龙江大学出版社,2010.

[5][南斯拉夫]米哈依洛·马尔科维奇. 当代的马克思——论人道主义共产主义[M]. 曲跃厚,译. 哈尔滨:黑龙江大学出版社,2011.

[6][南斯拉夫]米哈伊洛·马尔科维奇. 从富裕到实践——哲学与社会批判[M]. 曲跃厚,译. 哈尔滨:黑龙江大学出版社,2012.

[7][南斯拉夫]普雷德拉格·弗兰尼茨基. 马克思主义与社会主义[M]. 杨元恪,陈振华,译. 哈尔滨:黑龙江大学出版社,2014.

[8][南斯拉夫]加约·彼得洛维奇. 二十世纪中叶的马克思[M]. 姜海波,译. 哈尔滨:黑龙江大学出版社,2015.

[9][美]格尔森·舍尔. 马克思主义的人道主义与实践[M]. 姜海

波,等,译. 哈尔滨:黑龙江大学出版社,2015.
[10] [南斯拉夫]马尔科维奇,彼德洛维奇. 南斯拉夫“实践派”的历史和理论[M]. 郑一明, 曲跃厚,译. 重庆:重庆出版社,1994.
[11] [南斯拉夫]普雷德腊格·弗兰尼茨基. 马克思主义史(第1卷)[M]. 李嘉恩,韩宗翃,等,译. 北京:人民出版社,1986.
[12] [南斯拉夫]普雷德腊格·弗兰尼茨基. 马克思主义史(第2卷)[M]. 胡文建,杨达洲,贾泽林,译. 北京:人民出版社,1988.
[13] [南斯拉夫]普雷德腊格·弗兰尼茨基. 马克思主义史(第3卷)[M]. 胡文建,杨达洲,吴仕康,等,译. 北京:人民出版社, 1992.
[14] [南斯拉夫]普勒德拉格·弗兰尼茨基. 马克思主义和社会主义[M]. 杨元恪,陈振华,译. 北京:人民出版社,1982.
[15] [南斯拉夫]斯·斯托扬诺维奇. 南斯拉夫共产主义者联盟历史[M]. 杨元恪,曹荣飞,邵云环,等,译. 北京:人民出版社,1989.
[16] 中国社会科学院哲学研究所《哲学译丛》编辑部. 南斯拉夫哲学论文集[M]. 北京:生活·读书·新知三联书店,1979.
[17] 中共中央马克思恩格斯列宁斯大林著作编译局马恩室.《1844年经济学哲学手稿》研究(文集)[M]. 长沙:湖南人民出版社,1983.
[18] 中国社会科学院哲学研究所《哲学译丛》编辑部. 关于马克思主义人道主义问题的论争(译文集)[M]. 北京:生活·读书·新知三联书店,1981.
[19] 人道主义、人性论研究资料(第四辑)[M]. 北京:商务印书馆,1965.
[20] 沈恒炎,燕宏远. 国外学者论人和人道主义(第三辑:东欧等国)[M]. 北京:社会科学文献出版社,1991.
[21] 中国社会科学院哲学研究所马克思主义哲学史研究室、《哲学译丛》编辑部. 马克思哲学思想研究译文集[M]. 北京:人民出版社,1983.
[22] [德]尤尔根·哈贝马斯. 认识与兴趣[M]. 郭官义,李黎,译.

上海:学林出版社,1999.
[23][日]望月清司. 马克思历史理论的研究[M]. 韩立新,译. 北京:北京师范大学出版社,2009.
[24][法]洛克莫尔. 历史唯物主义:哈贝马斯的重建[M]. 孟丹,译. 北京:北京师范大学出版社,2009.
[25][南斯拉夫]S. 伊利奇. 通向人道社会之路[M]. 文正林,朱行巧,译. 北京:社会科学文献出版社,1989.
[26][美]马·拉科夫斯基. 东欧的马克思主义[M]. 钟长安,译. 北京:生活·读书·新知三联书店,1984.
[27][苏]别索诺夫. 在"新马克思主义"旗帜下的反马克思主义[M]. 德礼,译. 北京:中国人民大学出版社,1983.
[28][苏]梅斯里夫钦科. 当代国外马克思、列宁主义哲学(上)[M]. 北京:社会科学文献出版社,1986.
[29][英]约翰·霍夫曼. 实践派理论和马克思主义[M]. 周裕昶,杜章智,译. 北京:社会科学文献出版社,1988.
[30][美]拉西诺·丹尼森. 南斯拉夫的实验 1948—1974[M]. 上海:上海译文出版社,1980.
[31][美]罗伯特·戈尔曼. "新马克思主义"传记辞典[M]. 赵培杰,等,译. 重庆:重庆出版社,1990.
[32][匈]卢卡奇. 历史与阶级意识:关于马克思主义辩证法的研究[M]. 北京:商务印书馆,1992.
[33][匈]卢卡奇. 社会存在本体论导论[M]. 沈耕,毛怡红,等,译. 北京:华夏出版社,1989.
[34][匈]卢卡奇. 理性的毁灭[M]. 王玖兴,等,译. 济南:山东人民出版社,1988.
[35][德]卡尔·柯尔施. 卡尔·马克思——马克思主义的理论和阶级运动[M]. 熊子云,翁延真,译. 重庆:重庆出版社,1993.
[36][德]卡尔·柯尔施. 马克思主义和哲学[M]. 王南湜,荣新海,译. 重庆:重庆出版社,1989.
[37][意]葛兰西. 狱中札记[M]. 曹雷雨,等,译. 北京:中国社会科学出版社,2000.
[38][意]葛兰西. 实践哲学[M]. 徐崇温,译. 重庆:重庆出版社,1990.

[39][德]恩斯特·布洛赫. 希望的原理(第一卷)[M]. 梦海,译. 上海:上海译文出版社,2012.
[40][德]霍克海默,阿道尔诺. 启蒙辩证法——哲学断片[M]. 渠敬东,曹卫东,译. 上海:上海人民出版社,2006.
[41][德]特奥多·阿多尔诺. 否定的辩证法[M]. 张峰,译. 重庆:重庆出版社,1993.
[42][德]马克斯·霍克海默. 批判理论[M]. 李小兵,等,译. 重庆:重庆出版社,1989.
[43][联邦德国]A. 施密特. 马克思的自然概念[M]. 欧力同,吴仲昉,译. 北京:商务印书馆,1988.
[44][德]施密特. 历史和结构——论黑格尔马克思主义和结构主义的历史学说[M]. 张伟,译. 重庆:重庆出版社,1993.
[45][美]埃里希·弗罗姆. 占有还是生存[M]. 关山,译. 北京:生活·读书·新知三联书店,1989.
[46][美]埃利希·弗洛姆. 健全的社会[M]. 欧阳谦,译. 北京:中国文联出版公司,1988.
[47][美]埃·弗洛姆. 为自己的人[M]. 孙依依,译. 北京:生活·读书·新知三联书店,1988.
[48][美]埃里希·弗罗姆. 自为的人——伦理学的心理学探究[M]. 万俊人,译. 北京:国际文化出版公司,1988.
[49][美]埃·弗罗姆. 爱的艺术[M]. 康革尔,译. 北京:华夏出版社,1987.
[50][美]埃·弗洛姆. 精神分析与宗教[M]. 上海:上海人民出版社,2006.
[51][美]弗洛姆. 弗洛姆文集[M]. 冯川,主编. 北京:改革出版社,1997.
[52][美]赫伯特·马尔库塞. 单向度的人——发达工业社会意识形态研究[M]. 刘继,译. 上海:上海译文出版社,1989.
[53][美]赫伯特·马尔库塞. 爱欲与文明——对弗洛伊德思想的哲学探讨[M]. 黄勇,薛民,译. 上海:上海译文出版社,1987.
[54][美]马尔库塞. 理性与革命——黑格尔和社会理论的兴起[M]. 程志民,等,译. 重庆:重庆出版社,1993.
[55][德]瓦尔特·本雅明. 德国悲剧的起源[M]. 陈永国,译. 北

京:文化艺术出版社,2001.

[56][德]本雅明.经验与贫乏[M].王炳钧,杨劲,译.天津:百花文艺出版社,1999.

[57][德]本雅明.发达资本主义时代的抒情诗人(修订译本)[M].张旭东,魏文生,译.北京:生活·读书·新知三联书店,2007.

[58][德]瓦尔特·本雅明.本雅明文选[M].陈永国,马海良,编.北京:中国社会科学出版社,1999.

[59][英]戴维·麦克莱伦.马克思以后的马克思主义(第3版)[M].李智,译.北京:中国人民大学出版社,2004.

[60][德]哈贝马斯.交往与社会进化[M].张博树,译.重庆:重庆出版社,1989.

[61][德]尤尔根·哈贝马斯.作为“意识形态”的技术与科学[M].李黎,郭官义,译.上海:学林出版社,1999.

[62][德]尤尔根·哈贝马斯.重建历史唯物主义[M].郭官义,译.北京:社会科学文献出版社,2000.

[63][德]尤尔根·哈贝马斯.理论与实践[M].郭官义,李黎,译.北京:社会科学文献出版社,2004.

[64][德]哈贝马斯.现代性的哲学话语[M].曹卫东,等,译.南京:译林出版社 2004.

[65][德]尤尔根·哈贝马斯.交往行为理论(第一卷 行为合理性与社会合理性)[M].曹卫东,译.上海:上海人民出版社,2004.

[66][法]路易·阿尔都塞.保卫马克思[M].顾良,译.北京:商务印书馆,2006.

[67][法]路易·阿尔都塞,艾蒂安·巴里巴尔.读《资本论》[M].李其庆,冯文光,译.北京:中央编译出版社,2001.

[68][古希腊]亚里士多德.形而上学[M].吴寿彭,译.北京:商务印书馆,1959.

[69][古希腊]亚里士多德.政治学[M].吴寿彭,译.北京:商务印书馆,1965.

[70][古希腊]亚里士多德.尼各马可伦理学[M].廖申白,译注.北京:商务印书馆,2003.

[71][美]麦卡锡. 马克思与亚里士多德[M]. 郝亿春,邓先珍,文贵全,等,译. 上海:华东师范大学出版社,2015.
[72][德]康德. 实践理性批判[M]. 关文运,译. 桂林:广西师范大学出版社,2002.
[73][德]康德. 纯粹理性批判[M]. 北京:商务印书馆,1960.
[74][德]康德. 判断力批判[M]. 邓晓芒,译. 北京:人民出版社,2002.
[75][德]康德. 历史理性批判文集[M]. 何兆武,译. 北京:商务印书馆,1990.
[76][德]康德. 法的形而上学原理——权利的科学[M]. 沈叔平,译. 北京:商务印书馆,1991.
[77][德]康德. 道德形而上学原理[M]. 苗力田,译. 上海:上海人民出版社,2002.
[78][德]康德. 实用人类学[M]. 邓晓芒,译. 上海:上海人民出版社,2002.
[79][加拿大]约翰·华特生. 康德哲学讲解[M]. 韦卓民,译. 武汉:华中师范大学出版社,2000.
[80][德]费希特. 全部知识学的基础[M]. 王玖兴,译. 北京:商务印书馆,1986.
[81][德]黑格尔. 小逻辑[M]. 贺麟,译. 北京:生活·读书·新知三联书店,1954.
[82][德]黑格尔. 哲学科学全书纲要[M]. 薛华,译. 上海:上海人民出版社,2002.
[83][德]黑格尔. 历史哲学[M]. 王造时,译. 上海:上海书店出版社,2001.
[84][德]黑格尔. 精神现象学(上、下)[M]. 北京:商务印书馆,1979.
[85][德]埃德蒙德·胡塞尔. 欧洲科学危机和超验现象学[M]. 张庆熊,译. 上海:上海译文出版社,1988.
[86][德]胡塞尔. 纯粹现象学通论——纯粹现象学和现象学哲学的观念Ⅰ[M]. 李幼蒸,译. 中国人民大学出版社,2004.
[87][德]埃德蒙德·胡塞尔. 经验与判断[M]. 邓晓芒,张廷国,译. 北京:生活·读书·新知三联书店,1999.

[88][德]胡塞尔.哲学作为严格的科学[M].倪梁康,译.北京:商务印书馆,1999.
[89][德]埃德蒙德·胡塞尔.伦理学与价值论的基本问题[M].艾四林,安仕侗,译.北京:中国城市出版社,2002.
[90][德]埃德蒙德·胡塞尔.现象学的观念[M].倪梁康,译.上海:上海译文出版社,1986.
[91][德]埃德蒙德·胡塞尔.笛卡儿式的沉思[M].张廷国,译.北京:中国城市出版社,2002.
[92][德]埃德蒙德·胡塞尔.生活世界现象学[M].倪梁康,张廷国,译.上海:上海译文出版社,2002.
[93][德]胡塞尔.胡塞尔选集(上、下)[M].上海:上海三联书店,1997.
[94][德]卡尔·雅斯贝斯.历史的起源与目标[M].魏楚雄,俞新天,译.北京:华夏出版社,1989.
[95][德]卡尔·雅斯贝斯.时代的精神状况[M].王德峰,译.上海:上海译文出版社,1997.
[96][德]海德格尔.存在与时间(修订译本)[M].陈嘉映,王庆节,译.北京:生活·读书·新知三联书店,2000.
[97][德]马丁·海德格.谢林论人类自由的本质[M].薛华,译.沈阳:辽宁教育出版社,1999.
[98][德]海德格尔.形而上学导论[M].熊伟,王庆节,译.北京:商务印书馆,1996.
[99][德]海德格尔.路标[M].孙周兴,译.北京:商务印书馆,2000.
[100][德]海德格尔.面向思的事情[M].北京:商务印书馆,1999.
[101][德]马丁·海德格尔.林中路[M].孙周兴,译.上海:上海译文出版社,1997.
[102][德]马克斯·舍勒.人在宇宙的地位[M].李伯杰,译.贵阳:贵州人民出版社,1989.
[103][德]马克斯·舍勒.哲学与世界观[M].曹卫东,译.上海:上海人民出版社,2003.
[104][德]马克斯·舍勒.知识社会学问题[M].艾彦,译.北京:华夏出版社,2000.

[105][德]舍勒.舍勒选集(上、下卷)[M].刘小枫,选编.上海:上海三联书店,1999.
[106][德]舍勒.爱的秩序[M].林克,等,译.北京:生活·读书·新知三联书店,1995.
[107][德]汉斯-格奥尔格·加达默尔.真理与方法——哲学诠释学的基本特征[M].洪汉鼎,译.上海:上海译文出版社,1999.
[108][德]汉斯-格奥尔格·伽达默尔.哲学生涯——我的回顾[M].陈春文,译.北京:商务印书馆,2003.
[109][联邦德国]伽达默尔.科学时代的理性[M].薛华,高地,李河,等.北京:国际文化出版公司,1988.
[110]衣俊卿.人道主义批判理论——东欧新马克思主义述评[M].北京:中国人民大学出版社,2005.
[111]衣俊卿,陈树林.当代学者视野中的马克思主义哲学——东欧和苏联学者卷(下)[M].北京:北京师范大学出版社,2012.
[112]衣俊卿,丁立群,李小娟,等.20世纪新马克思主义[M].北京:中央编译出版社,2012.
[113]衣俊卿.现代性焦虑与文化批判[M].哈尔滨:黑龙江大学出版社,2007.
[114]黄继锋.东欧"新马克思主义"[M].北京:中央编译出版社,2002.
[115]陈学明,张志孚.当代国外马克思主义研究名著提要(上、下卷)[M].重庆:重庆出版社,1996.
[116]沈云锁,顾海良.马克思主义史(第四卷)[M].北京:人民出版社,1996年.
[117]黄楠森,庄福龄,林利.马克思主义哲学史(第八卷)[M].北京:北京出版社,1995.
[118]南斯拉夫资料汇编(内部读物)[M].北京:世界知识出版社,1957.
[119]南斯拉夫资料续编(内部读物)[M].北京:世界知识出版社,1958.
[120][南斯拉夫]加·彼得罗维奇.历史唯物主义、实践哲学和革

命理想[M]//中共中央马克思恩格斯列宁斯大林著作编译局《马列主义研究资料》编辑部. 马列主义研究资料(1989 年第 2 辑). 北京:人民出版社,1989.
[121]米・马尔科维奇谈当代马克思主义流派[M]//中共中央马克思恩格斯列宁斯大林著作编译局《马列主义研究资料》编辑部. 马列主义研究资料(1989 年第 2 辑). 北京:人民出版社,1989.
[122][南斯拉夫]普・弗兰尼茨基. 卡尔・科尔施的理论贡献[M]//中共中央马克思恩格斯列宁斯大林著作编译局《马列主义研究资料》编辑部. 马列主义研究资料(1983 年第 4 辑). 北京:人民出版社,1983.

2. 论文

[1][南斯拉夫]G.. 彼特洛维奇. 论异化[J]. 李慎之,译. 哲学译丛,1979(2).
[2][南斯拉夫]M. 马尔科维奇. 南斯拉夫的马克思主义哲学——“实践派”[J]. 哲学译丛,1981(1).
[3][南斯拉夫]M. 马尔科维奇. 南斯拉夫的马克思主义哲学——“实践派”(续完)[J]. 哲学译丛,1981(2).
[4][南斯拉夫]M. 马尔科维奇. 社会理论中的批判观念[J]. 哲学译丛,1986(5).
[5][南斯拉夫]M. 马尔科维奇. 激进的民主:合理的重建[J]. 哲学译丛,1994(2).
[6][南斯拉夫] M. 马尔科维奇. 卢卡奇的批判思想[J]. 哲学译丛,1994(3).
[7][南斯拉夫]马尔科维奇. 马克思论异化(上)[J]. 现代外国哲学社会科学文摘,1990(5).
[8][南斯拉夫]马尔科维奇. 马克思论异化(中)[J]. 现代外国哲学社会科学文摘,1990(6).
[9][南斯拉夫]M. 马尔科维奇. 一种解放和实践的哲学[J]. 国外社会科学动态,1985(6).
[10][南斯拉夫]P. 弗兰尼茨基. 论南斯拉夫社会自治思想的理论基础[J]. 哲学译丛,1980(6).
[11][南斯拉夫] P. 弗兰尼茨基. 社会主义和异化问题[J]. 哲学译

丛,1983(4).
[12][南斯拉夫]弗兰尼茨基.社会主义的抉择[J].国外社会科学动态,1984(2).
[13][南斯拉夫]P.弗兰尼茨基.马克思主义多元化意味着什么?(上、下)[J].国外社会科学动态,1988(11,12).
[14][南斯拉夫] P.弗兰尼茨基.社会主义革命意味着什么?[J].国外社会科学,1988(1).
[15][南斯拉夫]S.斯托扬诺维奇.马克思和马克思主义的布尔什维克化[J].国外社会科学动态,1988(5).
[16][南斯拉夫]R·苏比克谈南斯拉夫自治社会主义的矛盾[J].国外社会科学动态,1981(3).
[17][南斯拉夫]B.博什恩亚克.论社会主义社会中宗教消亡问题[J].哲学译丛,1980(6).
[18][南斯拉夫]L.塔迪奇.官僚制度——一种异化的组织[J].哲学译丛,1981(1).
[19][南斯拉夫]安东·茨万.参考资料·革命的狂欢和继续陶醉[J].国外社会科学动态,1981(1).
[20][南斯拉夫]Z.戈卢博维奇.社会主义社会存在危机吗?[J].国外社会科学动态,1985(1).
[21][南斯拉夫]扎戈尔卡·戈鲁博维奇.斯大林主义和社会主义[J].马克思主义研究参考资料.1981(7).
[22]M.尼科利奇,文兵.南斯拉夫社会主义自治发展的理论基础[J].国外社会科学,1982(4).
[23][南斯拉夫]里亚奇.马克思和社会主义[J].国外社会科学动态,1984(6).
[24][南斯拉夫] M.尼科列奇.当代马克思主义发展的基本成就[J].国外社会科学动态,1984(7).
[25][南斯拉夫]B.霍尔瓦特.关于马克思思想的思考[J].国外社会科学动态,1986(2).
[26]M.施瓦尔茨,李黎.战后的南斯拉夫哲学[J].世界哲学,1978(1).
[27][日]岩渊庆一.东欧的新马克思主义[J].哲学译丛,1979(1).

[28][德]哈贝马斯. 哲学在马克思主义中的作用[J]. 哲学译丛, 1979(5).
[29][英]J. 霍夫曼. "实践派"的挑战[J]. 国外社会科学,1981(3).
[30][西德]蒂·哈纳克. 东欧、中欧的新马克思主义[J]. 马列主义研究资料,1982(1).
[31][苏]B. 波普科夫. 南斯拉夫马克思主义哲学家反对"实践派"的斗争[J]. 国外社会科学,1982(5).
[32][美]A. 唐诺索. 科拉科夫斯基、科西克和马尔科维奇关于人的概念[J]. 哲学译丛,1983(1).
[33][苏]B. 波普科夫. 南斯拉夫哲学家与"人本-人道主义"哲学思潮的斗争[J]. 国外社会科学. 1983(11).
[34][苏]奥伊泽尔曼. 关于马克思主义世界观的思考——与M. 马尔科维奇院士商榷[J]. 世界哲学,1990(5).
[35]衣俊卿. 革命范畴的哲学反思——南斯拉夫实践派革命观述评[J]. 现代哲学,1992(1).
[36]衣俊卿. 人的存在与辩证法——论实践派的辩证法观[J]. 现代哲学,1999(1).
[37]衣俊卿. 论东欧新马克思主义的理论定位[J]. 求是学刊,2010(1).
[38]郑一明. 马尔科维奇的实践人道主义[J]. 哲学动态,1988(12).
[39]郑一明. 马尔科维奇的人道主义辩证法观的历史形成[J]. 哲学研究,1989(6).
[40]贾泽林. 南斯拉夫"实践派"著名哲学家米·马尔科维奇[J]. 哲学译丛,1982(6).
[41]张守民. 前南斯拉夫"实践派"的"实践哲学"及其泛滥的教训[J]. 高校理论战线,2010(1).
[42]王逸舟. 人和社会主义——"实践派"的社会批判哲学[J]. 马克思主义研究,1989(1).
[43]俞思念. 东欧"新马克思主义"的噪起和消失[J]. 马克思主义研究,1995(4).
[44]曲跃厚,李元同. 东欧新马克思主义研究方法探析——以南斯

拉夫实践派为例[J].学术交流,2015(1).
[45]宋铁毅.“实践”的由来[J].学术交流,2011(10).
[46]刘欣然.论斯托扬诺维奇的社会批判哲学[J].求是学刊,2014(1).

二、外文文献

[1] Mihailo Marković, Gajo Petrović. Praxis: Yugoslav Essays in the Philosophy and Methodology of the Social Sciences[M]. D. Reidel Publishing Company, 1979.
[2] Gajo Petrović. Marx in the Mid – Twentieth Century[M]. Garden City, N. Y.: Anchor Books, 1967.
[3] Svetozar Stojanović. Between Ideals and Reality[M]. New York: Oxford University Press, 1973.
[4] Mihailo Marković. The Contemporary Marx: Essays on Humanist Communism[M]. Nottingham: Spokesman Books, 1974.
[5] Mihailo Marković. From Affluence to Praxis: Philosophy and Social Criticism [M]. Ann Arbor: University of Michigan Press, 1974.
[6] Mihailo Marković. Democratic Socialism: Theory and Practice [M]. New York: St. Martin's Press, 1982.
[7] Svetozar Stojanović. In Search of Democracy in Socialism: History and Party Consciousness [M]. Buffalo, N. Y.: Prometheus Books, 1981.
[8] Erich Fromm(ed.). Socialist Humanism: An International Symposium[M]. New York: Doubleday, 1965.
[9] Gerson S. Sher(ed.). Marxist Humanism and Praxis[M]. New York: Prometheus Books, 1978.
[10] Tom Bottomore(ed.). Interpretations of Marx[M]. Oxford UK, New York USA: Basil Blackwell, 1988.
[11] Richard J. Bernstein. Praxis and Action, Contemporary Philosophies of Human Activity [M]. Philadelphia: University of Pennsylvania Press, 1971.
[12] David A. Crocker. Praxis and Democratic Socialism: The Critical

Social Theory of Marković and Stojanović [M]. Humanities Press, 1983.

[13] Oskar Gruenwald. The Yugoslav Search for Man: Marxist Humanism in Contemporary Yugoslavia [M]. South Hadley, Mass. :J. F. Bergin Publishers, Inc. , 1983.

[14] Gerson S. Sher. Praxis: Marxist criticism and Dissent in Socialist Yugoslavia[M]. Indiana University Press, 1977.

[15] William L. McBride. From Yugoslav Praxis to Global Pathos: Anti – Hegemonic Post – Post – Marxist Essays[M]. Rowman & Littlefield Publishers, 2001.

[16] Gavin Kitching. Karl Marx and the Philosophy of Praxis[M]. London and New York: Routledge,1988.

[17] Richard J. Bernstein. Praxis and Action [M]. London: Duckworth, 1972.

[18] Praxis[J]. International edition, 1965 – 1975.

[19] Žiga Vodovnik. Democracy as a Verb: New Meditations on the Yugoslav Praxis Philosophy [J]. Journal of Balkan and Near Eastern Studies,Vol. 14, No. 4, 2012.

索　引

Z

国外马克思主义研究文库·东欧新马克思主义理论研究

书目

1.《具体辩证法与现代性批判——科西克哲学思想研究》李宝文 著

2.《文化悖论与现代性批判——马尔库什文化批判理论研究》孙建茵 著

3.《个性道德与理性秩序——赫勒道德理论研究》王秀敏 著

4.《宏大叙事批判与多元美学建构——布达佩斯学派重构美学思想研究》傅其林 著

5.《激进需要与理性乌托邦——赫勒激进需要革命论研究》李晓晴 著

6.《文化的张力与理论的命运——科拉科夫斯基的青年马克思观研究》胡 蕊 著

7.《个性自由与道德责任——布达佩斯学派社会批判理论研究》颜 岩 著

8.《作为文化批判的审美——赫勒美学思想研究》王 静 著

9.《现代性危机与基督教文化精神——科拉科夫斯基宗教理论研究》李晓敏 著

10.《历史哲学中的现代性反思——赫勒的后期思想研究》范 为 著

11.《多元文化阐释与文化现代性批判——布达佩斯学派文化理论研究》杜红艳 著

12.《社会主义理想的初步实践探索——科拉科夫斯基的列宁主义观研究》王继红 著

13.《个体生存的现代观照——沙夫人道主义思想研究》孙 芳 著

14.《人、历史与自我实现——马尔科维奇人道主义辩证法研究》宋铁毅 著

15.《现代性危机的反思与人道主义马克思主义诉求——斯维塔克文化批判理论研究》 员俊雅 著

16.《哲学反思与社会批判——东欧新马克思主义的马克思观》 刘海静 著

17.《厚重的历史积淀与激进的理论批判——波兰新马克思主义研究》 衣俊卿、[波]T. 布克辛斯基、张笑夷等 著

18.《阶级分析与政治民主的建构——瓦伊达政治哲学理论研究》 孙建茵 著

19.《**人道主义的视野与批判的内省——南斯拉夫实践派的实践哲学**》 **姜海波 著**

20.《东欧新马克思主义精神史研究》 衣俊卿 著